신아지역문학연구총서⑥

무주문학론

최명표

신아출판사

素園

1962.12
素園文学同人会

1962.12

素園

鶴도 서러워 울지않는다는 여기
잃어버린 素園에 斜陽의 그림자가
더욱없이 하루를 사특는게 未安했다.
꿈도 밤으로 흐르지않는 密度 속
에서 彷徨하던 아버지의 思惟를 相
續받는 對話는 이미 脫色된 單語이
기 素目이 같은 옥수수가 자라고
끼니처럼 몰려오는 포시큰 고돔이
九千을 장식한 노들에 서서 구멍
뚫린 손수건만 그저 흔들어 대긴
아직 젊은 탓이 있다.

살아 있다는 存在와 때문에 選澤
할 수 있는 自由랜 아무런 무엇도
간직될 없는 보장 받지 못한 位置
에서 잔기침 같은 우리들의 발악이

넓은 波狀의 무개로 자리 하리라곤
애당초 아무것도 아닌 傳說이겠다.
  某年의 흐름속에 不信과 背理로
哲學해온 항아리의 주름살은 下流로
江을 다스려 당신과 우리들의 方位
角을 指針했고 어쩌다가 먹구렁이
마냥 질기게 빗 속을 뚫는 에지드
끝내 쑥물 같은 이 九수의 물살이
금새 防川을 넘어 채양조차 아물어
버린 原色地帶의 가장사리 아니 소
용돌이 안에서 자, 우리는 무얼 模
索하고 무얼 모반하는 아름다운 不
孝者가 될것인가 ?
  당신의 이마가 우리의 石鏡이 아
니듯이 당신의 石鏡은 妥協이 아니
다. 가슴과 가슴의 眞空으로 通한

上昇氣流가 또아리치고 간 웅덩이에
柳市殼 부터 격어준 한개피 목숨으
로 하여 浮黃난 肉声이 안쓰럽게
姿勢된 動脈의 뻗두리일망정 당신과
우리들의 待合室을 결코 間易驛이
아닌 待合室을 작만하기로 해보는것
이다.
　時計도 난로도 없고 荒蕪地에서
돌아온 戰士에게 내어 드릴 椅子
하나 없는 강파른 待合室에서 마음
이 마음으로 이룩는 심령술의 祕法
보다 영검한 차誌가 쳐머루 의드
凶譯처럼 앞왼 坐界를 指標하자고
우릭 얼아둔다.
　보퉁이 마다 彈着과 彈皮로 이둣
을 쌓은 東南亞細亞의 한 구석에서

도. 아주. 구석 바람 한점. 마실갈
구멍조차 상실된 壁. 희끄이 窓開된
番地위에 가마귀는 밤새워 당신과
우리들의 머리 맡에서 울었고 그런
대로 가슴이 둘인 우리는 木馬의
꿈을 이삭 줍기에 간혹 時間을 生
覺했다. 언제 이 허황한 꿈이 마그
네슘 마냥 터질지 모르면서도 살아
있는 意味를 佛有한 그날까지의 比
喩된 意味로 自己를 꾸려보고 있다
알뜰하게.

　날마다 目触으로 等高線이 이배진
계곡 江물도 숨이 가뿐 地籍에 生
植하는 罪의 破어치. 결코 <사하라>
의 凡條보담 유력없이 青媚스러운
座義에 植民된 聖스러운것 없는 의

무로 모두의 人間에게 伝達할 模人발은 쓰고 만드는 作業으로 게양한다.
하여 봄나무 속잎 피으거라도 마주앉아 도란거리고 싶은 〈유토피아〉의 다음날, 놓아진 素圖위에 사보뎅의 意志로 당신의 歷史를 서명한다.

      서 재 균

      이 찬 진

      정 치 중

      조 기 호

      한 창 근

도. 아주. 구석 바람 한점. 마실갈 구멍조차 상실된 壁. 뒤끼이 齋開된 番버위에 가마귀는 밤새워 당신과 우리들의 머리 맡에서 울었고 그런 대로 가슴이 둘인 우리는 木馬의 꿈을 이삭 줍기에 간혹 瞬間을 生覺했다. 언제 이 휘황한 꿈이 마그네슘 마냥 터질지 모르면서도 살아 있는 賞味를 써有한 그날까지의 比해된 意味로 섬근을 푸려보고 섰다 알뜰하게.

날마다 日蝕으로 韓高線이 이배긴 계곡 江불도 숨이 가쁜 地籍에 生植하는 罪의 값어치. 결코 <사하라>의 凡條보담 윤택없이 靑孀스러운 座義에 植民된 罪스러운것 없는 의

다섯. 이 하창은 秦園에 出入해보
고픈 사람은 모든 이 園丁의
「릉소」가 있어라. 단 새로운
원정의 가위는 거사전에 두게를
모두가 칭찬해본다.

여섯. 앵소로지는 철따라 꾸미며
그의 자람 중당에 전원이 비장
한 과오를 잊지않는다. 함께나
쓸 사람은 都園丁이 됐한다.

일곱. 보름치와 그믐치의 끼니 외
에 철따라 발표회를 갖고 秦園
의 旗 아래 벽월장을 꾸민다.

여덟. 연락장소는 가장 출세한 사
람의 분패를 읽어라.

아홉. 만월 보일 날자에 세번 이
상 헛눈을 파는 사람은 全園丁

~ 2 ~

의 점잖은 나무람을 받는다. 단 먹고 살기에 붙어서 「아지트」를 말뢰 할 시는 모임날 전까지 기필코 마음을 적어 띄워라. 열. 더욱 필요한 말씀은 모든 원정의 옳소를 모아 모신다.

여기 숨도록 忠誠하라.

『무주문학론』을 펴내며

『정읍시인론』(2021)에 이어 소지역의 문학현상을 조감한 두번째 연구서를 펴낸다. 취급한 작가들은 자기 자리에서 무주를 빛내느라고 힘쓴 이들이다. 그들의 노고가 군민을 비롯한 여러분들에게 정당히 평가받기를 바라는 마음이 크다. 지역의 작가들이 제 고장에서 먼저 제대로 대접받을 때, 그들은 문학사에 빛나는 작품을 빚어 화답할 터이다.

무주와의 인연은 2019년 제30회 김환태평론문학상을 수상하고 난 뒤에 눌인문학회장을 맡으며 깊어졌다. 무주인들은 덕유산을 닮아서 저마다 넉넉한 덕으로 만나는 사람들과 척척(戚戚)하게 지낸다. 자신들의 삶을 구속하는 덩치 큰 산을 원망할 법도 하건만, 그들은 외려 덕유산의 덕목을 생활화하는 슬기를 지녔다. 무주 출신 작가들이 그 흔적을 면면마다 혼화한 작품을 읽는 재미는 세상 어느 것과도 견줄 수 없다.

제1부는 무주에 처음으로 생긴 '소원문학동인회'를 다루었다. 회의 창립자 중에서 서재균과 조기호는 지금도 한 오피스텔에서 지낼 정도로 우의가 돈독하다. 둘이 『소원』을 건네주고 증언해 준 덕분에 무주문학의 근원을 소개할 수 있었다. 그처럼 자료의 가치를 알고 소중히 보관했다가 후학들에게 기꺼이 이양하는 이들이 있어 공부할만하다. 그들을 공치사할 겸 장차 후술될 무주문학사와 전라북도동인지문학사의 자료로 활용되라고 원본을 그대로 실었다.

제2부는 무주를 대표하는 비평가 김환태론이다. 그간 발표했던 김환태 비평의 낭만주의적 성격과 동심의 심미화 과정, 영향 관계 그리고 '순수'론을 실었다. 김환태의 비평이 함의한 의의가 널리 알려지기를 바라는 심정에서 여러 관점으로 논의해 보았다. 딴에는 그에 대한 존경심

을 행간에 장치하여 무주사람들의 자긍심을 높여주려고 힘썼다.

제3부는 무주시인론이다. 정훈을 비롯하여 박희연, 이봉명, 전선자, 이선옥의 시를 논하였다. 이 중 정훈은 충남 논산에서 태어나 대전에서 활동했다고 충남과 대전 작가의 범주에 묶여서 논의되고 있다. 그러나 그의 선대는 안성에서 오래 살았고, 그 역시 금평들에서 뛰어놀던 시절을 잊지 못하고 덕유산록 아래를 고향이라고 고백하였다. 그러므로 그를 무주 시인으로 복권하여 자리를 마련해준다손 그른 일이 아니다.

제4부는 무주 출신 시인들의 시집평이다. 차주일, 이이진, 장만호, 이병수, 석경자, 이현정, 이기종, 주평무, 이일우의 시집을 소개하였다. 이들 말고도 뚜렷한 성과를 내고도 논의의 범주에 포함되지 못한 시인이 있다면 과문한 필자를 만난 탓이다.

제5부는 아동문학가론에는 서재균론과 김종필의 동화집평을 묶었다. 서재균은 무주뿐 아니라, 전북 아동문단을 창도한 개척자이다. 그는 동화를 쓰는 중에도 고향 발전에 발 벗고 나서는 이로, 김환태의 비평적 성과를 기리는 행사가 열릴 수 있도록 앞장선 공이 크다.

졸저를 낼 수 있도록 도와준 전라북도문화관광재단의 창작집 출판 지원사업이야말로 지역문학에 관한 연구를 이끌고 뒷받침하는 재원인 줄 도민들이 다 알아주기를 소망한다.

끝으로 귀한 사진을 제공해준 서상진 선생님께 감사드린다.

2023년 12월
최명표

차　례

『무주문학론』을 펴내며

제1부 소원문학회
소원문학동인회 …………………………………………………………… 18
素圓 ………………………………………………………………………… 20
귀찮은 말씀 ……………………………………………………………… 22

제2부 김환태론
김환태 비평의 낭만주의적 성격 ……………………………………… 26
김환태 비평에서 동심의 심미화 과정 ………………………………… 48
김환태 비평의 영향 관계 ……………………………………………… 72
김환태 비평의 '순수'론 ………………………………………………… 103

제3부 시인론
덕유산록이 키운 시인—정훈론 ……………………………………… 128
스스로 그러함의 시학—박희연론 …………………………………… 153
'심지 약한 사내'의 부끄러움—이봉명론 …………………………… 172
'오지 항아리'의 자아 찾기—전선자론 ……………………………… 192
베임, 그리움의 상처—이선옥론 ……………………………………… 204

제4부 시집평

'타자'를 향한 '순교'의식—차주일 시집 『냄새의 소유권』평 ·············· 216
'활인지방'의 '공양'—이이진 시집 『산당귀와 호박잎』평 ················ 222
'서사시의 시간'에서 들리는 '소리'—장만호 시집 『무서운 속도』평 ····· 228
'논리적이지 않은 침묵'으로 쓴 사모곡
　　　　　　　　　—이병수 시집 『달을 보니 별이 그립다』평 ····· 237
'숨은 그리움'의 시학—석경자 시집 『봄빛, 나비 날다』평 ················ 244
'불효막심한 딸아이'의 비망록—이현정 시집 『가을비망록』평 ··········· 253
잔잔한 회억의 서사—이기종 시집 『건빵에 난 구멍』평 ·················· 260
동정, 사람의 사이와 사이에서—주평무 시집 『마리아의 입덧』평 ······ 266
'허구재'에 오르는 시인—이일우 시집 『여름밤의 눈사람』평 ············ 274

제5부 아동문학가론

모성 부재의 가족로망스—서재균론 ·· 282
'죄를 짓지 않는 좋은 글'쓰기
　　　　　　　　　—김종필 동화집 『아빠와 함께 삼겹살을』평 ··· 312

제1부 소원문학회

소원문학동인회
— 무주문학의 기원

1962년 12월, 무주에 처음으로 문학동인회가 출범하였다. 애초에는 산골의 특색을 살린다고 '옥수수동인회'로 이름하여 활동하다가, 새 희망을 갖자고 '소원(素園)문학동인회'로 바꿨다. '소원'은 인사발령에 의해 무주로 전입해 온 조기호가 이전부터 안면이 있었던 안성 출신의 서재균 등과 의기투합하여 만들어졌다.

동인은 서재균, 이찬진, 정치중, 조기호, 한창근 등 5명으로 단출하였다. 조기호를 제외하고는 죄다 무주 출신이다. 동인들은 서재균과 조기호를 빼고는 문학에 열중하지 않았다. 정치중은 무풍면장을 지냈고, 한창근은 정읍교육장을 지냈으며, 이찬진은 전주사범학교 제9회 졸업생으로 교직에 종사하다가 경남으로 전출했다. 서재균이 대전사범학교를 나오고, 조기호가 무주교육청에 근무했으니, 동인회는 교육 관련 인사들이 주를 이룬 것으로 보인다.

『素園』은 철필본이다. 글씨는 무주군청에 다니고 있던 정치중이 철필을 반듯이 쓴다고 맡았다.

『소원』의 발행연월은 1962년 12월이다. 서지도 밝히지 않은 채 겉표

『무주문학론』

지와 속표지에 '1962. 12'라고 썼다. 『소원』은 소원문학동인회에서 발간했으면서도 문학작품이 전혀 실리지 않았다. 조기호의 증언에 의하면, 이후에 창간호를 내려고 일종의 선언문만 실었는데 못 내는 바람에 모양이 이상해졌단다. 그 통에 『소원』은 대한민국이나 전세계에서 문학작품이 없는 희한한 문학동인지로 이름날 만하다.

내용은 차례도 없이 『素園』과 「귀찮은 말씀」으로 이루어졌다. 앞에 표지와 속표지 그리고 전문을 본떠서 제시하고, 입력하여 다음에 실어서 문학사의 자료로 남긴다.

「소원문학회」

素園

　鶴도 서러워 울지않는다는 여기 잃어버린 素園에 斜陽의 그림자가 印章없는 하루를 사루는게 未安했다.
　꿈도 밤으로 흐르지않는 密度 속에서 彷徨하던 아버지의 思惟를 相續받는 對話는 이미 脫色된 單語이기 素月이 같은 옥수수가 자라고 끼 늬처럼 몰려오는 포식된 고픔이 九千을 장식한 노을에 서서 구멍 뚫린 손수건만 그저 흔들어 대긴 하직 젊은 탓이 있다.
　살아 있다는 存在와 때문에 選擇할 수 있는 自由뿐 아무런 무엇도 간직됨 없는 보장 받지 못한 位置에서 잔기침 같은 우리들의 발악이 넓은 波狀의 무개로 자리 하리라곤 애당초 아무것도 아닌 傳說이겠다.
　累年의 흐름속에 不信과 背理로 哲學해온 항아리의 주름살은 下流로 江을 다스려 당신과 우리들의 方位角을 指針했고 어쩌다가 먹구렁이마냥 질기게 빗 속을 뚫는 예지는 끝내 쑥물 같은 이 九千의 물살이 금새 防川을 넘어 궤양조차 아물어버린 原色地帶의 가장자리 아니 소용돌이 안에서 자, 우리는 무얼 摸索하고 무얼 모반하는 아름다운 不孝者가 될것인가?
　당신의 이마가 우리의 石鏡이 아니듯이 당신의 石鏡은 妥協이 아니다. 가슴과 가슴의 眞空으로 通한 上昇氣流가 또아리치고 간 웅덩이에 神市쩍 부터 꺽어준 한개피 목숨으로 하여 浮黃난 肉聲이 안쓰럽게 姿勢된 動脈의 변두리일망정 당신과 우리들의 待合室을 결코 簡易驛이

『무주문학론』

아닌 待合室을 작만하기로 해보는것이다.

  時計도 난로도 없고 荒蕪地에서 돌아온 戰士에게 내어 드릴 椅子 하나 없는 강파른 待合室에서 마음이 마음으로 이루는 심령술의 秘法보다 영검한 對話가 청머루 익는 內譯처럼 알찬 世界를 指標하자고 우린 알아둔다.

  모퉁이 마다 彈着과 彈皮로 이웃을 쌓은 東南亞細亞의 한 구석에서도 아주 구석 바람 한점 마실갈 구멍조차도 상실된 壁. 引力이 密閉된 番地위에 가마귀는 밤새워 당신과 우리들의 머리 맡에서 울었고 그런대로 가슴이 둘인 우리는 木馬의 꿈을 이삭 줍기에 간혹 時間을 生覺했다. 언제 이 허황한 꿈이 마그네슘 마냥 터질지 모르면서도 살아있는 意味를 所有한 그날까지의 比列된 意味로 自己를 꾸려보고 싶다. 알뜰하게.

  날마다 日蝕으로 等高線이 이빠진 계곡 江물도 숨이 가뿐 地籍에 生植하는 罪의 값어치. 결코 사하라의 凡條보담 윤택없이 靑孀스러운 座表에 植民된 聖스러운것 없는 의무로 모두의 人間에게 傳達할 旗ㅅ발은 쓰고 만드는 作業으로 계양한다.

  하여 봄나무 속잎 피는거라도 마주앉아 도란거리고 싶은 유토피아의 다음날. 뚫어진 素園위에 사보뎅의 意志로 당신의 歷史를 서명한다.

서재균
이찬진
정치중
조기호
한창근

「소원문학회」

귀찮은 말씀

하나. 강파른 계곡에 어설픈 園丁의 무딘 가위가 몽인다. 이름이 素園 이란 고을

둘. 이치들의 所行은 詩 創作 隨筆 씨나리오 戱曲 兒童文學의 分野에 「쓰고」「때리고」「만들고」끼리가 믿어보는 것이다.

셋. 모임날자는 生理的인 作用에 依하여 보름치와 그믐치로 한다. 웅성 거려볼 곳은 치르고난 날 다음을 잡아둔다. 이사람들의 資本은 自己 作品을 들추는것이다.

넷. 都園丁은 그中 나이께나 주어먹은 치가 출세하기로한다.

다섯. 이 하찮은 素園에 出入해보고픈 사람은 모든 이 園丁의 「옳소」가 있어라. 단 새로운 원정의 가위는 거사전에 두개를 모두가 칭찬해본 다.

여섯. 앵쏘로지는 철따라 꾸미며 그의 자금 충당에 전원이 비장한 각오 를 잊지않는다. 힘께나 쓸 사람은 都園丁이 定한다.

일곱. 보름치와 그믐치의 끼니 외에 철따라 발표회를 갖고 素園의 旗 아래 백일장을 꾸민다.

여덟. 연락장소는 가장 출세한 사람의 문패를 읽어라.

『무주문학론』

아홉. 만일 모임 날자에 세번 이상 헛눈을 파는 사람은 全園丁의 점잖은 나무램을 받는다. 단 먹고 살기에 붙어서 아지트를 멀리 할 시는 모임날 전까지 기필코 마음을 적어 띄워라.
열. 더욱 필요한 말씀은 모든 원정의 옳소를 모아 모신다.

여기 싫도록 忠誠하라.

「소원문학회」

제2부 김환태론

김환태 비평의 낭만주의적 성격

I. 서론

　김환태는 등단 이전부터 식민지 사회의 모순에 예민하게 반응한 소년이었다. 전라북도 무주 출신의 그가 1926년 서울의 사립보성고등보통학교를 졸업하게 된 이면에는 속사정이 있다. 그는 1924년 전주공립고등보통학교 2학년 재학 중 동맹휴학에 가담하여 무기정학 처분을 받았다.[1] 당시 일경과 학교 당국은 전주 사람들의 강력한 진정에도 불구하고 학생들에게 내린 징계 처분을 풀어주지 않고 방치하여 스스로 퇴교하도록 조장하였다. 사태가 그처럼 악화되자 학생들은 이웃한 사립고창고등보통학교로 전학하거나, 상경하여 타교로 옮기는 방도를 모색하지 않을 수 없었다. 후자를 선택한 김환태의 출향은 반강제적인 원인으로 말미암은 셈이다. 그는 서울에서 생활하던 중에도 무주청년회가 1923년 주최한 '학문을 닦는 데는 근(勤)이냐 재(才)이냐?' 토론회에 재편 토론자[2]로 참가하고, 1927년에는 동 회가 주최한 강연회에 참석하여 '유물사관과 유심사관'을 주제로 강연하는 등[3], 향리의 청년운동가들과 교류

---

1) 전북지역독립운동기념탑건립추진위원회, 『전북지역독립운동사』, 탐진, 1994, 471쪽.
2) 『조선일보』, 1923. 9. 3

『무주문학론』

를 끊지 않았다. 이러한 사실은 그의 고향에 대한 애정이 각별한 줄 알려준다.

도일 후 김환태의 행로는 이전과 달라졌다. 체일 중에 일제의 위세를 실감한 그는 망국민의 비애를 재삼 느끼면서 현해탄 너머의 고향을 동정하게 되었다. 그의 동정심은 유학생활 중에 절로 생겨난 생리적 반응으로 향수를 불러왔다. 향수는 식민지로 전락한 고향과 종주국에 유학 온 자신을 정서적으로 연결시켜주는 매개항이었다. 방학 때마다 목도하는 고향사람들의 궁핍한 생활과 고등교육을 받고도 취업하기 힘든 식민지 지식인들의 방황은 그에게 불안감을 증폭시켜주었다. 향수가 "두려움과 불안, 방향 상실이 지배하는 시대에 나타나는 증상"[4]이라면, 김환태의 처지는 향수를 불러일으키기에 알맞았다. 그를 에워싼 '두려움과 불안, 방향 상실'은 연약한 식민지 청년의 힘으로 타개하기는 불가항력이었다. 그런 점에서 향수는 김환태의 심리적 불안을 나타내는 표지인 동시에, 이국에서의 유학생활을 위로해주는 양가감정이다.

그러나 향수는 김환태에게 현실적으로 도움을 주지 못했다. 외려 그것은 대용물을 찾아내도록 채근하였고, 그는 중학 2학년 때의 "장래 문학을 전공하리라는 결심"(「외국문학 전공의 변」)을 실천하는 일로 구체화하였다. 1928년 쿄토의 도시샤대학 예과에 입학하여 다니던 중, 그는 『동아일보』 신춘문예의 소설 부문에 선외가작 당선되었다.[5] 이 사실은 그가 "소설가가 되려던 이상과는 엇비뚤어져 평론이랍시고 무엇을 끄적거리게 되"(「외국 문인의 제상」)었다는 고백을 뒷받침한다. 만일 그의 당선 등급이 좀 더 올라갔더라면, 비평가가 아니라 애초에 맘먹었던 소

---

3) 『동아일보』, 1927. 6. 3
4) Daniel Rettig, 김종인 옮김, 『추억의 모든 것』, 황소자리, 2016, 97쪽.
5) 『동아일보』, 1930. 2. 19

설가로 입신했을지도 모를 일이다. 김환태는 1931년 봄 후쿠오카의 쿠슈제국대학 영문과에 편입하여 영미문학을 접하면서 '엇비뚤어져' 평론으로 방향을 선회하게 되었다. 1934년 대학을 졸업하고 돌아와서 본격적으로 평론을 시작한 그는 "카프 비평이 퇴조하며 공동화될 수 있었던 평단에 영문학 전공자의 특기를 살리며 등장한 실천비평가"6)로 자리잡았다.

지금까지 김환태의 비평에 관해서는 비교적 상세히 규명되었다. 여느 비평가들과 달리 그가 요절하여 평단에 적을 둔 기간이 짧았고, 그로 인해 유작들을 수습하기가 어렵지 않았던 덕이다. 기초 자료의 정리가 수월하게 진척되자 그의 비평적 특질에 관한 연구는 큰 난관 없이 진행되었다. 특히 그가 스스로 "나는 예술지상주의자"(「여는 예술지상주의자」)라고 내외에 천명했기에, 연구자들은 논의의 방향을 설정하느라 고심할 필요가 없었다. 기왕에 제출된 논문들이 그의 예술주의적 혹은 인상주의적 비평에 집중된 사정이다. 그러다 보니 김환태의 비평 세계에 대한 접근은 다양한 관점에서 이루어지지 못하고 말았다. 그 중에서도 그의 비평에 내재한 낭만주의적 성격을 논의한 문건이 쉽사리 눈에 띄지 않는다. 김환태의 비평적 족적이 "메슈 아놀드를 통해 인생비평을 강조하고 페이터를 통해 예술주의로 경도된다"7)고 할지라도, 그 저류를 관통한 정서는 낭만주의였다. 일찍부터 그는 식민지의 모순에 분노하여 행동했을 뿐 아니라, 여러 평문에 '천재'와 '개성' 그리고 '상상' 등을 거론하며 낭만적 성향을 노출한 바 있다. 이와 같은 문제의식은 김환태의 비평에 나타난 낭만주의적 성격을 추출하여 논구하도록 강권한다.

---

6) 최명표, 「전북 지역 평단의 형성 과정」, 『한국지역문학연구』 제8집, 한국지역문학회, 2016. 5, 114쪽.
7) 장도준, 『김환태 비평 연구』, 태학사, 2014, 50쪽.

『무주문학론』

II. 낭만적 정서의 비평적 심미화

1. 동심 회귀의 향수의식

김환태는 인간의 생활을 "늘 고정해 있는 것이 아니라 끊임없이 유동하는 것"(「문학의 성격과 시대」)이라고 보았다. 그의 말처럼 "삶이란 참말 외롭고 쓸쓸한 것"(「가을의 감상」)이어서 인간은 선험적인 고독에서 벗어날 요량으로 날마다 현실로부터 탈출을 꿈꾼다. 그는 무조건적인 포옹을 기대하며 생애 중 가장 아늑했던 고향으로 발길을 옮긴다. 그렇지만 그의 귀향은 부모의 부재로 실현되지 못한다. 일찍이 낭만파 노발리스가 '나는 언제나 고향으로 돌아가고 있으며, 내 아버지의 집으로 돌아가고 있다'고 말한 사연인즉, 그것이 곧 "무한한 동경이자 열망이고, 우리가 먼 타국으로 떠나야 하는 이유이며, 이국적인 원형을 찾아다녀야 하는 이유, 또 동방을 여행하고 지나간 과거에 대한 소설을 쓰며, 온갖 형식의 몽상에 탐닉하는 이유"[8]이기 때문이다. 그렇지만 그의 열망은 장성하는 과정에서 얻어진 갖가지 경험과 연루되어 순정한 유년기의 추억과 합치되기 힘들다. 그런 이유로 대부분의 귀향은 특정한 장소에 국한하기보다는 "고향땅에서 보낸 바로 그의 어린 시절"[9]로 향한다. 이런 성향은 그가 당초부터 온전한 귀향이 불가하다는 사실을 인지하고 있는 줄 알려준다. 그는 '온갖 형식의 몽상'을 통해서 시간의 불일치로 인해 이루어질 수 없는 귀향을 관철하고자 시도한다. 하지만 그럴수록 현실과 이상의 틈은 벌어지고, 그의 귀향은 관념적 차원으로 편입되고 만다.

---

[8] Isaiah Berlin, 강유원·나현영 옮김, 『낭만주의의 뿌리』, 이제이북스, 2005, 172쪽.
[9] 임철규, 『귀환』, 한길사, 2009, 15쪽.

김환태도 고향으로 돌아갈 수 없는 줄 알고 있었다. 그 증례는 그가 무주를 다루는 방식에서 찾아볼 수 있다. 무주는 그에게 이상적 고향과 현실적 고향의 이중적 의미를 갖는다. 전자는 쿄토에서 회상한 무주이고, 후자는 여름방학 중에 돌아온 무주이다. 쿄토에서의 무주는 물리적 장소성을 초월하여 호출된 것으로, 원시적 질서가 유지되는 평화한 공간이라서 시간이 흐르지 않는다. 그러나 그는 무주의 적성산에 올랐다가 유학 중에 구성한 고향 이미지가 환상인 줄 깨닫게 되었다. 등산하기 전의 바람은 "이 산이 서러운 애로 하여금 눈물을 닦고 웃으며 일어서게 하는 그런 어머니의 품이 되어 주기를 바랐던 것"(「적성산의 한여름밤」)이나, 실제로 등산은 '질식할 것만 같'은 충격을 그에게 안겨주었다. 고향은 예나 지금이나 변함이 없는데, 그것을 수용하는 그의 자세에 따라 감동이 달라진 것이다. 이로 인해 김환태는 "자라며 고향을 찾는 내 발도 뜨거니와 고향엘 가더라도 바위틈에 봄을 느끼던 내 오랜 습관을 밟을 수 있겠나"(「화분」)라고 회의함으로써, 향수를 완성할 수 없는 아쉬움을 표백하였다. 그 역시 "문법상의 시상과 시간이 서로 완전히 부합되지 않는다"(「독서여록」)는 사실을 익히 알고 있었던 것이다. 이에 김환태는 고향을 이념형으로 설정하여 식민지 사회로부터 격리시키고, 고단한 현실을 견딜 수 있는 방도를 향수에서 찾았다. 이 점에서 장소는 "정체성의 선험적 꼬리표가 아닌 정체성의 창조적 생산을 위한 원료"10)가 된다. 장소가 창조적 실천을 위한 가능성의 조건인 셈이고, 작가 연구에서 장소에 각별한 관심을 쏟아야 하는 이유이다.

　　내 마음의 이니스프리에는 소가 산다. 이리하여 네거리 아스팔트 위에 서나 철근 빌딩 밑에서 바위그림자와 같은 이니스프리의 향수에 엄습될

---

10) Tim Cresswell, 심승희 옮김, 『장소』, 시그마프레스, 2016, 64쪽.

때면 나는 내 마음 심지에 '못 가장자리를 핥는 잔물결소리' 외에 또 골짝을 울리는 해설픈 소울음을 듣는다.
　소가 사는 내 이니스피리의 경개(景槪)는 이렇다. 사방을 산이 빽 둘러쌌다. 시내가 아침에 해도 겨우 기어오르는 병풍 같은 덕유산 준령에서 흘러나와 동리 앞 남산 기슭을 씻고 새벽달이 쉬어 넘는 봉선대 밑을 휘돌아 나간다.
　… (중략) …
　가을이 되자 나는 머슴을 따라다니며 겨울 먹일 소풀을 뜯어 말렸다.
　겨울에는 여물을 썰고 소죽을 쑤었다.
　그랬더니 이듬해 첫 봄에 소가 새끼를 낳았다. 나는 동생을 보던 날처럼 기뻐 밤새도록 자지 못했다.
　이 시절이 나의 가장 행복하던 시절, 내 마음의 고향이다. 돌아가신 어머님 생각이 날 때면 그 시절을 생각한다. 그리고 소를 생각한다. 고향이 그리울 때면 그 시절이 그립다. 그리고 소가 그립다.[11]

　김환태는 무주를 '이니스프리'로 치환하여 이상향으로 호출하고 있다. 그가 외국의 지명을 거론하여 이국정조를 드러내게 된 동기는 식민지의 청년으로서 자아정체성을 유지하기 위한 몸부림이다. 그러나 그의 노력은 도로에 불과하다. 그의 원시적 질서를 향한 무한한 욕망과 식민지 청년의 유한성은 부단히 충돌하며 긴장을 자아낸다. 그 틈을 일컬어 낭만적 아이러니라고 부를 수 있거니와, 그의 동경의식이 시대와의 불화로 생겨난 것인 줄 판명된다. 김환태는 이것을 "객관적 현실과 작품 속의 현실과의 거리, 이것이야말로 문학의 본질을 낳는 것이요 우리로 하여금 문학적 향수를 가능케 하는 것이다"(「문학적 현실과 사실」)고 말한 바 있다. 그러므로 평문에 드러나지 않았다고 해서 그의 비평을 비정치적이라고 매도하는 자세는 온당치 못하다. 그 역시 식민지의 청

---

11) 김환태, 「내 유년시절과 소」, 문학사상자료조사실 편, 『김환태전집』, 문학사상사, 1972, 329쪽. 이하 『전집』.

년으로 종주국에 체류중인 학생이었고, 향수를 통해 쉽없이 고향을 소환하고 있었다는 사실은 상시 전제되어야 한다. 게다가 낭만주의자들은 완전한 통일성의 구조를 가진 텍스트보다는 아이러니에 의해서 스스로 파멸하기를 두려워하지 않는다는 점에서 낭만적 아이러니가 빚어낸 틈을 고도의 정치적 문맥으로 해석할 여지는 충분하다. 다만, 작가의 정치적 관심은 "관조적 태도"(「신진작가 A군에게」)로 국한되기를 바라는 김환태라서 언표하기를 삼갔을 뿐이었다.

익히 알다시피, 이니스프리는 아일랜드 출신의 낭만파 시인 예이츠가 고향을 그리워하며 썼다는 시 「이니스프리의 호도」[12]로 유명해진 곳이다. 영국의 식민지로 전락한 고국의 처지는 그로 하여금 고향의 호수 속의 섬을 추억하며 런던에서 살아가는 자신의 비애를 노래하도록 견인하였다. 김환태도 자신의 고국을 강점하고 있는 종주국에서 유학하는 신세라서 자연스럽게 무주와 이니스프리를 동일한 곳으로 인식하게 되었다. 그 둘의 향수는 현실세계를 고통스럽게 인식하는 자의 정서적 동요로, 현실에서 벗어나고 싶은 욕망의 분출이었다. 예이츠가 홍방울새의 소리로 가득한 유년기를 노래했다면, 김환태는 소울음 소리로 가득찬 고향을 회상한다. 소리로 고향의 원시적 질서를 환기하는 두 사람의 공통점은 시공을 초월하여 향수의 보편성을 확인시켜주기에 충분하다. 그처럼 향수는 우연한 소리로 자극받을 수 있을 만큼 예민하고, 도저한 절망으로부터 솟아나기에 절실해진다.

고향의 소리는 김환태에게 예이츠와의 만남뿐 아니라 정지용과의 만남도 주선해주었다. 김환태는 선배 정지용을 처음 만났던 도시샤대학

---

12) 예이츠는 『월든』으로 유명한 소로우(Henry David Thoreau)의 영향을 받아 시 「이니스프리의 호도」를 썼다.(Peter France, 정진욱 옮김, 『삶을 가르치는 은자들』, 생각의나무, 2002, 186쪽)

신입생 환영회의 추억을 산문 「경도의 3년」(『조광』, 1936. 8. 1)에서 회상한 바 있다. 정지용은 그날 동요 「띠」와 「홍시」를 읊어주고 며칠 뒤에는 시 「향수」를 들려주어 김환태로 하여금 '향수에 못 이겨 곧 하숙으로 돌아가기를 싫어하'도록 만들었다. 따라서 '골짝을 울리는 해설픈 소울음을 듣는' 김환태가 자신에게 얼룩백이 황소의 '금빛 게으른 울음'을 보여준 정지용에게 매료된 것은 당연하다. 소울음이라는 고향의 소리를 나눠가지면서 향수를 공유한 둘이었기에, 압천을 거닐며 "오렌지 껍질 씹는 젊은 나그네의 시름"이 전편에 흐르는 시 「압천」에 쉬 공감했을 터이다. 그 공감의 깊이와 폭이 두 사람에게 향수의 강도를 결정하도록 압력했다.

향수는 양인에게 친밀성의 근원이었다. 둘이 소울음 소리가 불러온 향수를 나누어 가진 것은 흘러가버린 특정한 소리를 현재도 들리는 소리로 환치하여 공유한 것이라고 볼 수 있다. 이런 측면에서 정지용과 김환태의 행위는 "어떠한 실재의 보이는 것을 지각한다는 것은 그것을 전적인 실재성의 바탕 위에서 '전체로서' 지각한다는 것"13)에 부합한다. 그 지점에서 둘이 의기투합하고 친밀감을 재확인하도록 매개한 것은 '전체'로서의 소리였다. 두 사람은 고향의 소리를 현존하는 '실재'로 받아들였다. 특히 소울음 소리는 정지용의 내면에 잠복해 있던 유년기를 복원하고 싶은 충동을 자극했다. 스스로 "인생에 진실로 기쁨이 있는 때가 있다면 그것은 어린 시절뿐"14)이라고 단언했거니와, 동심은 향수와 함께 그의 시세계를 요약하는 핵심어이다. 양자는 늘 붙어 다니면서 시제상으로는 과거를 향하고, 공간상으로는 고향을 지향하며 주체를 동

---

13) Jean Paul Sartre, 이규현 옮김, 「상상하는 의식과 예술」, 장경렬 외 편역, 『상상력이란 무엇인가』, 살림출판사, 1997, 157쪽.
14) 정지용, 「대단치 않은 이야기」, 『정지용전집』 2, 민음사, 1988, 427쪽.

요시켰다. 그 동요는 작품에 방랑, 동경, 향수 등을 빈번하게 표출되도록 유혹하는 바, 그것들은 낭만주의적 자질을 대표한다. 쿄토에서 정지용이 감정의 동요를 통해서 심층의 비밀한 욕망을 표현했다면, 김환태는 그에게 시적 원천으로 작용하는 동요를 비평적으로 분석하는 동안에 향수의 근원을 찾아내었다.

동요는 언제나 정밀과 균형을 동경하는 것이다. 그리하여 천재의 마음의 동요는 정밀과 질서의 세계에 대한 향수를 낳는다. 이 향수가 그림자 같이 천재를 따르는 어딘지 홀로 떨어진 이름모를 비애와 고독이다. 그러므로 천재는 언제나 비애와 고독을 숙명으로 타고난 불행한 족속이다.
우리 시인 정지용도 이 불행한 족속의 숙면인 비애와 고독을 유전받았다. 그리하여 저자에서 보는 그는 명랑하고 경쾌한 낙천가이나 그의 마음속을 가만히 들여다볼 때 그는 서러울 리 업는 눈물을 소녀처럼 짓는 슬픈 사람이요 나이 어린 코끼리처럼 외로운 사람이다. 향수에 질리운 사람이 이국 거리를 싸다니듯이 까닭없는 막연한 향수에 끌리어 저자를 찾아 나가나 고향은 종시 찾지 못하고 가벼운 탄식만 지고 오는 것이 그의 슬픈 일이요 낮이면 퐁퐁 공처럼 튀어 나갔다가 밤이면 젊은 설음을 한아름 안고 돌아오는 것이 그의 적막한 습관이다.15)

정지용 시의 정서적 특질을 예리하게 짚어낸 이 평문이야말로 김환태의 비평적 심미안을 헤아리기에 뚜렷한 물증이다. 정지용의 내면은 '정밀과 균형을 동경'한 나머지 쉼없이 동요한다. 그것은 '정밀과 질서의 세계에 대한 향수'로부터 기인한 것이다. 하지만 그의 향수는 특정한 장소에 소속되어 있지 않은 탓에 진정한 장소감을 향유할 수 없다. 장소감은 "무엇보다도 내부에 있다는 느낌이며, 개인으로서 그리고 공동체의 일원으로서 나의 장소에 속해 있다는 느낌"16)이다. 그 소속감은 말

---

15) 김환태, 「정지용론」, 『전집』, 107쪽.

『무주문학론』

할 것도 없이 집, 고향, 국가에 대하여 느끼는 감정이다. 하지만 정지용은 집도 고향도 국가도 없어서 무의식적으로 체감하는 장소감을 느끼지 못하고 정체성의 혼란을 겪게 된다. 그 혼란이 이상과 현실의 갈등을 야기하는 근인이며, 향수를 시도 때도 없이 불러오는 원인이다. 그와 같이 향수는 고향으로 돌아갈 수 없다는 자각 후에 체험하게 된다. 그의 자각은 자신을 둘러싸고 있는 당대의 객관적 정세에 크게 좌우된다는 점에서 향수는 사회적 감정으로 승격한다. 왜냐하면 향수는 지나간 시간과 장소에 대한 회상을 통해서 정서를 공유했던 이들을 '지금-여기'로 호명하기 때문이다. 이것이 김환태가 정지용의 향수를 국한하여 '어딘지 홀로 떨어진 이름모를 비애와 고독'이라고 명명한 이유에 해당한다.

이런 사실에 주목하면 향수가 시공을 초월하여 예이츠, 정지용, 김환태를 연결하는 고리인 줄 알게 된다. 셋은 '홍방울새소리', '해설픈 소울음' 그리고 황소의 '금빛 게으른 울음'을 매개로 원시적 질서가 구존했던 고향으로 진입할 수 있었다. 그 소리들은 소리를 함께 공유했던 이들을 호명하여 공동체적 질서가 유지되던 유년기로 세 사람을 안내한다. 그 시절이라야 그들을 둘러싸고 전개되는 객관적 질서가 무화되고, 무시간적이고 초공간적인 본능적 충동을 채워줄 수 있다. 그 자리를 마련해준 소리는 공동체의 구성원들을 한데 묶어서 공간을 절대화하도록 이끌었다. 그들이 구축한 공간은 관념의 성채라서 현실의 갖은 위협에도 굳건히 유지되어 향수를 불러일으키는 처소가 된다. 그들이 향수를 현존하는 의식으로 부활시킨 것은 "자신의 정체성과 동질성을 찾는 것"17)과 같다. 하지만 소리는 비실체로 존재하는 고향을 증빙할 뿐이어

---

16) Edward Relph, 김덕현 외 옮김, 『장소와 장소 상실』, 논형, 2005, 151쪽.

서 향수의 대체물을 필요로 한다. 이때 김환태가 발견한 것이 글쓰기였고, 그것은 그의 내면에 소장된 낭만주의적 성향과 결합되어 '정체성과 동질성'을 확인시켜주었다.

2. '재구성적 체험'의 낭만성

사랑은 낭만주의자들에 의해 발견되었다. 그들이 사랑을 우선적 덕목으로 수용한 것은 "예술이란 이성이 아니라 상상력의 영역이며, 이 상상력의 힘은 자유로운 정신의 발현에 있으며, 이 정신을 발현시키는 힘은 사랑"18)이라고 보았기 때문이다. 그들은 사랑이 인간을 변화시켜 타자와의 공존을 권장하고, 나아가 주체와 세계의 조화를 이끌 것이라고 믿었다. 그들의 노력으로 주체는 자유의지를 좇아 세계를 재인식할 수 있는 기반을 확보하게 되었다. 그들이 이성의 면밀한 기획에 기초한 세계를 지양하고, 굳이 비이성적인 사랑으로 세계를 응시하려고 노력하는 것은 감정이 세계를 지배하고 있다는 신뢰에 터하고 있다. 감정은 내적 감각으로, 이성적 사고보다는 무의식적 자아의 충동을 설명하는 용어이다. 그것은 가시적이면서 비가시적이고, 합리와 불합리가 혼재한 세계를 유동적으로 파악하기를 권한다. 감정의 일종인 사랑은 작가가 발휘하는 상상력의 마르지 않는 샘으로, 낭만주의자들의 심리적 저류가 자유롭게 동요하도록 도와준다. 사랑은 김환태로 하여금 "비평가는 그 자신을 위한 사랑으로서 인생을 사랑하고 미를 사랑하여 체험한 바를 그 자신을 위하여 표현하면 그만이 아니냐"(「페이터의 예술관」)고 자신의 논리를

---

17) 전광식, 『고향』, 문학과지성사, 2010, 42쪽.
18) 김진수, 『우리는 왜 낭만주의를 이야기하는가』, 책세상, 2001, 17쪽.

『무주문학론』

정당화하도록 만들었다.

> 사람의 개성과 같이 한 작품의 중심 생명을 이해하려면 우리는 그 작품을 연애할 때처럼 사랑하여야 합니다. 사랑은 죄인 속에도 신을 보고 추에서도 미를 찾고 목석에게도 생명을 느끼는 마음입니다. 그러나 증오는 선인도 악인으로 만들고 아름다운 것도 더러웁게 보는 마음입니다. 가을하늘처럼 맑은 처녀의 눈동자라도 악의에 불타 보일 것입니다. 그러나 사랑하는 사람은 그 눈 속에 용솟음치는 감정의 천태만상을 볼 수 있습니다.
> 사랑은 포용을 의미합니다. 관용을 의미합니다. 그러므로 사랑하는 사람은 그의 연인의 조그마한 단점은 잊어버립니다. 그와 마찬가지로 작품을 사랑하는 진정한 평가는 한 작품의 조그마한 결점에는 눈을 감습니다. 우리가 눈을 감고 내적 영상을 확실히 파악할 때, 우리는 아름다운 조각이나 회화를 한층 더 명확히 이해할 수가 있지 않습니까?19)

김환태가 처음으로 발표한 글이다. 수상에 가까운 인용문은 그가 처음부터 사랑을 비평의 심리적 척도로 삼았던 줄 알게 해준다. 유심론적 발언을 통해서 그는 '작품을 연애할 때처럼 사랑하'는 태도를 견지할 것을 공언하고 있다. 그의 발언은 "예술을 또한 무엇보다도 사랑하여 인생에 대한 사랑과 예술에 대한 사랑을 융합시키고 생활과 실행의 정열을 문학과 결합시키는 사람"(「여는 예술지상주의자」)이라는 자기확인에서도 거듭되었다. 그는 사랑을 동정심으로도 바꾸어 표현하고 있는데, 그것의 함의는 "작가의 작품 제작 과정에 있어서만 필요한 것이 아니라 독자의 작품 감상에 있어서도 절대로 필요한 것"(「문예시평」)에서부터 "우리 문학을 사랑하자"(「문예시평」)에 이르기까지 외연이 넓다. 그 이유는 김환태가 페이터에게서 동정 개념을 빌려와서 확대하여 적용시켰

---

19) 김환태, 「문예비평가의 태도에 대하여」, 『전집』, 18쪽.

기 때문이다.

　일찍이 페이터는 낭만주의자들의 유머를 설명하는 자리에서 "인간의 가장 친밀한 감정을 기록한 문장을 식별하는 습관은 그 인간에게 동정을 불러일으키고 그것은 곧 섬세한 방식으로 타인의 감정과 친근해지고 그 타인의 마음속 깊은 곳으로 들어갈 수 있는 힘을 생성시키기 때문"[20])이라고 주장하고, 동정을 '유머의 본질'로 삼았다. 그의 견해를 수용한 김환태는 감상이란 "대상의 진정한 이해를 위하여 몰이해적 관심으로 그 대상을 어루만지는 마음이며, 이 어루만지는 마음은 곧 상대에의 몰입 즉 동정을 의미"(「문예시평-6월의 평론」)한다고 주장하는 한편, 페이터의 유머론을 적용한 실천비평으로 이태준의 소설 「달밤」을 논하였다. 김환태는 이 평론에서 전편에 유머를 장치한 상허의 소설은 "언제나 괴롭고 슬픈 사람의 우수와 고통을 잊게 하여 줄 것이다"(「상허의 작품과 그 예술관」)라는 결론을 제출한 바 있다.

　이처럼 김환태가 표나게 강조한 사랑은 상상력과 조우하면서 낭만적 색채를 더하게 된다. 오래 전부터 상상력은 범접할 수 없는 천재의 재능으로 주목되었다. 일례로 서양에서는 상상을 "천재만이 소유할 수 있는 능력이니까 가장 주관적인 것이지만 그것의 용도는 주관의 표현만이 아니라 사물과의 완전한 공감을 이룸으로써 객관성에 도달"[21])하기 위한 도구로 보았다. 즉 '사물과의 완전한 공감'은 천재의 상상에 의해서만 달성될 수 있는 것이다. 그에 입각하여 낭만주의자들은 진정한 예술작품을 "보거나 듣는 것이 아니라 상상된 것"[22])으로 파악하였다. 김환태가 "예술의 생산에 있어서 가장 근본적이요 중요한 것은 사회적 설

---

20) Walter Pater, 이덕형 옮김, 『페이터의 산문』, 문예출판사, 1982, 190쪽.
21) 이상섭, 『문학이론의 역사적 전개』, 연세대학교출판부, 1983, 156쪽.
22) Robin G. Collingwood, 김혜련 옮김, 『상상과 표현』, 고려원, 1996, 173쪽.

명이 불가능한 이 예술가의 천재와 개성이다"(「예술의 순수성」)고 말한 뒤에 "가장 우수한 비평가는 상상적 예술가가 느끼고 있는 생명감이 강한 사람이었다"(「나의 비평의 태도」)고 선언한 것만 보아도 예술가와 천재를 동일시한 흔적을 찾을 수 있다. 이처럼 천재성이 작가의 상상력을 지칭하는 다른 이름으로 전이되면, 논리적 글쓰기를 본업으로 삼는 비평가의 설자리는 뒷전으로 밀려나기 십상이다. 김환태가 "비평가가 그의 비평이나 평론으로 하여금 어떠한 효용을 발생케 하려면 작가의 창작 방법에 개입하거나 어떤 연역적인 원리로 작가의 작품 활동을 속박하지 말고, 언제나 작품이나 문학적 현상에 즉하여 그것에서 어떤 원리를 추출하여 다만 작가의 참고에 공하는 데 그치지 않으면 안 된다"(「평단 전망」)고 경고하는 것이 그것의 뒷받침이라고 볼 수 있다. 그는 천재성을 빌미로 작가를 앞세우고, 자신은 그의 뒤로 물러날 줄 아는 겸양의 비평가였다.

  상상력이 가장 활발히 발휘되는 시기는 어린이기이다. 따라서 김환태가 어린이에 주목하여 "진정한 예술가는 아직 사상에 의하여 통제되고 지배되지 않은 세계, 즉 모든 방면으로의 발달과 생성의 가능성이 창일(漲溢)한 소박한 상태로 돌아가 새로운 방법으로 인간이나 자연을 이해하기 위하여 사상의 고대(高臺)에서 내려 다시 한 번 무지의 세계로 돌아가지 않으면 안 된다"(「예술의 순수성」)고 말한 까닭인즉, 그들이 '모든 방면으로의 발달과 생성의 가능성이 창일한 소박한 상태', 다시 말하면 가소성이 풍부하여 작가의 '천재'와 '개성'이 발휘되기에 충분한 조건을 갖춘 시기일뿐더러, 그것이 발휘되기 이전의 순백한 상태를 지니고 있기 때문이다. 그것을 김환태는 '소박한 상태'와 '무지의 세계'로 표현했거니와, 이 점에서 그의 동심예찬은 '동심은 참된 마음'이라고 설파한

이탁오의 동심설과 흡사하다.23)

어린애는 아무런 주관적 분식(扮飾)도 이론적 편견도 가지지 않고 최대의 몰의(沒義)와 충실을 가지고 외계에 자기를 위탁하기 때문에 언제나 감아(感我)와 경이와 동경 속에서 산다. 그러므로 예술가도 진정한 어린애가 될 때에만 외적 세계의 형상과 색채와 신비를 볼 수가 있을 것이다.

상술한 바와 같이 예술가에게 필요한 것이 경화한 사상이 아니라면 그 외에 무엇이냐? 그것은 사상(事象)에 있어서의 관념적 내용을 직관하고 구상화하는 감각적 상상이다. 그러므로 정밀하고 청신한 감각적 상상을 가지기 위하여 예술가는 그의 생활 태도에 있어서도 어린애와 같이 생활을 어떤 외적 목적에 봉사시키는 것이 아니라 생활 그것을 위한 생활을 하지 않으면 안 된다.24)

작가의 천재성이나 개성은 물질적 제약을 초월하여 자기목적에 순일하게 복무할 뿐이다. 그는 오로지 감동 속에 살기 위해서 목적의식을 버리고 경직된 사상으로부터 해방된 자세를 견지한다. 그것은 '생활 그것을 위한 생활'로 '아무런 주관적 분식도 이론적 편견도 가지지 않고 최대의 몰의와 충실을 가지고 외계에 자기를 위탁하기 때문에 언제나 감아와 경이와 동경' 속에 살아가는 어린애의 천성과 가깝다. 그 수준에 진입한 뒤라야 작가는 '감각적 상상'을 획득하여 "어느 이상을 향하여 관념이나 영상으로 조직하고 종합하는 일종의 건설작용"(「생명·진실·상상」)에 몰입하게 된다. 김환태가 상상을 가리켜서 "지향을 가진 마음의

---

23) "동심은 '참된 마음(眞心)'이다. 만약 동심이 있으면 안 된다고 하면, 이는 참된 마음이 있으면 안 된다고 하는 것과 마찬가지이다. 동심이란 거짓 없고 순수하고 참된 것으로, 최초 일념의 본심이다. 동심을 잃으면 참된 마음을 잃는 것이며, 참된 마음을 잃으면 '참된 사람(眞人)'을 잃는 것이다. 사람이 참되지 않으면 최초의 본심은 더 이상 전혀 있지 않게 된다."(鄢烈山·朱健國, 홍승직 옮김, 『이탁오평전』, 돌베개, 2008, 284-285쪽)
24) 김환태, 「예술의 순수성」, 『전집』, 23-24쪽.

활동"(「문학적 현실과 사실」)이라고 부르게 된 사정이다.

김환태는 "예술의 대상은 영원히 인간이다"(「표현과 기술」)고 말하면서 "문학작품은 각기 한 생명체이다"(「작가·평가·독자」)고 주장하였다. 이런 태도는 필연적으로 문학작품을 유기체로 받아들이도록 권한다. 그가 유난히 '생명'을 강조한 것도 문학유기체설을 거론하기 위한 사전 작업이었다. 칸트의 '무목적적 합목적성'에서 발원한 문학유기체설은 김환태에 이르러 "메슈 아놀드가 말한 '몰이해적 관심'으로 작품에 대하여야 하며, 그리하여 그 작품에서 얻은 인상과 감동을 가장 충실히 표현하여야"(「문예비평가의 태도에 대하여」) 한다는 논리로 이어졌다. 그는 칸트, 아놀드, 페이터 세 사람의 의견을 종합하여 나름의 문학유기체설을 정립하였다. 예컨대 그는 칸트의 견해를 수용하여 "기쁨이란 언제나 자기목적인 것"(「여는 예술지상주의자」)이라고 주장했고, 아놀드를 좇아 "문예비평가는 작품의 예술적 의의와 딴 성질과의 혼동에서 기인하는 모든 편견을 버리고 순수히 작품 그것에서 얻은 인상과 감동을 충실히 표현하여야 합니다"(「문예비평가의 태도에 대하여」)라는 견해를 세웠으며, 페이터의 인상론을 차용하여 비평가에게 "한 작품에서 어떠한 감동과 기쁨을 받았는가를 그리고 그로 인하여 자기가 얼마만큼 변모되었는가"(「비평문학의 확립을 위하여」)를 고백하도록 권장했다.

> 예술작품이란 요소의 집단이 아니라 유기적 통일체이므로, 산 우리의 육체와 생명을 구별할 수가 없는 것과 같이 우리는 예술작품의 내용과 형식을 따로따로이 구별하여 생각할 수가 없다. 다시 말하면, 작품은 그것이 형식과 내용으로 분리되기 이전의 한 완전한 통일체요, 형식과 내용의 두 요소의 결합체는 아니다. 형식이란 내용 그것에 의하여 스스로 산출되는 것이요, 내용이란 스스로 산출한 형식에 의하여 결정되는 것이기 때문이다.25)

「김환태 비평의 낭만주의적 성격」

당초에 김환태의 유기체설은 프로비평에 대한 반론으로 제기되었다. 그는 카프 비평가들이 '사상의 폭위'를 범하면서까지 사상의 여하로 시의 가치를 결정한다고 비판하고, "진정한 시적 경험에 있어서는 우리는 내용과 형식을 구별할 수 없는 것이며, 따라서 시적 가치는 그것만으로서 구별할 때에만 존재할 수 있는 내용이나 또 이와 같은 방법에 의하여 얻을 수 있는 형식 여하에 의존하지 않는 것은 물론, 형식과 내용을 결합하는 데도 있지 않고 다만 그 양자의 구별이 소멸할 때에만 비로소 발생하는 것"(「시와 사상」)이라고 주장하였다. 그의 의견은 예술작품을 심미적 관점으로 인식하기를 바라는 충정에서 우러난 것이다. 김환태는 줄기차게 사상과 현실이 작가의 상상력과 감정에 융해되기를 바랐거니와, 작가의 천재적 재능과 개성에 의해서 탄생한 작품이야말로 '형식과 내용으로 분리되기 이전의 한 완전한 통일체'라는 입장을 고수하였다. 그에 따라 작가가 '생산한 현실'은 미적 구조로 자리매김되기에 이른다. 이것이 김환태가 말하는 '내용과 형식을 구별할 수 없는 것'이다.

작품을 심미적 차원에서 바라보려는 자세는 궁극적으로 김환태를 "작품지상주의자"(「여는 예술지상주의자」)로 만들었다. 그의 비평은 비평가가 작품에서 받은 인상을 효과적으로 통일하고 통합함으로써 실현된다. 그것을 일컬어 김환태는 인상의 '재구성적 체험'이라고 불렀거니와, 그 과정이 작가가 그린 '현실의 초상화'로서의 작품을 갖고 비평가가 '작품의 초상화'를 그리는 단계이다. 체험이 재구성되기 위해서는 의도적으로 질서화하고 재배치하는 과정을 거쳐야 한다. 그 단계에서 상상력이 발동하게 되어 비평가는 "작품에서 얻은 인상을 그것이 암시된

---

25) 김환태, 「비평 태도에 대한 변석」, 『전집』, 95쪽.

『무주문학론』

방향에 따라 다시 그 작품을 재구성하는 자유"(「작가·평가·독자」)를 갖게 된다. 비평가의 자유는 정치한 논리적 글쓰기를 지향하는 비평에서 불가피하게 승인되지만, 그것은 "작가와 더불어 자기표현의 고통을, 다시 말하면 작가가 작품을 쓸 때처럼 혹은 그것과 동일한 창작의 고통을 맛보는 재구성적 체험을 통해 자기-비평가 자신을 표현하는 산고가 수반되기 때문"26)에 미적 주관을 절대화하지 않으면 안 된다. 비평가가 자신의 주관에 철저하여 한 작품에서 얻은 인상을 충실히 표현하고 찬미할 때에 객관성은 확보된다.

> 비평은 작품에 의하여 부여된 정서와 인상을 암시된 방향에 따라 가장 유효하게 통일하고 통합하는 재구성적 체험입니다. 그러므로 비평가가 그의 주관에 철저하여 한 작품에서 얻은 인상을 충실히 표현하고 찬미할 때에 그의 인상과 찬미에는 객관성이 있습니다. 그것은 순수한 주관은 순수한 객관인 까닭입니다. 진정한 '나'를 보는 것은 진정한 '그'를 보는 것인 까닭입니다.27)

> 비평은 작품에 의하여 부여된 정서와 인상을 암시된 방향에 따라 가장 유효하게 통일하고 종합하는 재구성적 체험이요, 따라서 비평가는 그가 비평하는 작품에서 얻은 효과, 즉 지적·정적 전 인상을 표현하고 전달하기 위하여 어느 정도까지 창조적 예술가가 되지 않으면 안 된다고 믿어 움직이지 않는 자이다.28)

인용문에서 확인 가능하듯이, 김환태는 중복된 발언을 통해서 자신의 비평적 신념을 표백하고 있다. 그가 비평의 재구성적 차원을 자꾸 강조

---

26) 전정구, 「재구성적 체험과 김환태의 실천비평」, 『현대문학이론연구』 제55집, 현대문학이론학회, 2013. 12, 266쪽.
27) 김환태, 「문예비평가의 태도에 대하여」, 『전집』, 19쪽.
28) 김환태, 「나의 비평의 태도」, 『전집』, 27쪽.

한 동기는 비평의 본질적 역할에 충실하기 위한 발언이었다. 그는 카프 비평가들이 중요시했던 비평의 지도성을 비판하는 자리에서 "지도성이란 언제나 비평 스스로의 겸손에서 오는 것이며, 비평가의 권위는 그가 입법자나 재판관이 될 때가 아니라 작가의 좋은 협동자가 될 때에 그리고 더 나아가서는 한 작품에서 얻은 인상을 그것이 암시된 방향에 따라서 재구성하여 작품에 의존하면서도 그것에서 독립한 작품상을 만들어 보여줄 수 있는 창작자가 될 때에 비로소 확립될 것이다"(「비평문학의 확립을 위하여」)고 말한 바 있다. 말하자면 "비평가란 창작 능력에 있어서 도저히 작가를 따를 수 없는 것"(「작가·평가·독자」)이기에, '겸손'한 태도로 '한 작품에서 얻은 인상을 그것이 암시된 방향에 따라서 재구성'하는데 그쳐야 한다. 이 과정을 거쳐 재구성된 체험, 곧 비평은 '천재'로서의 작가가 작품이 부여하고 암시한 방향을 따라서 질서화한 것이므로 '객관성'을 확보하게 된다. 말하자면, '순수한 주관은 순수한 객관'과 통하는 법이고, 그것은 온전히 '재구성적 체험'의 성과라고 말할 수 있다.

> 문예비평이란 문예작품의 예술적 의의와 심미적 효과를 획득하기 위하여 대상을 실제로 있는 그대로 보려는 인간 정신의 노력입니다. 따라서 문예비평가는 작품의 예술적 의의와 딴 성질과의 혼동에서 기인하는 모든 편견을 버리고 순수히 작품 그것에서 얻은 인상과 감동을 충실히 표출하여야 합니다. 즉 비평가는 언제나 실용적 정치적 관심을 버리고 작품 그것에로 돌아가서 작자가 작품을 사상(思想)한 것과 꼭같은 견지에서 사상하고 음미하여야 하며 한 작품의 이해나 평가란 그 작품의 본질적 내용에 관련하여야만 진정한 이해나 평가가 된다는 것을 언제나 잊어서는 안 됩니다.[29]

---

29) 김환태, 「문예비평가의 태도에 대하여」, 『전집』, 17쪽.

『무주문학론』

비평은 '문예작품의 예술적 의의와 심미적 효과를 획득하기 위하여 대상을 실제로 있는 그대로 보려는 인간 정신의 노력'이다. 그것을 위해 비평가는 '편견'을 버리고 '인상과 감동'을 충실하게 표출하려고 노력해야 한다. 그처럼 '작품의 본질적 내용에 관련하여야만 진정한 이해나 평가가 된다'는 것이다. 그러나 "인상에 있어서 진실한 모든 것은 일순간에 지나지 않으므로 우리가 그것을 이해하려고 할 동안에 소실"(『페이터의 예술관』)하고 만다. 따라서 인상의 휘발성을 보완할 대체물이 요구되는 바, 그것은 환상이다. 환상은 현실적으로 불가능한 경험적 자아와 낭만적 자아, 순수한 주관과 순수한 객관의 일치를 가능케 하여 미적 통일성을 구축할 수 있는 기반을 제공한다. 작가는 환상의 힘을 빌려 유한한 것을 부정하고 무한한 미지의 세계를 긍정하게 된다. 그의 행위는 현실에 대한 욕구불만으로부터 남상한 것이다. 그것을 동경이라고 말한다. 그러므로 낭만주의자들에게 예술은 미적 표현이라기보다는 이념 그 자체이다. 예술작품이란 찰나의 현상에 대한 자아의 반응이기 때문에 어떠한 설명도 필요하지 않다. 작품이란 그로서 존재하고, 수용자는 받아들이면 되는 것이다. 따라서 인상을 중시하는 김환태의 비평 태도를 가리켜 "독자의 주체적인 의미 생성 행위를 경시하고 오로지 작품이 본래 지니고 있는 요소를 순수하게 향수하는데 역점을 두고 있다"30)고 보는 것도 무리가 아닙니다.

하지만 김환태가 독자를 작품의 의미생성 과정에서 객체로 존재할 뿐 거론할만한 대상으로 부각시키지 않은 것은 순전히 '작자가 작품을 사상한 것과 꼭같은 견지에서 사상하고 음미하여야' 한다는 비평적 태

---

30) 임명진, 「'유기체적 예술론'의 허실—김환태론」, 『탈경계의 문학과 비평』, 태학사, 2008, 261쪽.

도에 기인한 것이다. 결과적으로 김환태의 비평에 내재된 낭만주의적 성격은 카프가 퇴각한 뒤의 평단에 문학의 자율성을 중시한 작품 중심의 논의가 활성화되도록 이끌었다고 하겠다. 그만치 평단은 카프에 의하여 억눌린 채 다양한 평론이 양산될만한 환경을 가꾸지 못하였다. 그것이 일정 부분은 일제의 영향 때문이었을 것이라고 수긍하면서도, 카프 외에는 딱히 손꼽을만한 비평가가 없었다는 점만 보아도 평단의 조건이 녹록치 않았던 줄 가늠할 수 있다. 그런 판에 제기된 김환태의 낭만주의적 평문들이 참신성을 무기로 문학비평의 자율성을 담보하기 시작했다는 점은 상당히 유의미하다.

Ⅲ. 결론

김환태는 한국의 근대비평사에서 인상주의 비평의 선구자로 자리매김되어 있다. 그가 확보한 자리는 작품의 '인상'을 중시한 평문을 꾸준히 발표한데 대한 보상이다. 김환태는 일본에서 영문학을 전공한 인연으로 아놀드와 페이터의 영향을 많이 받았다. 그가 인생과 인상 등을 강조하게 된 것은 두 사람을 사숙한 결과이다. 그에 바탕하여 그는 "예술이 예술된 소이는 그것이 감정의 표현이요 감정에 호소하는 점에 있다"(「예술의 순수성」)고 말하여 '감정'을 중시하고 그것의 '동요'에 주목하였다. 그의 감정적 동요는 낭만주의적 성향에 편승하여 유년기를 향한 동경의식, 즉 향수로 점철되었다. 향수는 그의 글쓰기의 근원이었다. 그는 어릴 적 들었던 소울음을 매개로 동심의 세계로 진입할 수 있었다. 또한 소리는 그로 하여금 정지용, 예이츠와 '동정'에 기초한 정서적

『무주문학론』

동질감과 함께 동료의식을 느끼도록 연결해주었다. 그러므로 김환태의 비평문에 내장된 낭만주의적 징후들은 식민지 청년의 '고독과 비애'가 작동한 증거라고 할 수 있다.

　김환태는 '천재'로서의 작가를 비평가보다 우선시하였다. 그가 작가의 천부적 재능을 고평하자, 비평의 자리는 작품의 뒷전에 마련되었고 나아갈 길은 획정되어버렸다. 그것은 작가의 상상력에 의하여 질서화된 작품의 인상을 충실히 기술하는 것이었다. 이로서 전대의 비평가들이 옹호했던 비평의 영도적 기능은 거세되고, 작가들이 제자리를 찾아가게 되었다. 그런 결과는 일제의 군국주의화가 가속화되는 등의 객관적 정세에 따른 불가피한 측면도 있으나, 비평사적으로는 카프 비평의 물러간 자리를 대체한 새로운 경향의 대두이기도 했다. 곧, 김환태 비평의 낭만주의적 성격은 문학 외적 주장에 압도되었던 평단의 흐름을 바로잡아서 문학적 본질에 입각한 논의가 활발해지도록 기여한 바 크다.
(『현대문학이론연구』 제67집, 현대문학이론학회, 2016. 12)

김환태 비평에서 동심의 심미화 과정

Ⅰ. 서론

 1935년 일제가 기획한 사상 탄압의 와중에 카프가 해산하자, 평단은 새로운 비평 세력의 출현을 기다렸다. 새로 등장할 세력은 이념지향적 평필을 휘두르던 카프와 지향하는 바가 다르지 않으면 안 되었다. 그 무렵에 김환태는 혜성처럼 나타났다. 그의 등장은 평단의 주도세력이 교체되었다는 점뿐만 아니라, 외국문학 이론을 습득한 유학파 비평가가 한국 평단의 주류를 담당하게 된 신호였다는 점에서 하나의 사건이었다. 김환태는 카프와 대척적인 관점을 노골적으로 표명하며 문학의 본질에 충실한 비평을 내세웠다. 그의 평문은 카프의 과격한 평론에 진력났어도 마땅한 대응 방안을 강구하지 못한 채 참고 지내던 작가들로부터 환영받았다. 만약 카프가 해산되지 않았더라면, 그는 평론계에 몸담지 않았을지도 모른다. 그처럼 비논쟁적이고 비전투적인 사람이 카프의 강경파들과 맞서 글싸움을 벌이는 모습은 상상하기 힘들다. 더욱이 카프의 공세는 반드시 다수의 협공으로 구체화되는 탓에, 김환태와 같이 '어눌한 사람(訥人)'은 평단이라는 싸움판에 나아갈 엄두도 못 내었을

『무주문학론』

터이다.

　지금까지 연구자들은 김환태의 비평적 특질을 '예술지상주의 비평', '인상주의 비평', '순수비평' 등으로 정리해 왔다. 그것은 전적으로 그가 자칭한 바를 존중하며 논자들이 정의한 것이다. 이런 논점은 논란의 소지가 적을뿐더러, 그의 비평세계를 아우르며 요약하기에 유용하다. 그러나 이 논점이 그의 비평에 대한 다양한 접근을 가로막고, 선행한 논의를 답습하도록 종용하기도 한다는 우려도 간과할 게 아니다. 더욱이 작금에 다다라 김환태의 비평에 관한 연구가 답보 상태에 머물고 있는 것을 볼 때, 기왕의 시각과 다른 논각이 요청된다. 이런 상황에서 그의 비평에 함의된 낭만주의적 성격에 착목하게 되면 좀 더 다양한 논의를 도출할 수 있으리라고 기대한다. 예컨대, 김환태가 고향을 그리워한다든지, 동심을 찬미한다든지, 순수를 애호한다든지, 상상력을 고평한다든지, '주관적 객관성'을 옹호한다든지, 작가의 개성과 천재성을 높이 사는 것 등은 죄다 낭만주의적 성향에서 남상한 것이다. 낭만주의는 그의 지론이었던 예술지상주의를 견고하게 지탱해주면서, 한국근대문예비평사에 설자리를 마련해 준 심미적 자질이기도 하다.1) 그렇다면 김환태의 비평적 기반인 낭만주의적 자질의 변주 양상을 세밀하게 검토해 볼만하다. 그것들은 각기 독립적으로 존재하기보다는 씨줄과 날줄로 상호 교직되어 그의 비평에 육화되어 있다. 그 중에서도 괄목할 것이 동심인 바, 동심은 위에 열거한 여러 가지 성향들의 출발점이자 귀착점이다.

　동심은 김환태 비평의 고갱이에 해당한다. 그는 예술의 순수성을 주장하는 평문에서 동심의 동반을 마다하지 않았다. 수필에서는 향수를 드러내는 도중에 동심을 수반하였다. 그처럼 동심은 김환태의 심리적

---

1) 최명표, 『전북지역문학비평사론』, 신아출판사, 2018, 398-408쪽.

저층부에 자리잡고서 주요한 비평적 주장을 앞세울 적마다 논리를 후원해 주었다. 그의 동심은 '소리'로 자극되는 향수와 기꺼이 동행하였다. 소리는 무주와 교토의 사이에 놓인 거리를 무화시켜 공간을 단일화하고 그를 고향으로 안내하여 안식을 주었다. 그런 점에서 "낭만주의가 눈에 대한 부정"2)이라는 사실은 예사롭지 않다. 그가 표백한 향수는 고향의 '소리'를 그리워하는 주체의 심리적 방어기제이다. 그가 체일 기간에 연약한 동심과 무망한 향수를 자주 호출했다는 것은 심리적으로 불안한 국면에 처해 있었던 줄 반증한다. 김환태가 고향과 타향을 넘나드는 횟수가 잦아질수록 양자의 거리는 역설적으로 멀어지고 만다는 점에서, 향수는 회복하기 어려운 동심을 향한 애달픈 몸짓과 다르지 않다. 김환태는 향수가 고향으로 돌아갈 수 없는 자나 동심을 회복하기 힘든 기성인의 고백 형식인 줄 익히 알고 있었던 것이다. 그런 까닭에 그의 비평에서 자주 거론되는 '순수'는 향수의 대상, 곧 동심의 비평적 표현에 가깝다고 볼 수 있다. 말하자면, 그는 동심의 고향을 회복할 수 없는 절망적 상황을 회피할 수도 없고 격파하지도 못하는 식민지 청년의 비애를 비평적 글쓰기로 선보인 것이다. 그에게 향수가 외적으로 공표된 글쓰기에 해당한다면, 동심은 비평 활동을 견딜 수 있도록 지탱해 준 내적 기반이었다. 이로서 김환태가 향수의 근원인 동심을 심미화하는 과정에 관해서 논의할만한 단초가 마련되었다. 그의 비평세계에 대한 연구가 소강 상태에 접어든 요즈음, 동심을 바탕으로 정초된 그의 비평에 관하여 새로운 토론의 자리가 펴진 것이다.

---

2) 임철규, 『눈의 역사, 눈의 미학』, 한길사, 2004, 123쪽.

『무주문학론』

II. 향수의 내면화와 동심의 비평화

1. 향수, '동심'의 산문적 표백

고향은 언제나 어린 시절로 추억된다. 추억이 숙명적으로 과거적 시간의 소환을 가리키므로, 고향과 유년기는 늘 동반하여 호출되기 마련이다. 그처럼 향수는 공간보다 시간을 중시한다. 그것은 향수가 다 큰 어른이 과거를 찬미하는 행위란 점을 떠올리면 금세 확실해진다. 하물며 일본에게 나라를 빼앗겨서 어릴 적 뛰어놀던 고향을 점령당한 식민지인의 처지에서라면 새삼스럽게 이를 것조차 없다. 향수는 과거적 체험을 전제하여 존립하므로, 식민 상태의 원주민에게 그것은 자연스레 잃어버린 나라의 되찾기와 맞물리게 된다. 이상화가 명편「빼앗긴 들에도 봄은 오는가」에서 통곡했을 때의 '봄'이 그에 합당하다. 그렇다면 장성하여 고향을 떠난 이가 애타게 그리워하는 '봄'은 미구에 '빼앗긴 들'을 되찾을 수 있으리라는 기대감의 발로이므로 향수의 과거시제와 맞지 않는다. 향수의 시제는 선천적으로 주체의 시상(時相)에 따라 좌우된다. 향수가 현재적 상태를 과거적 시점으로 되돌리려는 주체에 의한 관념의 몸부림이라는 사실은 필연적으로 주관적 대응체계인 줄 확증시켜 준다. 그가 건강한 투사라면 강토의 질서를 회복하기 위한 투쟁 대열에 합류했을 터이고, 우유한 식자라면 문자를 통해서 외세에 짓밟힌 고향의 처지를 종전의 상태로 되돌리려고 몸부림쳤을 터이다. 후자에게 문자는 유일한 투쟁수단이기에, 향수는 낭만적 동경의식의 도움으로 내외에 천명된다. 이런 측면에서 식민지기의 작가들이 발표한 고향 담론들은 저마다 정당한 평가를 받을만하다.

「김환태 비평에서 동심의 심미화 과정」

그러나 고향을 둘러싸고 제기되는 온갖 담론은 허구이다. 담론을 주재하는 이들은 죄다 출타한 무리들일 뿐, 그곳에 거주하는 이들은 고향을 거론하지 않는다. 고향은 실체로 존재하는 것이 아니라, 외지로 나간 이들이 끊임없이 고향을 이야기하는 구성 과정을 통해 관념 속에서 실재화될 뿐이다. 그러므로 향수는 고향을 떠난 자들의 심리적 구성물에 불과하다. 왜냐하면 "고향의 '풍경'은 그것을 묘사한 사람의 눈앞에 실재하는 것이 아니라, 개념으로서 묘사되고 구성된 것"[3]이기 때문이다. 출향자들이 자꾸 고향의 '풍경'을 거론하는 것은 결국 자신의 향수를 '구성'하기 위한 개념작용과 다르지 않다. 따라서 고향은 대부분 묘사가 가능한 자연의 풍경으로 회억된다. 그것은 출향자들의 뇌리에 각인된 장소로서의 '풍경'이 시각적으로 회상하기 용이한 탓이다. 그가 풍경으로 소환하는 자연은 친밀한 감정에 기인한 자발적 동경이라기보다는, 외려 자연과 멀어져서 소외된 자아의 위기감의 발로라고 보아야 타당하다. 이 점은 김환태의 수필에서 쉬 발견된다. 그가 무주의 적성산을 내면화하는 과정을 주의깊게 살펴보노라면, 고향의 '풍경'이 추억되는 모습과 '개념으로서 묘사되고 구성'되는 과정을 확인할 수 있다.

우리 고향 어린이들은 어머니 품에 안겨 젖을 먹다가는 이 산을 손가락질하며 어머니와 이야기를 시작합니다. 그가 나이 열 살이 넘으면 아버지 뒤를 따라 그곳으로 땔나무를 패러 갑니다. 그러다 나이 들어 허리가 굽고 백발이 성성하면 마루 끝에 장죽을 물고 앉아 멀리 이 산을 바라보며 긴 해를 보냅니다. 노인네들의 대대로 전해 오는 말을 들으면 이 산이 생긴 이후로 아직 한 사람도 그 절벽에서 떨어져 횡사한 사람이 없다고 합니다. 그리고 그 절벽 밑에 웅크리고 있는 맹수들도 이 산에 들어온 사

---

[3] 나리타 류이치, 한일비교문화세미나 옮김, 『고향이라는 이야기』, 동국대학교출판부, 2007, 120쪽.

『무주문학론』

람은 결코 해치지 않는다고 합니다.
　이리하여 우리 고향 사람들의 이 산에 대한 정감은 마치 어머니에 대한 그것과 같습니다. 그들의 용모와 마음이 뛰어나게 아름다움은 이 산의 정기를 타고 이 산의 애무 속에서 자란 까닭이라고 믿고 있습니다.4)

　고향은 과거지평으로 주체의 본적지이면서 근원이고 중심이다. 이러한 "실존지평으로서의 과거에 대한 의식은 나의 현존이 과거와의 직접적 연장선상에 있기보다 단절 속에 있을 때 더 강화되는 것이다"5)는 점에서, 김환태가 '우리 고향 사람들의 이 산에 대한 정감'을 환기할수록 그와 과거의 단절은 강화된다. 그의 '선험적 고향상실성'은 이국에서 공부하는 피식민지 유학생의 절박한 심경이 불러일으킨 것이다. 그는 이역에서 보내는 시간이 적층될수록 자신과 고향의 정서적 거리가 멀어지는 줄 자각하였고, 고향에 대한 그리움을 간직할 요량으로 그것의 이상화를 시도한다. 그의 노력은 '이 산이 생긴 이후로 아직 한 사람도 그 절벽에서 떨어져 횡사한 사람이 없다'거나, '그 절벽 밑에 웅크리고 있는 맹수들도 이 산에 들어온 사람은 결코 해치지 않는다'는 진술의 뒷받침을 받아 적성산을 설화 속의 공간으로 편입시킨다. 그가 설화적 시간으로 귀의하려는 의도인즉, '이 산의 애무'를 받을 수 있는 유년기의 시간을 회복하고 싶기 때문이다. 그것은 그가 동심으로 돌아가 이국에서 입은 영혼의 상처를 치유하고 싶은 속마음을 드러낸 것이라고 볼 수 있다. 도일 후 김환태가 직면한 물리적 시간은 사라져버린 설화적 시간으로 역행하지 않으면 안 될 정도로 팽팽한 긴장의 연속이었던 것이다. 이것은 향수가 자아에게 닥친 위기 국면에서 발생한다는 사실을

---

4) 김환태, 「적성산의 한여름밤」, 문학사상자료조사연구실 편, 『김환태전집』, 문학사상사, 1988, 319쪽. 이하 『전집』.
5) 전광식, 『고향』, 문학과지성사, 2010, 41쪽.

보증하고 있다.

　이에 김환태는 유년시절을 추회하며 어머니를 호출함으로써 국면의 전환을 모색한다. 어머니와 함께 한 아들은 세상의 온갖 부정으로부터 보호받는다. 그가 원시적 모자관계에 집착할수록 자신이 처한 불안전한 상황이 도드라진다. 이때 그를 구원하는 것은 어머니를 대신한 적성산이다. 그는 무주 사람들이 '어머니 품에 안겨 젖을 먹다가 이 산을 손가락질하며 어머니와 이야기를 시작'한다고 말함으로써, 산과 어머니의 동일화 혹은 동격화를 시도한다. '우리'라는 대명사에 힘입어 향수는 개별적 차원에서 집단적 정서로 편입된다. 그로서 김환태는 '우리 고향 어린이'들의 무리에 진입할 수 있는 자격을 얻는다. 그 역시 출향자답게 고향의 적성산을 호명하며 뭇 사람들과 소속감을 공유한다. 그 감정은 인간의 가장 저급한 속성으로, 가장 고급한 이성을 동원하여 비평하는 김환태가 정체성의 위기를 당하여 헤어날 방안을 강구하고 있었던 증거이다. 그러나 그의 향수는 서울에서 쓴 이 글에서도 재생되는 것으로 미루건대, 현해탄을 넘어서나 안 넘어서나 잦아지지 않고 있는 줄 알려준다. 이 사실은 그의 향수가 단순히 이향에서 말미암은 것이 아닌 줄 밝혀주는 실마리이다. 즉, 그의 향수는 회복할 수 없는 동심마냥 회귀할 데 없는 출향자의 무장소성이 데불고 온 관념의 산물이었다.

　고향을 생각하는 것은 도시인의 몫이다. 농촌에 사는 사람들은 고향을 생각하지 않는다. 고향이란 사람들의 이동이 시작되면서 생겨난 것이라서, 이동할 이유가 없는 그들이 고향을 그리워할 리 만무하다. 도리어 그들은 사향하는 대신에 고향을 떠난 자들의 귀가를 고대한다. 애초부터 고향을 떠나지 않은 사람들은 고향을 미화하지 않는다. 그들에게 고향이란 일상생활을 영위하는 삶의 터전일 뿐, 관념적 향수의 대상이

『무주문학론』

아니기 때문이다. 향수는 출향인이 도회지의 문명을 접하는 순간에 발생한다. 도시문명이 인공천을 내고 숲을 가꾸어 자연을 모방한다손, 그것이 본연의 자연을 재현하지는 못하기 마련이다. 도시문명이 자연을 완벽하게 복구하지 못할수록 도시인은 문명에 굴복당하기 이전의 모습을 간직한 유년기의 자연을 회상하게 된다. 그들에게 고향은 원초적 장소이자 늘그막에 돌아가 쉴 곳이다. 그러므로 향수는 늘 추상적 차원에서 이루어지는 도시인의 관념유희에 지나지 않는다. 도시인들이 저마다 고향을 미화할수록 향수는 주관적으로 구성된 속살을 감출 수 없다.

> 내 마음의 이니스프리에는 소가 산다. 이리하여 네거리 아스팔트 위에서나 철근 빌딩 밑에서 바위그림자와 같은 이니스프리의 향수에 엄습될 때면 나는 내 마음 심지에 『못 가장자리를 핥는 잔물결 소리』외에 또 골짝을 울리는 해설픈 소울음을 듣는다.
> 소가 사는 내 이니스프리의 경개(景槪)는 이렇다. 사방을 산이 빽 둘러쌌다. 시내가 아침에 해도 겨우 기어오르는 병풍 같은 덕유산 준령에서 흘러나와 동리 앞 남산 기슭을 씻고 새벽달이 쉬어 넘는 봉선대 밑을 휘돌아 나간다.
> 봄에는 남산에 진달래가 곱고, 여름에는 시냇가 버드나무숲이 깊고, 가을이면 멀리 적성산에 새빨간 불꽃이 일고, 겨울이면 먼 산새가 동리로 눈보라를 피해 찾아온다.
> 나는 그 속에 한 소년이었다. 사발중우를 입고 사철 맨발을 벗고 달음질로만 다녔기 때문에 발가락에 피가 마르는 때가 없었으나 아픈 줄을 몰랐다. 여울에서 징게미 뜨기와 덤불에서 멧새 잡기를 좋아하여 낮에는 늘 산과 내에서만 살았고 밤에는 씨름판에 가 날을 새웠다.
> 어떤 날 나는 처음으로 풀을 뜯기러 소를 몰고 들로 나갔다. 『이랴 어저저저』하며 고삐만 이리저리 채면 그 큰 몸둥이를 한 짐승이 내 마음대로 억어(抑御)되는 것이 나의 자만심을 간지럽혀 주었다.6)

---

6) 김환태, 「내 소년시절과 소」, 『전집』, 327-328쪽.

김환태는 '네거리 아스팔트 위에서나 철근 빌딩 밑에서 바위그림자와 같은 이니스프리의 향수에 엄습될 때'마다 고향을 생각한다. 그의 향수는 '이니스프리'라는 이국적 장소로 추상화되어 현실적 요인의 침해를 방어하고 있다. 김환태가 신지식을 배우겠다고 현해탄을 건너간 자신의 처지와 제국의 수도에서 고향을 생각하며 「이니스프리의 호도」를 쓴 예이츠의 신세를 동질화한 결과이다. 그런 연유로 김환태의 향수는 일찍부터 공부하느라 고향을 떠나서 생겨난 보편적 감정에서 발원하여 외적에 강점되어 본래적 의미를 잃어버린 조국의 환유로 치환할 소지를 내포하고 있다. 김환태의 정서적 변화 과정을 주시하던 정지용이 자신의 가작 「향수」를 듣고 향수에 젖어 하숙집으로 돌아가기를 거부하는 그를 찻집으로 데려가서 칼피스를 사주며 향수를 달래줄 수밖에 없었던 전후사정이다. 두 사람은 향수에 내포된 불온성, 즉 식민화 이전의 고토를 회복하고 싶은 열망에 아로새겨진 위험성을 간파하고 있었다. 그 둘이 고향사람이 아닌 소를 끌어들여 향수의 사상성을 은폐하고, 소박한 전원 풍경을 묘사하는데 그치고 만 속뜻이야말로 '빼앗긴 들'에 대한 말 못할 그리움이었을 터이다. 그 징후는 정지용에게서 향수의 세례를 입은 김환태가 산문 「경도의 3년」을 써서 향수에 포박된 섬약한 자화상을 그려낸 사실에서 확인된다. 어쩌면 그는 "최고의 비평가는 언제나 고독하다"(「매슈 아놀드의 문예사상 일고」)는 비평적 준거를 유학 중에 내면화했는지도 모른다.

이런 점에서 소리는 출향인들을 호명하는 고향의 부름이었다. 정지용이 시 「향수」에 소울음을 삽입하여 유년기를 회억하자 수많은 독자들이 향수에 젖는 것을 보노라면, 낭만주의를 가리켜 "자연의 품과 녹색 들판, 소의 목에 단 방울과 졸졸 흐르는 시냇물 소리이며, 끝없이 펼쳐

『무주문학론』

진 푸른 하늘이다"7)고 말한 바에 정확히 부합된다. 무릇 한국인이라면 누구나 '금빛 게으른 울음'소리로 한가한 농촌 들녘을 떠올리며 어린 시절을 추억하거나 낭만주의적 동경에 젖는다. 김환태 역시 '해설픈 소울음'을 매개로 정지용과 향수를 공유한다. 둘의 우정이 선후배 사이를 뛰어넘을 정도로 돈독해질 수 있었던 배경에는 이국에서 들은 고국의 소울음 소리가 자리하고 있는 것이다. 그것은 소리에 저장된 정서적 환기력에 힘입고 있다. 소리는 소울음처럼 과거적 시간을 단박에 소환한다. 근대 이후에 인간을 억압하는 감각으로 자리매김되기 이전, 소리는 공동체의 구성원들을 한데 묶어내는 위력을 지니고 있어서 "청각사회는 개인과 세계를 훨씬 수동적이고 덜 이기적으로 이해해서 청각을 으뜸으로 치는 세계는 개인의 자아와 세계를 합체시킨다"8)는 평가를 이끌어낸다. 즉, 김환태가 소울음을 매개로 향리에서의 추억을 연상할수록 어린 시절로 돌아가고 싶은 바람의 강도가 높아진다. 그는 외부적 요인을 극복하기 위해서 '자아와 세계를 합체'시키고 있는 셈이다.

　내 고향 뒷동산에서 울던 부엉이 소리가 그치면 나는 어머님과 할머님을 따라가 작년 가을 굳게 닫아 둔 채로 있는 텃밭 문을 열었다. 그러면 언제나 동산 밑으로 높은 곳 바위배기에 연연한 봄빛이 와서 놀고 있었다. 그리고 이 봄볕에 포근히 안겨 바위틈새에는 돗나물이 가랑잎에 묻혀 머리만 내어놓고 조을고 있다. 어머님과 할머님이 마을 덮은 짚을 벗기면 나는 돗나물을 덮은 가랑잎을 손가락으로 헤치며 저도 모르게 콧노래를 부르다 조을곤 했다.
　어머님이 세상을 떠나신 후로는 할머님을 따라가 졸았다. 생장하며 돗나물 맛을 익혔다. 타관에 가 나이를 먹고 봄에 돌아오면 나는 할머니 주머니에서 열쇠를 내어 누구보다도 먼저 이 텃밭 바위배기를 찾아가 돗나

---

7) Isaiah Berlin, 강유원·나현영 옮김, 『낭만주의의 뿌리』, 이제이북스, 2005, 33쪽.
8) Mark M. Smith, 김상훈 옮김, 『감각의 역사』, 성균관대학교출판부, 2010, 94쪽.

물의 가랑잎 이불을 벗겨 주었다. 재작년 할머님이 돌아가시던 해 이 텃밭도 우리 집 소유에서 떠났다. 이제 이 터에 집이 섰다니, 봄볕이 한가로이 돗나물과 희롱할 수 있을 거나? 자라며 고향을 찾는 내 발도 뜨거니와 고향엘 가더라도 바위틈에 봄을 느끼던 내 오랜 습관을 밟을 수 있겠나.9)

김환태답지 않은 밝은 음성이 도드라져 들린다. 세상에 남긴 초상에서도 과묵한 표정을 잃지 않았던 그였건만, 고향에서 보낸 한 철을 회고하는 자리가 마련되자 텃밭 문을 열고 본 풍경을 수다스럽게 보고하고 있다. 나아가 그는 봄을 맞아 돋아난 돗나물의 모습을 '조을고 있다'고 표현하여 1938년 3월이라는 발표연월이 환기하는 식민지 말기의 살벌한 정세조차 진정시키고 평화한 분위기를 연출한다. 또 그가 봄볕에 나른하여 '조을곤 했다'고 회상하는 대목을 읽노라면, 고향 앞에서 무장해제된 모습을 확인하는 듯하다. 그처럼 향수는 사람들을 에워싼 온갖 조건들을 제거하고 당자를 원시적 질서가 그윽하던 아늑한 시절로 인도한다. 하지만 김환태의 향수가 도달한 '아늑한 시절'이란 세상 어디에도 존재하지 않는다. 실제로 그가 '재작년 할머님이 돌아가시던 해 이 텃밭도 우리 집 소유에서 떠났다'고 술회한 것을 보아도, 향수가 장소의 상실로 말미암아 시간조차 거세되어 오갈 데 없는 주체의 배회한 흔적인 줄 알 수 있다. 그럼에도 불구하고 김환태는 향수를 불러내어 아득한 시절로 돌아가려고 시도한다. 그의 부질없는 행동으로 인해 "향수는 과거를 이상화함으로써 과거를 왜곡시킨다"10)는 혐의를 받는다. 그 왜곡이 주체의 이상과 현실, 과거와 현재의 거리를 한층 악화시키는 것은 당연하다.

---

9) 김환태, 「화분」, 『전집』, 337쪽.
10) 임철규, 『귀환』, 한길사, 2009, 15쪽.

『무주문학론』

따라서 김환태가 고향의 봄날을 떠올릴수록 과거는 현실과 멀어진다. 과거와 현재의 시간적 간격은 고향과 타향의 공간적 간극을 야기한다. 그 틈을 메우기 위해서 김환태는 감각을 동원한 것이다. 감각이 김환태와 과거를 밀접하게 연결해주는 통로라는 사실이야말로 "가장 신기한 것은 감각의 지리적, 문화적 양상이 아니라 시간적 양상"11)이라는 말에 타당성을 부여해 준다. 김환태에게 그 시절은 말할 것도 없이, 개인적으로는 어머니가 생존하고 국가적으로는 주권을 망실당하기 전에 해당한다. 그에게 향수를 불러일으키는 것은 '부엉이 소리'이며 '돗나물 맛'이다. 후자가 향수의 실체를 후경화한다면, 전자는 향수를 전경화한다. 그것이 지금은 들을 수 없는 소리와 맛에 내장된 원초적 힘이다. 사람들은 특별한 소리를 듣게 되면 향리의 익숙한 풍경을 연상하고, 특정한 냄새를 맡게 되면 어김없이 고향의 어머니를 떠올린다. 김환태처럼 어머니가 할머니보다 먼저 타계한 경우라면, 어머니의 손길이 밴 냄새는 사향심과 함께 사모의 정도 더불어 불러일으키기 마련이다.

어머니의 빈자리를 메워준 할머니마저 저승으로 떠나자, 김환태가 '자라며 고향을 찾는 내 발도 뜨거니와 고향엘 가더라도 바위틈에 봄을 느끼던 내 오랜 습관을 밟을 수 있겠나'라고 안타까워하는 광경은 더이상 '마늘을 덮은 짚을 벗기면 나는 돗나물'과 '돗나물 맛'을 볼 수 없다는 깊은 절망감의 표출이다. 후각이 어린 시절부터 성장하는 과정에서 경험칙으로 단련되며 내면화되는 문화적 기호란 점에서, 김환태는 어린이기뿐 아니라 혈연마저 부재한 고향과의 단절감을 이중적으로 맛보게 되었다. 그는 시간과 공간, 어머니와 할머니의 상실감을 온몸에 각인한 채 세상으로 기투된 것이다. 이런 맥락에서 "냄새가 한 개인이 속

---

11) Diane Ackerman, 백영미 옮김, 『감각의 박물학』, 작가정신, 2007, 8쪽.

하는 사회계층을 대변한다"12)고 본 것은 설득력을 띤다.

> 봄은 남쪽에서 오느니 햇살을 타고 오느니 하지만, 내가 어렸던 시절에 나에게는 북쪽 바람을 타고 왔었다. 겨우내 뒷동산 늙은 소나무 가지에서 바람이 퉁수를 불기는 했으나 그 소리는 나를 곤한 잠으로 이끌어 주는 자장가는 될지언정 나의 단꿈을 흔들지는 않았다.
> 그러다가 겨울이 거의 깊은 어느 날 밤 늙은 소나무 등걸이 휠만큼 맹렬한 북풍이 불어 어린 내 잠을 마구 흔들어 고운 꿈조각을 산산히 헐어 놓는다. 이 바람은 으례히 해거름에 시작해서 밤이 깊어지면 잤다. 이런 늦잠에서 깨이면 앞창에 비친 햇빛이 유달리 따스하고 부시었다. 그리고 그 창을 열면 이웃집 지붕이 어지러이 벗겨져 있었다.13)

춘신을 배달하는 북풍은 잠을 깨울 정도로 맹렬하다. 여느 사람들은 봄소식이 남으로부터 온다느니, 일조량의 늘어남으로 겨울의 물러감을 알 수 있다고 말한다. 하지만 김환태는 그들과 다른 별도의 방법으로 봄의 내방을 알아차린다. 그는 '북풍'이 불어와야 봄이 오는 줄 안다. 그 방식은 무주 사람들만 공통적으로 느낄 수 있는 방언이다. 그로서 그들은 타지인들과 구별되는 독특한 방식을 규범화하여 봄의 문화로 승인한다. 언뜻 사소한 절후의 변화에 불과한 것이지만, 무주 사람들은 이 문장을 통해서 공통감각을 단련하고 동류의식을 나누어 갖는다. 향수란 그와 같이 고향 사람들의 동의를 얻어 편집된 집단기억이다. 소리는 그 기억을 소환할뿐더러, 망각하는 이들에게 기억을 회상하도록 자극한다. 소리는 성원 간의 대화에 관계성을 확보해주는 한편, 그것이 가장 요란했던 유년기로 이끌어준다. 소리는 물리적 거리로 인해 상거한 청자들을 하나로 이어준다. 소리에 의하여 이질적인 두 공간이 단일화되고, 청

---

12) Piet Vroon 외, 이인철 옮김, 『냄새, 그 은밀한 유혹』, 까치, 2000, 15쪽.
13) 김환태, 「맘물굿」, 『전집』, 340쪽.

『무주문학론』

자들은 동일한 범주 속에 포섭되어 친밀성을 강화할 수 있는 기회를 지니게 된다. 그것이야말로 김환태가 편편마다 소리를 장치한 동기이다. 그는 '자장가'를 통하여 과거와 소통하고, 고향사람들과 만나는 '단꿈'을 꾸었다.

김환태의 향수는 고향의 봄과 더불어 발동한다. 그가 소리를 따라 들어간 소년기는 '소나무 등걸이 휠만큼 맹렬한 북풍'이 잦아지면 '앞창에 비친 햇빛이 유달리 따스하고 부시었다'는 봄이다. 그가 무주를 호출하는 이유인즉, "내가 내 고향 뒤 동산 묵은 뫼 벌에서 『아르네』14)를 읽던 그날은 내 발 앞에서 할미꽃이 졸고 앞 남산에 아지랑이가 돌고 멀리 강선대(降仙臺) 밑을 휘돌아가는 시냇물이 유달리 희게 반짝이는 어느 이른 봄날이었다"15)는 고백에서 엿볼 수 있듯이, 도일 전의 '단꿈'을 꾸던 시절로 돌아가고 싶은 욕망의 발현이다. 더욱이 강선대는 선녀가 내려온 곳이므로, 김환태가 꿈꾸는 봄날은 설화적 세계에서만 구현된다. 그의 봄은 꿈속의 시간인 셈이다.

이 사실은 향수가 내면의 불안한 심리상태를 반영한 정서적 등가물인 동시에, 그 불안 상태를 해소할 수 있는 심리적 표지라는 이중적 사실과 밀접하게 연관되어 있다. 김환태는 자아의 불안 상태를 잠재울 욕

---

14) 「아르네(Arne)」는 1903년 노벨문학상을 받은 노르웨이 작가 비에른손(Bjørnson Martinius Bjørnstjerne)이 1859년에 발표한 소설이다. 이 작품은 사생아 아르네가 친구가 있는 외국을 동경하다가 에리를 만나 결혼에 이르게 되기까지의 과정을 스칸디나비아반도의 아름다운 자연을 배경으로 쓴 자전적 성장소설이다. 김환태는 '누구를 사랑하고 싶은 동경(憧憬)과 무엇이나 위대한 사람이 되어보겠다는 이중의 동경(東京)'에 잠혀 있던 열아홉 되던 해 봄에 이 책을 읽었다. 1909년 11월 29일에 태어난 그가 교토의 도시샤대학 예과에 입학한 때가 1928년 4월이었으니, 도일을 앞두고 두 '동경' 사이에서 이 책을 접하게 된 듯하다.
15) 김환태, 「북구 산촌에 피는 '에리'와 '아르네'의 사랑」, 권영민 엮음, 『김환태가 남긴 문학 유산』, 문학사상사, 2004, 274쪽.

심으로 동심이 온전했던 향수에 젖는 것이다. 일찍이 학업을 잇고자 출향한 그가 병들어 귀향하기까지, 향수는 삶의 궤적을 증명해 주는 정서적 동반자였다. 향수는 그의 순수비평이 '순수'하게 지속되도록 비호해 주었을 뿐 아니라, 동심에서 잉태된 비평적 글쓰기를 계속할 수 있도록 한어해 준 보호장치였다고 할 수 있다.

2. 미, '주관적 보편성'의 동심적 표현

어린이는 낭만주의의 도움으로 발견되었다. 낭만주의자들이 어린이를 예찬하게 된 동기는 전적으로 낭만주의적 요소의 원형을 그들에게서 찾았기 때문이다. 어린이는 직관적 사고와 주관적 행동으로 일관한다. 또 어린이는 자유한 사고와 자재한 행동을 서슴지 않는다. 그들이 삼라만상에 존재하는 사물과 대화할 수 있는 것은 물활론적으로 사고하는 덕분이다. 그 와중에 어린이다운 성질, 곧 동심이 발휘된다. 동심은 어린이를 어린이답게 만들어 줄 뿐 아니라, 상상력을 발동하여 접하는 사물마다 신이하게 표현해주는 본능적 능력이다. 그런 측면에서 어린이기의 가장 중요한 요소는 상상력이라고 해도 과언이 아니다. 나아가 상상력은 "어린이의 감정을 어른의 힘 안으로 옮겨 되살아나게 하는 능력"16)이다. 그렇기에 예술가로서의 어른이 어린이가 되기 위해서는 상상력의 도움을 받지 않으면 안 된다. 기발한 상상력을 특질로 삼는 어린이의 언행은 세계와 맞서 전취되는 것이 아니다. 도리어 그것은 미처 경험하지 못한 세계에 대한 겁 없는 호기심에 뿌리를 두고 순간적으로 반응하고 찰나적으로 감응하는 과정에서 절로 체득된 것이다. 곧, 동심

---

16) 장경렬, 『코울리지』, 태학사, 2006, 193쪽.

『무주문학론』

은 세계에 대한 무지로부터 얻어진 구성물이라고 해도 지나치지 않다.

김환태가 동심에 기초하여 비평적 논리를 개진한 평문은 「예술의 순수성」이다. 그는 논지를 전개하기에 앞서, 작품의 생산에서 가장 근본적이고 중요한 것은 사회적 설명이 불가능한 예술가의 천재와 개성이라고 전제한다. 그가 양자를 지칭하여 "그 자신을 위하여 활동하는 자기 목적인 태도요 결코 딴 목적을 위한 수단은 아니다"고 규정하므로, 예술가는 양자의 손상을 막기 위해서 사상의 속박으로부터 벗어나지 않으면 안 된다. 왜냐하면 전제적 속성을 지닌 사상은 예술가가 감격을 느끼지 못하도록 훼방하고, 감격이 없이는 진정한 예술품을 산출할 수 없기 때문이다. 그것이 김환태로 하여금 진정한 예술가는 "아직 사상에 의하여 통제되고 지배되지 않은 세계, 즉 모든 방면으로의 발달과 생성의 가능성이 창일한 소박한 상태로 돌아가 새로운 방법으로 인간이나 자연을 이해하기 위하여 사상의 고대에서 내려 다시 한 번 무지의 세계로 돌아가지 않으면 안 된다"는 주장을 제출하도록 이끈 저의이다. 그 '무지의 세계'는 천진무구한 상태를 가리킨다. 그가 말하는 '무지의 세계'에 가장 가까운 존재는 말할 것도 없이 어린이다. 어린이는 온갖 상상으로 충만하고, 상상은 그를 순간에 몰입하도록 부추긴다.

> 어린애는 아무런 주관적 분식도 이론적 편견도 가지지 않고 최대의 몰의(沒義)와 충실을 가지고 외계에 자기를 위탁하기 때문에 언제나 감아(感我)와 경이와 동경 속에서 산다. 그러므로 예술가도 진정한 어린애가 될 때에만 외적 세계의 진정한 형상과 색채와 신비를 볼 수가 있을 것이다.
> 상술한 바와 같이 예술가에게 필요한 것이 경화한 사상이 아니라면 그 외에 무엇이냐? 그것은 사상(事象)에 있어서의 관념적 내용을 직관하고 구상화하는 상상이다. 그러므로 정밀하고 청신한 감각적 상상을 가지기

「김환태 비평에서 동심의 심미화 과정」

위하여 예술가는 그의 생활 태도에 있어서도 어린애와 같이 생활을 어떤 외적 목적에 봉사시키는 것이 아니라 생활 그것을 위한 생활을 하지 않으면 안 된다.17)

인용문에는 김환태가 어린이에게 주목하는 이유가 밝혀져 있다. 동심은 김환태의 비평적 영향력을 방사형으로 확장시키는 역할을 맡는다. 동심은 문면에 노골적으로 드러나기도 하지만, 상상력이나 '주관적 객관성'처럼 문맥에 장치되어 평문을 지배하기도 한다. 전자는 주로 수필에 집중되어 향수와 맞물리는 경향을 보이지만, 평문에서 간헐적으로 언급되기도 한다. 후자는 그의 비평이 동심과 상관없는 듯하나, 실인즉 동심에 연원을 두고 있는 줄 내외에 과시한다. 이처럼 김환태 비평의 저변에는 동심이 굳건하게 자리하고 글쓰기의 나아갈 바를 바로잡으며 주제의식을 제어하고 있다. 동심은 그의 비평을 '순수'하게 이끌어 준 심급이며, 외부로부터 순수비평의 오염을 막아주는 성벽이었던 셈이다. 그 반면에 동심은 논자들로부터 그의 비평을 주관적이라고 비판받게 만든 으뜸가는 요인이기도 했다. 그 역시 동심이 "순수한 주관"(「문예비평가의 태도에 대하여」)에 근거하고 있을지라도, 만인으로부터 동의를 구하기에는 객관적 차원에서 미흡한 줄 알고 있었다.

그럼에도 불구하고 김환태는 일관되게 동심에 기대어 주관 혹은 감정을 옹호하는 자세를 빈번히 취하였다. 가령, 그가 "시가 서술이기를 그만두고 표현이 되려면 또한 감정이 지성의 폭위에서 벗어나지 않으면 안 된다"(「표현과 기술」)고 말하거나, 또 "예술이 우리를 감동시키려면 그곳에는 예술가의 감정이 표현되어 있어야"(「예술의 순수성」) 한다고 말하는 것만 보더라도 감정과 예술의 상관성을 주시하고 있었던

---

17) 김환태, 「예술의 순수성」, 『전집』, 23-24쪽.

『무주문학론』

줄 알게 된다. 가장 주관적인 것이 가장 객관적이라는 그의 역설은 "진정한 '나'를 보는 것은 진정한 '그'를 보는 것"(「문예비평가의 태도에 대하여」)이라는 문장에 역력히 나타나 있다. 그의 견해는 카프의 지시적 비평에 억압되어 객관성 혹은 사실성의 획득에 노력의 최대치를 할애할 수밖에 없었던 작가들에게 선뜻 받아들여지기 어려웠다. 이미 자신의 논리에 수반된 주관주의적 경향의 문제점을 인지하고 있었던 그는 평문의 객관성을 담보하기 위한 재원을 미의식에서 찾았다.

미는 존재의 자기표현이다. 그러므로 미란 생리적으로 주관적 속성을 내장하고 있다. 미의 근원이 취미라는 사실을 떠올려 보면, 미의 주관성을 헤아리기가 용이하다. 취미가 미적 심급으로 편입된 것은 1757년 스코틀랜드의 철학자 데이비드 흄이 『취미의 기준에 관하여』에서 "미는 사물 그 자체에 부여된 성격이 아니다. 미는 단지 그것을 바라보는 사람의 정신 속에 존재할 뿐이다."[18]고 주장하며 객체에서 주체로의 전환을 시도하면서 비롯되었다. 그의 주장은 미에 대한 인식의 전환을 촉발하였다. 그가 '취미의 기준'을 거론하자 취미와 기준이 연구 과제로 떠올랐다.

그 뒤를 이어 영국의 철학적 전통에 정통했던 임마뉴엘 칸트는 『판단력비판』에서 미적 지각능력을 '취미'라고 불렀다. 또 그는 미적 판단을 선한 것과 쾌한 것으로 이분하였다. 어떤 대상을 좋다고 판단하거나 쾌하다고 판단하는 것은 그것에 '관심(interest)'을 갖고 있다는 증거이다. 칸트는 "미적 판단이 즐거움의 느낌과 관련된 것이기 때문에 주관적이라고 주장하면서도, 동시에 그럼에도 불구하고 신체를 가진 그리고 합리적인 모든 판단 주체들 간에 필연적인 보편성이 있다고 주장함으

---

18) Konrad Paul Liessmann, 나영균 옮김, 『아름다움』, 이론과실천, 2015, 38쪽.

로써 미적 판단의 문제를 해결"19)하려고 시도하였다. 그의 견해가 지닌 독창성은 취미의 '주관적 보편성'을 적시했다는 점이다.20) 미적 판단이 '주관적 보편성'을 확보할 양이면 '무관심적(disinterested)'21)이어야 한다. 칸트가 '취미'의 최고 상태를 '무관심한 만족' 혹은 '무목적적 합목적성'으로 이름한 배경이다.

사람의 성장 과정 중에서 '무관심적' 성향이 활발한 시기는 어린이기이다. 그 시절의 어린이가 구사하는 언어나 행하는 동작들은 자기중심적이고 자기만족적인 경향을 띤다. 어린이는 놀이를 통한 순간의 기쁨에 만족할 뿐, 특정한 목적을 좇아 놀이하지 않는다. 그들의 '무관심한 만족'은 자발적 충동의 소산이다. 그들이 자발성에 터하여 빚어내는 결과물들은 모두 '무목적적 합목적성'으로 충일하다. 이 점은 어린이기에 현저히 나타나는 표현활동에서 쉬 확인할 수 있다. 그것은 절제되거나 학습되기 이전의 순수한 상상력이 자아낸 결과이다. 상상력을 발견하고 그것을 시인의 천재성과 결부시켜 미학적 차원으로 편입시킨 이들은 낭만주의자였다. 상상력은 고전주의적 절제의식에 억압되어 분출되지 못했던 개인의 표현 본능을 자극하였다. 그 과정에서 주체의 개별적 창조 행위, 곧 개성과 주체의 상상력이 중요시되는 발판이 마련되었다. 바야흐로 주체의 자기표현이 가장 순수한 예술 형식으로 인정받게 된 것

---

19) Matthew Kieran, 이해완 옮김, 『예술과 그 가치』, 북코리아, 2015, 77-78쪽.
20) T. S. 엘리엇도 「비평의 기능」에서 취미(취향)의 주관성을 옹호했다. 그는 비평이란 언제나 그것이 무엇을 문제로 삼고 있는지에 관해 분명한 입장을 취해야 한다고 주장한 뒤에 "그것은 개략적으로 이야기하자면 예술작품의 해명과 취향의 개정(the correction of taste)이다"고 부연하였다.(Johannes Kleinstück, 김이섭 옮김, 『T. S. 엘리엇』, 한길사, 1997, 134쪽)
21) 'disinterested'는 '무관심한', '무관심적', '사심없는' 등으로 번역되었다. 김환태는 '몰이해적 관심'(「문예비평가의 태도에 대하여」), '무관심적 관심'(「매슈 아놀드의 문예사상 일고」) 등으로 번역하였다.

이다. 표현이란 작품과 상호작용하고 작품에 대해 숙고하는 과정에서 완성되지 않았던 주체의 창작 방향이 구체화되는 것을 말한다. 표현이 미를 창조하는 단계에 다다르면 상상력이 개입하여 미적 질서체제를 구축하게 된다.

상상력은 감각을 통해 전달된 사물이나 세계에 대한 인상을 취사선택하여 새로운 것을 만들어내는 정신작용이다. 상상력이 대상과의 감정적 교호작용을 전제한다는 것은 필히 그것과의 공감 과정을 필요로 한다. 공감은 흄을 비롯한 스코틀랜드 출신의 도덕주의자들이 중요하게 여겼다. 그들은 상상력과 느낌을 연결해 주는 요소로 공감에 주목했다. 공감은 예술가들이 대상에게 몰입할 수 있는 심리적 근거가 되었고, 그것은 감정의 직접성에 대한 중시를 가져왔다. 그에 힘입어 상상력은 "이성과 같이 분석하고 비판하는 것이 아니"(「시와 사상」)라, 새로운 미를 창조하기 위하여 선택하고 종합하는 능력으로 각광받게 되었다. 이로서 상상력은 낭만주의자들에게 필수적인 자질로 떠올랐다. 그들의 작품에서 시각적 요소가 두드러지기 시작한 것은, 신고전주의자들의 이성적 통찰과 달리 대상과의 직접적 감흥을 중요시하는 공감적 상상력의 산물이다.

> 상상이란 어느 이상을 향하여 관념이나 영상으로 조직하고 종합하는 일종의 선택적 건설작용이므로, 예술가는 그의 작품의 제작 과정에 있어서 어느 특징을 과장하거나 또는 비실재성을 의식적으로 강조할 자유를 갖는다. 그리하여 그런 자유를 향유할 수 있는 사상과 행동이 조직화되고 구성될 때 그곳에 형성화된 개적(個的) 생명, 즉 예술작품이 생산되는 것이다.22)

---

22) 김환태, 「생명·진실·상상」, 『전집』, 62쪽.

상상이란 '어느 이상을 향하여 관념이나 영상으로 조직하고 종합하는 일종의 선택적 건설작용'이다. 예술가는 상상의 힘을 빌려서 포착한 현상의 변화 양상에 질서를 부여하게 되는데, 그 과정에서 그의 고유한 개성이 탄생한다. 애초에 아무 관련이 없는 현상들이 상상력의 개입으로 화학적 결합을 이루어 독자적인 유기체로 태어나는 것이다. 상상력은 예술가의 천재성이 극도로 과시될 수 있도록 돕는다. 그 과정에서 작가는 대상의 특징을 고도화할 요량으로 '어느 특징을 과장하거나 또는 비실재성을 의식적으로 강조할 자유를 갖'게 된다. 상상력은 "현실을 통일하기 위하여 현실의 각 부분을 취사선택하고 혹은 과장할 것 없는 현실을 만들어 붙이거나 할 마음의 자유"(「문학적 현실과 사실」)로서, 작가에게 무조건 무제한으로 보장되어야 할 작품 생산의 조건이다. 그 자유에 기반하여 예술작품은 생산된다. 이 점에서 상상력은 예술가의 천재성이 개성으로 승화될 수 있도록 조장한다. 예술가의 자유는 오직 독창적 개성을 창안해내도록 허락된 것이고, 개성은 상상력의 도움을 입은 천재성의 다른 이름일 뿐이다.

> 예술가의 천재와 개성은 물질적 또는 사회적 제약에서 초연하여 그 독자의 자유를 가지고 있다. 그러므로 예술가는 그의 창작 과정에 있어서도 모든 종류의 외적 요구에서 해방된 완전한 자유를 향유하지 않으면 안 된다. 이리하여 예술가의 창작 태도는 실제적도 연구적도 아닌 일종의 독특한 태도이다. 즉 그 자신을 위하여 활동하는 자기목적인 태도요, 결코 딴 목적을 위한 수단은 아니다.
> 그런데 예술의 독자성을 말살하고 예술을 물질생활의 수단이나 도구로 만들려고 하는 사람들은 필연적으로 예술가의 창작 활동에 있어서의 무목적 태도를 부인하고 목적의식적 태도를 강요하게 된다.[23]

---

23) 김환태, 「예술의 순수성」, 『전집』, 22쪽.

『무주문학론』

예술가의 천재성과 개성을 '순수성'의 범주에서 살핀 평문이다. 김환태는 예술가의 창작 태도가 '실제적도 연구적도 아닌 일종의 독특한' 까닭은 '자기목적인 태도' 때문이라고 본다. 그것은 순수주관에 충실한 동심의 연장이다. 예술가의 천재성과 개성은 '자기목적'을 위해서 사용되어야 한다. 그것이 '물질생활의 수단이나 도구'로 사용될 양이면, 필연적으로 '목적의식적 태도'를 강요받게 된다. 인용문은 김환태의 소신, 곧 예술가의 천재성이 최고도로 발휘되기 위해서는 자기목적적 태도를 견지해야 한다는 말의 부연이다. 예술가의 천재성은 "순수한 감정에도 그 화려한 감각에도 있지 않은 것은 물론, 그의 감정의 감각적 결정에도 있지 않고 그의 감정과 감각과 이지의 그 신비한 결합"(「정지용론」)에 있다. 천재성은 '감정과 감각과 이지'를 신비하게 결합하는 단계에서 상상력의 지원을 필요로 하게 된다. 상상력은 동심의 산물이다. 김환태가 "예술가도 진정한 어린이가 될 때에만 외적 세계의 진정한 형식과 신비를 볼 수 있을 것이다"(「예술의 순수성」)고 주장했듯, 예술가가 상상력을 최고로 발휘하는 순간은 '진정한 어린이가 될 때'이다. 그 찰나에 그는 비로소 '외적 세계의 진정한 형식과 신비'를 포착할 수 있다. 예술가의 천재성이 상상력의 원조를 받기 위해서는 동심을 회복하지 않으면 안 되는 까닭이다. 이것은 동심이 김환태의 비평적 요람이자 연원이란 사실을 뒷받침한다.

윗글에서 보았듯이, 김환태는 예술가에게 절대적 자유를 보장해야 한다고 주장한다. 그가 '예술가는 그의 창작 과정에 있어서도 모든 종류의 외적 요구에서 해방된 완전한 자유를 향유하지 않으면 안 된다'고 한 말은 당시로서는 진보적 견해였다. 물론 그가 말하는 자유가 '예술가의 천재와 개성'이 최고로 발휘되는데 소용되는 것으로 한정된 것이지만,

「김환태 비평에서 동심의 심미화 과정」

예술가의 '독자의 자유'를 인정하고 있다는 점은 주목될만하다. 그 자유는 '물질적 또는 사회적 제약에서 초연'하여 '모든 종류의 외적 요구에서 해방된 완전한 자유'이다. 그러나 불행하게도 그만한 자유가 보장될 수 없었던 1930년대의 식민지 문단이었다. 김환태의 태도는 일제의 무력 앞에 무력하기 그지없는 동료 작가들을 향한 동정이면서, 동시에 외세에 의한 강점 이전의 문단 상황으로 돌아가기를 열망하는 향수의식의 발로이다. 그것은 동심을 회복하고 싶은 간절한 바람의 표출이었다. 이런 측면에서 동심에 뿌리를 둔 그의 비평이 식민지시대의 강고한 현실과 직접적으로 부딪치기에는 역부족이었다고 볼 수 있다. 비록 객관적 정세의 위세와 일찍 찾아온 병마에 구속되어 구체적 성과로 완결되지 못한 채 "상징의 화원에 노는 한 마리 나비"(「평단 전망」)의 꿈에 머물고 말았으나, 김환태가 지향한 '순수'는 비평적 글쓰기의 고향이었던 동심의 시절을 향한 향수의 표지였다.

III. 결론

김환태 비평의 근원이자 보루는 동심이다. 그것은 그가 고향과 조국을 떠나오기 이전의 '순수'한 상태로 복원되기를 갈망하는 향수의 등가물이었다. 향수는 동심의 산문화된 표출로, 그에게 '풍경'과 '소리'를 통해 지속적으로 동심을 환기시켜주었다. 김환태는 의도적으로 향수를 빈번히 드러냄으로써 그것이 문학적 순수 상태를 동경하는 비평적 신념인 동시에, 외세에 강점되기 이전의 원시적 질서가 온전했던 고향으로 돌아가고 싶은 귀소욕의 발동이란 사실을 감추지 않았다. 또한 그것은

『무주문학론』

식민지 청년으로서의 그가 처한 정체성의 위기 국면을 입증해 주는 명백한 증거이기도 하다. 한편으로 향수는 그의 심란한 처지를 위무해 주고 포옹해 주는 정서적 기반으로 작용하여 비평적 글쓰기를 후원해 준 든든한 버팀목이었다. 그의 비평은 보편적인 향수에 터한 덕분에 현재까지도 여러 사람들에게 '순수성'을 인정받고 있다.

김환태는 동심의 본연에 주목한 비평가이다. 동심은 순전히 자기만족적이며, 외부적 요소의 침입을 싫어하여 순수한 상태를 지향한다. 김환태는 동심의 생리적인 '주관적 보편성'에 내재된 객관성의 미흡을 보완할 수 있는 미학적 근거를 동심에서 찾았다. 그는 동심의 '무관심적'이고 '무목적적'이며 '몰이해적'인 특질을 받아들여 고유한 비평세계를 구축하였다. 그가 외국의 미학이론에서 차용한 '몰이해적 관심'은 비평의 주관성을 옹위하는데 쓸모있는 논리였다는 점에서, 자기목적에 충실한 어린이기의 특성과 상통한다. 이런 측면에서 김환태의 비평은 절망적 환경으로부터 벗어나 식민 이전의 '순수'한 상태로 귀의하고 싶은 동심을 심미화해 가는 과정이라고 할만하다.(『현대문학이론연구』 제75집, 현대문학이론학회, 2018. 12)

김환태 비평의 영향 관계

Ⅰ. 서론

　세상의 모든 작가는 선배 작가로부터 자유로울 수 없다. 그들은 작가가 되기 전부터 선배들을 사숙하며 작가적 역량을 쌓는다. 그들이 장성하면 선배 작가는 문단사의 뒤로 사라진다. 바야흐로 문단의 세대교체가 이루어지는 찰나이다. 후배는 선배의 작품을 수용하는 과정에서 더러 오류를 범하기도 한다. 그것이 의도적이건 비의도적이건 간에, 문단에서는 그조차 극히 자연스러운 현상으로 용인된다. 선배 작가의 작품에 대한 오독이 후배 작가의 창의성이 발휘된 확실한 물증이라는 아이러니한 상황은 '문학적'이다. 과하게 말한다면, 세상의 모든 문학작품은 기존에 존재하는 작품의 패러디라고 불러도 전혀 이상스럽지 않다. 문학은 기왕의 문법을 이어받고서도 그것과 다른 문법을 창조하는 전복적 상상력을 생존수단으로 삼고 있다는 점에서, 그와 같이 이율배반적 조건을 기본 환경으로 받아들인다.
　이런 양상은 외국문학 전공자라고 해서 예외가 아니다. 문학적 영향의 주고받음이 국적을 묻지도 않을뿐더러, 그들이라고 해서 이로부터

『무주문학론』

자유로울 수 없기는 마찬가지이다. 외려 그들이 식민지의 종주국에서 학습한 '외국'문학의 영향력은 도도한 물결을 이루어 앞날의 연구를 구획하게 된다. 그것은 학문적 피식민자로서 받아들이지 않으면 안 되는 터수라서 주체의 의지를 괘념치 않는다. 더욱이 그가 공부한 바를 지니고 식민지에서 문학행위에 가담할 경우, 발표작에 삼투된 외국문학(작가)의 영향력은 은근하고 완강하여 본연의 모습을 찾아내기조차 힘들다. 식민지시대의 외국문학 전공자가 행한 비평 활동에 관심을 가질 양이면, 이 점을 의식하며 평문의 해독에 나서야 한다. 왜냐하면 그가 생산한 문학작품들도 선배 작가의 것처럼 후배들에게 영향력을 끼치고, 외국의 문학이론이 그를 통해서 소리도 없이 식민지 문단에 이식되어 오랜 기간 영향을 미치기 때문이다. 즉, 그가 문학이론을 학습하는 중에 피식민자의 위치를 끊임없이 자각하지 않는다면, 식민자의 이론은 그의 온몸에 육화되어 사유를 지배하고 문장으로 실현된다. 그의 식민지적 무의식에서 발아한 이론은 평단의 영향력이 확대될수록 식민자의 의식을 확장하는 데 동원되는 것이다.

이런 관점에서 식민지 종주국에 유학하여 영문학을 전공한 김환태의 비평적 영향관계에 주목하는 일은 의미를 갖는다. 그 이유는 그가 비평 활동을 개시할 무렵에 카프가 물러나면서 문단의 세력교체가 이루어졌고, 외국의 문학이론이 비평의 논리로 원용되기를 본격화했다는 점에서 찾을 수 있다. 김환태도 이 점을 뚜렷하게 의식하고 비평하였다. 그는 자신의 비평이 진입할 국면과 초래할 사태를 염두에 두고 평단에 진입했던 것이다. 한 예로 김환태는 "남의 영향으로만 뭉쳐진 나는 보다시피 아무것도 아닌 흐리멍텅이다"(「외국 문인의 제상」)라며 영향으로부터 자유로울 수 없는 외국문학 전공자의 숙명을 고백한 적이 있다. 그가 고백한 '남의 영향'이야말로 문학 이론의 수용 양상을 살펴보기에 알맞다. 물론 그가 들여온 이론이 그 시대에 유행하던 바를 반영하고 있다는 점이 전제되어야 할 터이나, 그의 비평세계를 드러내는 작업을 가로막지는 않을 것이다.

> 지금까지 내가 독서한 양의 8, 9할은 문학서적이요 또 그 중의 8, 9할은 외국의 문학서적이다. 그런데 누구나 다 그렇겠지만 나는 아직 한 번도 그것들을 앞에 놓고 그것들을 읽음으로 인하여 나의 문학에 대한 이해가 깊어지기를, 문학을 감상하는 눈이 예리하여지기를, 문학에 대한 이론이 정확하여지기를 그리고 더 나아가서는 그로 말미암아 나의 인격까지 어떠한 훈련을 받기를 소원하는 마음이 없이는 편 적이 없다. 언제나 모든 작품, 모든 비평, 모든 문학이론에서 최대한의 영향을 받아들이려 하였다. 그때까지 형성된 나의 감상안과 문학이론에 비추어 아무런 반발함이 없이 영합되는 작품이나 이론을 대할 때는 그로 말미암아 나의 감상력이나 이론을 더욱 풍부하고 정확하게 하려고 하였고, 그것과 반대인 경우라도 일률로 그것을 부정하는 일이 없이 나의 감상안과 이론을 반성하여 그 편협하거나 착오된 점을 시정하고, 또 아무리 하여도 그것과 동화할 수 없는 작품이나 이론을 대할 때는 그것에 대한 나의 감상안과 이론을 반발시킴으로써 그것들을 훈련하려고 노력하였다.1)

인용문은 김환태가 '내가 영향받은 외국 작가'라는 부제를 달아 발표한 글이다. 『조광』의 편집자가 궁금하여 물어본 덕택에 그의 독서벽과 공부한 외국 작가들의 면모가 알려졌다. 그는 대학 1학년 때에 각국의 고전주의 작품을 폭넓게 읽으려고 노력하여 영국의 세익스피어, 밀턴, 포우프, 프랑스의 라신느, 코르네이유, 몰리에르, 독일의 괴테, 실러의 작품을 통독했다. 그 중에서도 그는 괴테로부터 인생과 문학에 많은 교

---

1) 김환태, 「외국 문인의 제상」, 문학사상자료조사연구실 편, 『김환태전집』(문학사상사, 1988), 178-179쪽. 이하 『전집』.

훈을 얻었다고 덧붙였다. 2학년 때에 김환태는 미학, 예술철학과 관련된 서적을 주로 읽고자 테느, 톨스토이, 크로체, 레싱, 피들러 등의 저서를 난독했다. 그리고 그는 3학년 1학기에 올라가서 접한 아놀드와 페이터의 이론에 터하여 졸업논문을 썼다. 이밖에도 김환태가 평문에서 한 번이라도 인용한 이들까지 포함하면 공부하며 만난 이들의 숫자는 더 늘어난다. 일본인을 뺀 그들은 코울리지, 생트뵈브, 랑송, 엘리엇 등이다. 그러므로 그가 위의 인용한 글에서 "나에게 특별히 영향을 미쳐 준 외국의 문인을 몇몇만 뽑아 말하기는 어렵다"고 인정한 바처럼, 영향을 끼친 이들을 빠짐없이 꼽아보는 것은 무료한 일이 아닐 수 없다. 더욱이 김환태처럼 외국문학의 학습자라면 외국 작가에 대한 관심과 독서가 더했을 것이므로, 영향을 입힌 작가들을 무작정 넓혀가며 호명하는 것이 능사는 아니다.

그렇다면 김환태가 영향을 승인한 이론가로 대상을 좁혀서 논의하는 편이 능률적이다. 그것이 논의의 편의는 물론이고 효율성까지 담보할 가능성을 높여준다. 위 중에서 김환태에게 가장 영향을 끼친 이라면 단연 아놀드와 페이터이다. 이 사실은 기왕의 논의에서 숱하게 거론되었다. 하지만 두 사람으로부터 받은 영향의 근원을 뚜렷이 밝혀지지 못한 것도 사실인즉, 좀 더 세심한 고구가 필요하다. 두 비평가에 대한 김환태의 경의는 「매슈 아놀드의 문예사상 일고」와 「페이터의 예술관」이라는 별건의 평문을 발표할 정도로 각별했다. 김환태가 양인으로부터 섭취한 것은 크게 '사심 없음'과 '인상주의'로 집약된다. 전자는 아놀드의 인식안이고, 후자는 페이터의 예술관이다. 아놀드의 사심없이 '있는 그대로' 대상을 보는 관점은 페이터에게 그대로 승계되었다. 양인은 동시대에 활약했던 비평가들로, 옥스퍼드대학에 재직했다는 공통점을 갖고

「김환태 비평의 영향 관계」

있다. 이 점은 두 사람이 공히 작품의 '인상'을 중요시하면서 작품을 문학 내적 잣대로 평가하기를 주장하게 된 학문적 배후이다. 그들의 견해는 김환태에게 주목되어 식민지로 이입되었다. 마침 작가들에게 객관적 현실의 반영을 강요하던 카프가 퇴장할 무렵이었으므로, 양자의 견해는 평단에 참신한 이론으로 받아들여졌다. 그들의 이론이 평단에 수용되는 과정에서 거부감이 적었던 이면에는 문학 외적 상황에 압도된 카프의 영도비평을 작품 위주의 예술지상주의 비평으로 대체한 김환태의 노고가 숨어 있다.

김환태는 평단에 진입할 때부터 카프가 범했던 비평적 오류를 재범하지 않으려고 노력했다. 비록 외국의 문학이론을 차용한 것이나, 당시의 형편을 감안하면 그의 시도는 비평적 상당성을 인정받을 수 있다. 이 점이 그의 노력을 주체적 관점에서 비판적으로 점검해 보아야 할 이유이다. 그런 접근 자세가 요구되는 까닭은 김환태의 비평을 형성시켜 준 이력을 통해서 외국 문학이론이 식민지 문단에 끼친 영향력을 확인해 볼 수 있기 때문이다. 특히 그의 비평적 특질로 거론되는 요소들의 이입 배경을 추적함으로써, 당시의 비평가들이 외국의 문학이론에 대응하는 자세를 살펴볼 수 있으리라고 기대한다. 이런 사정을 고려한 연구는 김환태가 "영문학 연구는 우리에게 문학의 상도(常道)를 지시하여 줄 것"(「외국문학 전공의 변」)이란 기대감을 앞세워 평단에 진입할 즈음의 문단 상황과 반응을 살펴본 뒤, 앞의 두 비평가에게 입은 영향을 빌려 평단 내의 입지를 확보해 나가는 과정을 알아보는 순서로 진행되어야 타당하다.

『무주문학론』

II. 비평이론의 주체적 수용과 적용

1. 영향, 김환태 비평의 양식

 1935년 5월 21일 김남천이 임화와 김팔봉의 동의를 얻어 경기도경찰부에 해산계를 제출하자, 한국 최초의 문인 조직체였던 카프는 종말을 고하였다. 그들이 쇠퇴한 자리에는 이념과 상거한 소위 '해외문학파'가 자리잡았다. 카프의 해산 후에 학령산인은 카프의 해체를 가장 즐거워할 세 유형을 열거하고, 그 중에서 "누구보다도 반가움을 가지고 환영하는 형으로써 이것은 주로 금년 초에 『조선일보』에 논필을 든 모 전문학교의 영어교사"[2], 곧 정인섭을 손꼽았다. 그의 지적은 카프의 종말을 무기력하게 받아들여야 하는 복잡한 심경의 표현이겠으나, 한편으로는 정인섭을 필두로 한 외국문학 전공자들의 득세를 공인할 수밖에 없는 카프 계열의 풀죽은 발언이기도 하다. 한국근대비평사에서 평단의 세력 교체는 이 시기에 이르러 비로소 달성되었다고 해도 과언이 아니다. 그만치 외국문학 전공자의 출현은 갑작스러웠고, 카프의 흔적은 신속히 삭제되었다. 문단은 그들에게 '해외문학파'라는 칭호를 부여함으로써, 이론적으로 생소한 집단의 등장이 초래할 충격파를 예고하였다. 그것은 한국근대문학사에서 '해외문학파'가 카프의 해산으로 덕을 본 축에 든다는 사실을 노골적으로 승인한 것이다.

 사실 '해외문학파'라는 명칭은 한국문학사에 오기된 것 중의 하나이다. 일본에 유학하여 문학을 배웠으니 '해외문학'일뿐더러, '해외'에서 공부한 내용이니 '해외문학'인 것이 당연했다. 이미 나라가 없어져버렸으

---

2) 학령산인, 「해산에 관한 약간의 유감」 (1), 『조선중앙일보』, 1935. 6. 9

므로 세상 어디에도 '국문학', '한국문학', '해내문학'은 존재할 수 없었다. 설사 당시에 '국문학'으로 칭할만한 것이 있었다고 해도, 그것이 배워야 할 만큼 체계화되지도 못한 상태였다. 그런 여건에서 호칭되는 식민지의 '해외문학'이란 논의 전부터 일본문학을 '해내문학/국문학'으로 인정하는 혐의를 벗어나기 어렵다. 마치 식민지로 전락한 마당이라 훈민정음에게 국자의 지위를 부여할 수 없어서 '국어'라고 부르지 못한 채 억지춘향식으로 '한글'이라고 이름한 경우처럼, 한국근대문학사의 '해외문학파'는 관념 속에서만 유통 가능한 부자연스러운 호명행위에 불과하다. 그럼에도 불구하고 지금까지도 '해외문학파'라는 명칭은 늠연히 유통되고 있다.

　김환태는 영문학을 전공했으면서도, 정작 '해외문학파'의 일원으로 소속되는 것을 싫어했다. 그가 '해외문학파'에 관한 소신을 밝힌 것은 「1935년 조선 문단 회고」(『사해공론』, 1935. 12)이다. 이 평론은 '문예가협회에 대하여', '해외문학파에 대하여', '고전문학 연구에 대하여'로 구성되어 있다. 남들과 논전하기를 달가워하지 않는 그가 모처럼 세 가지 현안에 대하여 소론을 발표한 것이다. 그가 문단에서 '해외문학파'라고 별칭하는 것을 가리켜 "우리 문단의 가장 없지 못할 희비극의 하나는 해외문학파를 만들어 놓고 그에 대한 당치 않은 공격을 하는 동키호테적 존재의 도량(跳梁)이다"고 반론하면서 글을 시작하는 것만 보아도 반대의식의 강도를 짐작할 수 있다. 동시에 김환태의 반박은 문단에서 자신을 '해외문학'의 일원에 포함시킬 개연성을 그가 충분히 의식하고 있었다는 신호이기도 하다. 이런 점을 종합해 보면, 이 글은 외국문학 전공자의 비평적 자의식을 한눈에 파악할 수는 근거자료인 동시에, 앞서 전제했던 문학적 영향관계에 대한 소신을 살펴볼 수 있는 문건이기

『무주문학론』

도 하다.

> 나는 소위 해외문학파라는 것을 문학상 유파로 인정하기를 거부하는 자이며 또 해외문학파라는 명칭을 단지 외국문학을 번역·소개하는 사람들에게 적용한다 하더라도 이는 우리가 지금까지 경험한 바와 같이 이해에 편의를 주지 못하고 도리어 혼란을 일으킬 뿐이니 마땅히 이런 명칭은 말살할 것이라고 생각하는 자이다.
> 그렇다고 어느 부류의 사람들과 같이 외국문학 소개를 불필요하다고 생각하려는 것은 결코 아니다.
> 우리 문단의 문학적 수준은 외국 문단의 그것에 비할 때 너무나 저열하다. 게다가 우리는 풍부한 문학적 유산까지도 계승을 받지 못하였다.
> 이에 우리는 우리보다 높은 문학적 수준에 있으며 많은 문학적 유산을 가지고 있는 외국문학에서 배우지 않을 수 없으며, 그것을 위하여 외국문학은 이 나라 문단에의 소개가 절실히 요구될 것이다.3)

김환태가 이 글에서 한 말을 빌리자면, '해외문학파'는 "어떤 문학상의 주의에 대하여 붙인 이름이 아니라 해외문학을 연구하고 번역 소개하는 부류의 사람들에게 붙인 것이니 엄밀한 의미에 있어서 그것은 도저히 문학상 유파가 될 수 없으며 일정한 주의 주장을 가진 문학상 유파와 혼동되기 쉬우므로 이해의 편의를 위하여 불편하기 짝이 없는 이름"이다. 하지만 그 무렵 문단에서는 '해외문학파'를 '문학상 유파'로 가르려는 움직임이 대세였고, 카프의 퇴각으로 인한 평단의 공동화 현상이 벌어진 터를 차지하게 될 새로운 무리들에게 경계의 눈초리를 보내고 있었다. 카프를 대체할 세력이 '해외문학'을 전공한 '파'로 무리지어 나타난 점이야말로 문단의 눈총을 받게 되는 으뜸의 요인이었다. 그것은 일종의 학습효과였다. 1920년대 후반, 카프에 대항한 거의 유일한 논

---

3) 김환태, 「1935년 조선 문단 회고」, 『전집』, 252-253쪽.

객이었던 유엽의 '예술지상주의'가 힘겨워보였던 것도 동조세력을 얻을 수 없었던 문단 사정에 기인한다.4) 하지만 새로 나타난 '해외문학파'가 한 떼를 이루어 든든한 우호세력으로 확보하고 있었고, 김환태도 그들과 공사적으로 돈독한 관계를 맺고 있었다. 곧, 김환태가 '해외문학파'의 일원이 되기를 거부했다고 할지라도, 양자가 공동운명체인 양 묶여 있었던 줄 부인하기 힘들다.

김환태와 '해외문학파'들이 비평적 보폭을 넓혀갈수록 양자의 동지적 관계는 공고해졌다. 그들이 '선진적'인 외국의 문학이론을 소개하는 일에 중점을 두자, 전대에 중시되었던 문학 외적 상황에 대한 비평적 고려는 상대적으로 경시되기 시작했다. 체일 기간 중에 그들이 학습한 외국의 문학이론이라야 제국주의 국가의 이익에 봉사하는 이론이 대부분이었다. 그렇지만 그들은 이 점을 헤아릴만한 비평적 혜안을 획득하지 못한 상태였기에, 제국주의 침략으로 조성된 식민지의 상황은 고려되지 못했다. 단지 그들은 카프와 대립적 태도를 표명하며 비평적 입지를 모색하는 일에 필력을 쏟을 뿐이었다. 그들의 동선에 따라 평단에는 외국의 문학이론이 소개되는 기회가 늘어났다. 이 점에서도 '해외문학파'의 출현이 김환태의 문단 활동에 도움이 된 것은 추인되어야 한다. 그는 '진지한 문예이론가'가 되기 위해서라면 외국 이론의 수입을 주저하지 말아야 한다고 지적하면서 "전통이 확립되지 못한 우리 문단은 그 건전한 발달을 위하여 영국문학에서 지금보다도 훨씬 더 많은 영양분을 취하도록 하여야 할 것"(「외국문학 전공의 변」)을 요구한 바 있다. 그 역시 외국 이론의 소개와 수용에 적극적으로 찬동하고, '해외문학파'와 보조를 맞추어 그 일에 앞장서기를 마다하지 않았던 것이다.

---

4) 최명표, 『전북지역문학비평사론』, 신아출판사, 2018, 48-53쪽.

『무주문학론』

'해외문학파'의 활약으로 외국문학의 수입이 활성화되자, 문단의 일각에서는 외국문학의 무분별한 유입을 우려하는 목소리가 높아갔다. 이에 김환태는 식민지의 작가들이 문학이론의 수입에 거부감을 지닌 탓에 세계적 수준에 도달하지 못할뿐더러, 문단의 연조가 일천하므로 외국 이론의 수입이 더욱 필요하다고 강조하며 자신을 포함한 '해외문학파'의 행태를 옹호했다. 그와 함께 그는 자신이 그런 의견을 제출하는 까닭으로 "조선문학을 남보다 못지않게 사랑하기 때문에 그리고 조선문학을 사랑함으로써 조선문학의 진정한 성장을 바라마지 않으며 조선문학의 성장은 조선문학에 대한 지나친 자부와 과대한 평가를 통해서가 아니라 엄정한 비판과 공정한 평가를 통하여서만 가능하다고 믿기 때문이다"(「문예시평」)고 덧붙여 비평적 충정에서 우러나온 줄 내외에 호소하였다. 이 발언은 당시의 문단에 외국문학 전공자에 대한 비판적 시선이 꽤 있었던 줄 알려줌과 동시에, 김환태가 그것을 익히 의식하고 있었다는 점을 드러낸다.

따라서 김환태가 "아직 열등한 우리 문학의 성장의 길은 우리 문인들의 분골쇄신의 창작적 수련에도 있지마는 외국문학의 가치에 대한 진정한 이해를 가지고 그것을 동화 섭화(攝化)하려는 노력에도 또한 바랄 바가 큰 것이다"(「문예시평」)고 주장할수록 식민지 문학의 위상이 왜소해지는 것은 피할 수 없었다. 그로서는 식민지 문단의 객관적 상황을 감안한 진단일 터이지만, 한편으로는 비평적 자리를 확보하려는 의중까지 도외시하기 곤란하다. 왜냐하면 김환태가 말하는 '외국문학의 가치에 대한 진정한 이해'가 가능한 이라면 당연히 외국문학 전공자일 것이고, 그들이 아니라면 '그것을 동화 섭화하려는 노력'을 꾀하기 버거웠기 때문이다. 그렇지만 그것이 자칫 '해외문학'에 능통한 이 말고는 '열

「김환태 비평의 영향 관계」

등한 우리 문학의 성장의 길'을 찾을 수 없다는 위험한 해석의 가능성을 내포한 발언인 줄 뒤늦게 깨달은 김환태는 외국 이론의 무분별한 수입을 지양하도록 촉구하며 논란의 소지를 차단하려고 시도하였다.

> 우리가 우리의 외국문학 소개자들에게 외국문학을 이 나라에 소개할 때는 단지 외국에서 일시적 인기를 부르고 있는 유파나 개인의 작품이나 주장을 소개하기만 급급하지 말고 좀 더 높은 심미안과 건실한 태도를 보지하고 또 항상 소개하려는 작품과 학설을 위의 문단에의 이식 효과 여하를 작량하여 주기를 바라고 또 과거에 해외문학을 소개함에 있어서 이런 점에 대하여 불만한 점이 없지 않았다는 것을 말할 수가 있는 것은 물론이다.5)

김환태는 인용문에서 '외국에서 일시적 인기를 부르고 있는 유파나 개인의 작품이나 주장을 소개하기만 급급하지 말고 좀 더 높은 심미안과 건실한 태도를 보지하고 또 항상 소개하려는 작품과 학설을 위의 문단에의 이식 효과 여하를 작량하여 주기를 바라'는 등, 객관적이고 합리적인 수준의 수입 기준을 제시하고 있다. 이 문장에서 핵심어는 '좀 더 높은 심미안과 건실한 태도' 그리고 '문단에의 이식 효과 여하'이다. 앞엣치는 그의 지론이었던 '예술지상주의 비평'을 에둘러 말한 것이고, 뒤엣치는 전대의 카프 비평이 쏟아냈던 문제점에 대한 반성이다. 그에 따라 김환태는 외국 문학이론의 영향력을 인정하고, 그것을 이식하는 단계에서 문단의 환경적 요인을 고려하라고 권유한다. 그로서 외국문학은 식민지의 문단에 자연스럽게 젖어들고, 작가들은 그것에 대한 거부감을 완화하거나 철회하게 된다. 이러한 경과를 상정한 김환태는 영향을 작가의 개성과 연관시켜 논의하여 양자의 연루가 가져올 긍정적 효

---

5) 김환태, 「1935년 조선 문단 회고」, 『전집』, 253쪽.

『무주문학론』

과를 설파한다. 그는 한 작가가 딴 작가에게서 영향을 받았다는 점은 자랑이 될지언정 결코 부끄러움이 되지 않는다고 영향의 순기능을 적시한 후, 그 영향이 작가에게 개성의 원만한 조화와 발달을 약속하는 촉매라고 다독거렸다.

> 영향이란 딴 사람의 가치에 동감하여 그를 나의 가치 속에 섭취·동화시킴을 의미한다. 그러나 모방이란 단지 딴 사람의 가치에의 추종을, 따라서 자기 가치의 방기를 의미한다.
> 그러므로 모방은 개성의 쇠멸을 초래하여 예술작품으로부터 그 존재 이유를 소멸케 하는 것이나, 영향은 개성의 확대를 통하여 예술가로 하여금 그가 산출한 작품의 특수성에 보편적 가치를 부여하여 그곳에 예술의 진정한 독창성을 산출케 하는 것이다.6)

김환태는 영향과 모방을 엄격히 분리하여 받아들이고 있다. 영향은 '개성의 확대를 통하여 예술가로 하여금 그가 산출한 작품의 특수성에 보편적 가치를 부여하여 그곳에 예술의 진정한 독창성을 산출'한다는 점에서 생산적이다. 그러나 모방은 '자기 가치의 방기를 의미한다'는 점에서 소비적이다. 두 가지는 이질적이고 반목적인 성향을 띠면서 공존한다. '가장 특수적'인 개성은 작가의 본래적 개성이고 '가장 보편적인 개성'은 타 작가로부터 영향을 받아 확보된 개성이라고 보는 김환태인 만큼, 개성을 드러내도록 기여한 영향을 고평하는 것은 억지스럽지 않다. 김환태는 개성을 작가의 생존조건으로 인식하고 있는 것이다. 그는 작가들에게 개성을 발견하기 위해서라면 "생성 발전할 가능성을 포회하고 있는 아직 정신적 소유에 응고하지 않은 세계에 침잠하여 그것을 다시 한 번 무지의 세계로써 관찰하지 않으면 안 된다"(「회고 을해년

---

6) 김환태, 「예술에 있어서의 영향과 독창」, 『전집』, 74-75쪽.

문단 총관」)고 충고한다.

　김환태의 '무지의 세계'는 "아직 사상에 의하여 통제되고 지배되지 않은 세계"(「예술의 순수성」)이다. 그곳은 '예술가의 천재나 개성'이 물질적 또는 사회적 제약으로부터 초연할 수 있는 자유한 세계이다. 그 세계는 '몰이해적 관심'으로 충만한 동심에 가까운 '절대 순수'를 지향하며 심미화된다.7) 다시 말하면, 작가는 '무지의 세계'에서 사위를 억압하는 구속 사유들로부터 해방되어 오직 창작에만 몰두함으로써 '예술의 진정한 독창성'이라는 작가의 고유한 개성을 산출한다고 김환태는 본 것이다. 이런 점에 착안해 보면, 그에게 개성은 「문예비평가의 태도에 대하여」에서 말한 '순수한 주관'에 입각하여 '순수한 객관'을 응시할 수 있는 망루인 동시에, 역으로 응시한 결과물이 소출될 수 있도록 돕는 기능을 담당하고 있는 줄 알 수 있다.

　이와 같이 김환태가 개성의 산출을 조장하는 영향에 대하여 호의적으로 평가하게 된 것은 말할 것도 없이 외국문학을 학습하는 도중에 절로 체득한 것이다. 그의 평문에서 외국문학 이론에 대한 비판이 뒤따르지 않는 것만 보아도, 영향에 대한 긍정적 태도를 어렵지 않게 파악할 수 있다. 곧, 대학에서 공부한 외국의 다양한 이론은 그의 비평적 논리를 풍부하게 가꿔주는 양식과도 같았다. 그는 많은 이론가 중에서 아놀드와 페이터를 가장 애호하였다. 둘의 견해는 김환태의 비평 활동에서 이론적 준거로 수용된 것은 물론, 작품의 해석이나 비평적 논제의 제시에 기꺼이 동원될 정도로 내면화되었다. 그러므로 양인의 논리를 통해서 '딴 사람의 가치에 동감하여 그를 나의 가치 속에 섭취·동화시

---

7) 김환태 비평과 동심의 상관성에 관해서는 최명표, 「김환태 비평에서 동심의 심미화 과정」, 『현대문학이론연구』 제75집, 현대문학이론학회, 2018. 12, 355-375쪽.

『무주문학론』

킴'에 다다른 김환태의 비평을 점고할 수 있을 터이다. 두 사람은 그의 비평에서 전략과 전술을 분담하고, 타인과의 대결 국면에서 든든한 원군의 역할을 수행하였다.

2. 아놀드, 김환태 비평의 기반

빅토리아시대의 비평가 매슈 아놀드(Matthew Arnold, 1822~1888)는 영국의 자본주의가 정착되는 단계에서 '교양'과 '교육'을 주요 덕목으로 제시하였다. 아놀드의 비평 정신은 월터 페이터를 비롯하여 오스카 와일드, T. S. 엘리엇, I. A. 리챠즈 등으로 계승되었다. 이 계보만 보아도 그의 비평사적 위상이 만만치 않은 줄 알 수 있다. 1822년에 태어난 그는 1851년에 장학관으로 임용되고, 1857년에 옥스퍼드대학의 시학 교수로 발령받았다. 이러한 경력은 그의 비평세계를 가늠하거나 분석할 제마다 전제될 만하다. 한 예로 1869년 발행되어 그의 문명을 드높여준 『교양과 무질서』는 죽기 이태 전까지 재직하였던 장학관의 시선에서 응시한 사회비평서로, '교양'을 최우선하는 비평적 입각점이 되었다. 그가 '교양'과 함께 '교육'을 중하게 여긴 것은 장학관다운 강조일 뿐 아니라, 사회적 갈등사태를 슬기롭게 극복하기 위한 지식인의 현실적 대안으로 봐도 무방하다.

아놀드가 살던 19세기 유럽은 산업혁명의 성공으로 사람들의 삶에 거대한 변화가 이루어지는 '무질서' 속에서 다양한 사상이 출현하고 사회적 모순이 발각되어 개인과 집단의 이익이 충돌하면서 개혁에 대한 요구가 족출하였다. 그 가운데에서도 산업혁명의 본고장이었던 영국의 사정이 가장 심각한 상태였다. 아놀드는 사회의 혼란상을 목도하는 중에 그들이 요구하는 개혁이 결국 당파적이거나 사적 이익에 복무하는 줄 간파하고, 그런 상황을 진정할 사람이 갖추어야 할 덕목의 발굴에 골몰했다. 그 결과로 도출된 것이 '교양'이다. 그는 '교양'을 "인간의 완성을 추구하는 사심없는 노력"8)이라고 정의하고, 당대의 혼란한 사태를 조기에 안정시켜 줄 최선의 덕목으로 내세웠다.

이 점에서 아놀드의 '교양'은 종전까지 영국 사회에 통용되었던 젠틀맨의 것과 성질이 근본적으로 다르다. 그 전까지 교양이 계급적 차별수단으로 널리 인정되었다면, 그에 의해서 사회적 평등을 실현할 수 있는 덕목으로 자리매김되었다. 이런 측면에서 '사심 없는 노력'을 견지하는 '교양인'은 사회적 무질서를 구제하는 진정한 '평등의 사도'라고 부를 수 있다. 곧, 아놀드는 교양 개념의 근대화를 추구하여 교양의 실제적 공리성에 주목한 인물이다. 일례로 "산업사회의 도래 속에서 교양이 특정계급의 독점이 아닌 만인에 의해 갖추어질 수 있는 교양이 처음으로 사회개혁의 본질적이며 고귀한 근거로 강조되었다"9)는 평가를 보아도, 교양 개념의 전환을 통해 사회에 끼친 그의 공을 기릴 수 있다. 아놀드가 강조하는 '교양'은 '순수한 지식'을 찾기 위해서 "사물을 단지 그 자체를 위해서 추구하고 또 있는 그대로 보려는 즐거움을 위해서 추구하려는 어떤 정신적 욕망"10)이다. 이런 측면에서 '교양'은 사회적 선을 행하려는 도덕적 정열로 전화된다. 아놀드는 영국 사회에 만연한 '무질서'를 조속히 진무하려는 '사심 없음(disinterestedness)'의 태도로 '교양'에 근거하여 행동하는 인물을 그리스적 '전인(全人, eupheuia)'이라고 보았다.

---

8) Matthew Arnold, 윤지관 옮김, 『교양과 무질서』, 한길사, 2016, 281쪽.
9) 이광주, 『교양의 탄생』, 한길사, 2015, 548쪽.
10) Matthew Arnold, 윤지관 옮김, 앞의 책, 55쪽.

『무주문학론』

아놀드는 근대인의 전형으로 설정한 '전인'을 통해서 당대의 위기 국면을 헤쳐갈 수 있으리라고 고대했다. 그가 영국 사회의 전통과 어울리지 않는 평등 개념을 '교양'의 필요조건으로 내걸었던 것에서 보듯이, '전인'은 온갖 갈등으로 치닫는 시대상황을 해결하기에 알맞은 이념형 인물이었다. 그는 사회비평형 '전인'을 사회의 각 부문에서 구현하고자 문예비평에도 전이시켰다. 그 보기는 "시인이자 예술가가 가져야 마땅한 이상적 성격은 섬세한 감동과 섬세한 재능을 부여받은 사람의 그것, 즉 그리이스인들이 말하는 전인이다"(「바이런」)고 얘기하는 장면에서 확인할 수 있다. 사회적 혼란 상태를 타개하기 위한 방략으로 제안된 '교양인'으로서의 '전인'은 '섬세한 감동과 섬세한 재능'을 바탕으로 사회의 개혁에 복무할 의무를 지닌다. 그러므로 아놀드의 '삶의 비평(criticism of life)'은 평생토록 염원했던 민주 사회를 향한 열망을 표현한 화두라고 보아도 그르지 않다. 이 점에서 그는 도덕주의자로 오해받을만한 소지를 남겼는 바, 교육자이자 종교인으로 유명한 부친을 둔 가정환경과 일생 동안 장학관으로 살았던 직업을 감안하면 이 또한 수긍할만하다.

아놀드는 시학 교수답게 『교양과 무질서』에서 제창했던 '사심 없음'의 자세로 영국 시인들에 관한 비평에 나섰다. 그는 산업혁명기에 자신과 집단의 이익을 좇지 않고 '인간의 완성'을 추구한 인물처럼, 문학작품을 '있는 그대로 보려는 즐거움을 위해서 추구하려는 어떤 정신적 욕망'으로 미만된 채 '사심 없는 비평(disinterested criticism)'에 착수하였다. 아놀드처럼 비평을 가리켜 "세상에서 알려지고 생각된 최상의 것을 배우고 퍼뜨리려는 사심 없는 노력"(「현대에 있어 비평의 기능」)이라고 규정하고 나면, 필연적으로 작품에 우선적 지위를 부여하게 되어 비평가를 뒷전으로 밀려나도록 만든다. 아놀드가 윌리엄 워즈워드의 발언을 계승하여 비평력이 창조력에 비해 저급하다는 사실을 인정하고 문예적 논리를 차분히 전개하게 된 저간의 사정이다. 그는 "문학의 재능은 어떤 지적·정신적 분위기에 의해 그리고 어떤 사상을 알고 있을 경우에는 그 사상의 질서에 의해 절묘하게 영감을 얻는 능력이며, 또한 이 사상을 소중하게 다루고 가장 효과적이고 매력적으로 결합하여 제시하는 능력, 한마디로 그것으로 아름다운 작품을 만들어내는 능력에 있다"[11]고 단언하였다.

아놀드의 논거를 따라 문학의 재능을 '아름다운 작품을 만들어내는 능력'이라고 보게 되면 자연스럽게 두 가지의 결론에 닿게 된다. 하나는 작가의 천재성을 옹호하는 것이고, 다른 하나는 작가를 우위의 존재로 인정하는 것이다. 둘은 모양만 달라진 동일한 결론의 앞뒤와 다르지 않다. 아놀드의 주장은 김환태에게 접수되어 "비평가란 창작 능력에서 도저히 작가를 따를 수 없는 것이다"(「작가·평가·독자」)라거나, "천재의 가장 큰 특징의 하나는 그 심한 동요에 있다"(「정지용론」) 등으로 재활용되었다. 두 비평가가 비평가에 대한 작가의 우위를 인정한 시각은 불가피하게 비평의 입점에 대한 질문으로 이어진다. 곧, 아놀드의 주장이 토대한 바를 찾아내야만 앞자리를 작가에게 양보한 비평가의 본의를 요해할 수 있다.

아놀드가 거듭 강조한 '사심 없는 노력'은 '교양'의 구현에 긴요하다. 그는 염결하고 간절한 심정으로 문예적 차원에서 '교양'을 실천할 수 있는 비평가의 출현을 요망했다. 실례로 그는 기회가 있을 때마다 시와

---

11) Matthew Arnold, 윤지관 편역, 『삶의 비평: 메슈 아놀드 문학비평 선집』, 민지사, 1985, 95쪽.

『무주문학론』

삶을 연결시키며 논의를 계속하였다. 그가 '삶'에 관심을 표한 것은 사회의 '무질서'에 대한 관심의 연장선상이다. 그는 비평가에 의하여 '순수한 지식'이 왜곡되는 사태를 미연에 방지하기 위해 '삶'을 강조하였다. 그의 '삶의 비평'은 「워즈워드」에서 "도덕관념에 반항하는 시는 삶에 반항하는 시이며, 도덕관념에 무관심한 시는 삶에 무관심한 시이다"고 발언한 바에 집약되어 있다. 이어서 그가 "시는 바탕에 있어서 삶의 비평이며 시인의 위대함은 삶, 즉 어떻게 사느냐의 문제에 사념을 강력하고 아름답게 적용하는 데 있다"고 말할 때, 그것은 고전주의에 집착했던 과거적 자세를 무의식 중에 얼비친 것이다. 그가 사회의 갈등 국면을 해소하고자 '교양'을 근대적 가치로 변주한 동기는 고전주의적 질서의 훼손에 대한 우려에 있었던 것이다. 이 점에서 아놀드의 주장은 과도기적 한계를 안고 있다.

아놀드는 모든 문학을 거론한 듯하지만, 실제로는 시를 타 장르보다 윗길로 쳤다. 그는 "우리 시대처럼 고도로 발달된 시대에 그 자체의 상황에 대한 완벽한 이해력에 의한 지적 구원이라고 우리가 묘사한 그런 요구를 하는 시대에 과연 어떤 사실들이 우리 눈앞의 광경 중의 어떤 요소들이 자연스럽게 가장 흥미를 끌 것인가?"(「문학에서의 현대적 요소에 관해」)라고 질문하고, 그에 대한 답을 최상의 시에서 구하였다. 심지어 그는 "천재는 주로 활력의 일이며 시는 주로 천재의 일이다"(「아카데미의 문학적 영향」)고 주장하기까지 했다. 그가 시 장르에 가산점을 주게 된 근본적인 동기는 빅토리아시대에 이르러 종교의 세속화와 권위의 상실이 잇따르던 현실 상황과 결부되어 있다. 그는 시가 종교를 대신하여 인간을 구원할 수 있으리라고 믿어 의심치 않았다. 그는 자신이 살던 시기를 전환기로 파악하고, 산업혁명의 성공으로 물질적 가치에 압도된 사회의 개혁에 지혜를 집중한 것이다. 그는 바이런의 시를 논하는 자리에서도 '삶의 비평'을 상론하여 신념의 비평적 구현에 집착하였다.

"모든 문학의 목표는, 주의깊게 고찰해 본다면, 인생비평일 뿐이다"라고 나는 말했다. 그리고 그것은 분명 그렇다. 우리의 모든 발언의 목표는 그것이 산문이든 운문이든 분명 인생비평이다. 물론 이러한 진실이 산문과 구별되는 시를 적절한 정의하는 일에 그다지 커다란 진척을 이뤄내지 못한다는 것은 인정한다. 그렇더라도 그것은 여전히 진실이며, 시는 그것이 잊혀지면 결코 꽃필 수 없다. 그러나 시에 있어 인생비평은 시적 진실과 시적 미의 법칙에 어긋나지 않게 이루어져야 한다. 내용과 재료의 진실과 진지성, 어법과 양식의 절묘함과 완벽함은 최상의 시인들에게서 볼 수 있는 것으로, 시적 진실과 시적 미의 법칙에 부응해 이루어진 인생비평을 구성하고 있다. 그리고 우리는 바로 그런 시인들의 작품을 알고 느낌으로써 이러한 상황이 일어났는지 그렇지 않은지 인식하기를 배운다.12)

인간의 삶은 자아의 완성을 향한 일련의 도정이다. 삶은 일정한 지향성에 의지하여 도생하는 바, 개인들의 삶은 필연적으로 다양성을 추구할 수밖에 없다. 인생에서 다양성이란 운명의 형식인 셈이다. 따라서 아놀드의 '인생비평'은 "지향적인 삶에 대한 인식인 점에서 바로 '삶을 있는 그대로 보는' 비평의 본령에 도달"13)할 것을 기획한다. 즉, 그것은 인간의 '삶'에 아로새겨진 다양한 결을 '있는 그대로' 보려는 문예적 시선인 것이다. 그의 시야에 포착된 현상은 그 자체로 존재 가치를 띠고 있어서 존중받을 만한 것으로 인식된다. 왜냐하면 그가 '모든 발언의 목표는 그것이 산문이든 운문이든 분명 인생비평'이라고 믿기 때문이다.

---

12) 같은 책, 210쪽.
13) 윤지관, 『근대 사회의 교양과 비평』, 창작과비평사, 1995, 236쪽.

『무주문학론』

아놀드는 그 근거를 '내용과 재료의 진실과 진지성, 어법과 양식의 절묘함과 완벽함은 최상의 시인들에게서 볼 수 있는 것으로, 시적 진실과 시적 미의 법칙에 부응해 이루어진 인생비평을 구성하고 있다'는 사실에서 찾았다.

김환태는 아놀드의 의견을 받아들여 "우리가 문예작품을 읽을 때는 끊임없이 최상의 것을 찾으려는 의식이 그 문예작품에서 추출될 힘과 기쁨에 대한 의식이 우리의 마음에 출현하여 우리가 읽는 그 작품의 평가를 지배한다"(「매슈 아놀드의 문예사상 일고」)고 주장한 후, '끊임없이 최상의 것'을 추구하는 '인생비평'을 실천하려고 힘을 쏟았다. 더하여 그는 "최상의 시는 그 이외의 아무 것도 할 수 없는 우리를 훈련하고 부조하고 기쁘게 하는 힘을 가지고 있다"고 힘주어 말하여 시의 자리를 앞에 마련함으로써, 아놀드로부터 배운 바를 충실히 행하려고 수범하였다. 그의 '최상의 것'은 미의식을 지칭한다. 김환태가 콜리지의 말을 빌려 "시는 우리에게 진리가 아니라 기쁨"(「시와 사상」)을 준다고 언급한 것은 이것을 가리킨다. 아놀드가 비평 활동을 지속하는 동안에 주관적이라고 비판을 받는 줄 번연히 알면서도 '있는 그대로' 작품을 대하고자 일관했던 이유인즉, 그것이야말로 '인생의 비평'에 필요한 '최상의 것'을 찾는 합당한 태도라고 여겼기 때문이었다.

그러면 인생의 비평을 구성하는 것은 무엇이냐? 그는 「바이런」 속에서 이렇게 대답한다. 「대시인의 작품에서 우리가 인정할 수 있는 제재나 내용의 진지와 성실, 어법과 표현의 교묘와 완전히 시적 진(眞)과 미의 법칙에 쫓아서 된 인생의 비평을 구성하는 것이다」라고. 시적 진과 미의 법칙에 의한 인생의 비평으로서의 시에 있어서 우리는 시의 위자(慰藉)와 지원을 발견한다. 그러나 그 위자와 지원은 인생의 비평의 힘에 정비례하여 강력하여진다. 그리고 인생의 비평은 그것을 전달하는 시가 저급한 때보

「김환태 비평의 영향 관계」

다도 고귀한 때에, 불건전한 때보다도 건전한 때에, 부실한 때보다도 진실한 때에 더 강력하다. 그리하여 최상의 시는 그 이외의 아무 것도 할 수 없는 우리를 훈련하고 부조하고 기쁘게 하는 힘을 가지고 있다. 시에 있어 최상의 것에 대한 보다 더 명랑하고 심절한 의식과 그것에서 추출할 수 있는 힘과 환희에 대한 의식이 우리가 시에서 적취할 수 있는 가장 고귀한 이득이다.14)

인용문은 김환태가 아놀드의 '인생의 비평'을 순순히 받아들인 증거이다. 또 아놀드가 프랑스혁명의 정신을 '시대정신'이라는 용어로 재구하여 비평에 추가하자, 그는 "예술가의 위대성은 시대정신과 물질적 환경을 초월하고 지배하는 그의 생명력과 상상력의 강렬의 강도에 의하여 결정되는 것이다"(「생명·진실·상상」)고 대변하였다. 이 모두는 앞에서 언급한 산업혁명 후의 시대적 혼란을 돌파하기 위한 해결 방안으로 아놀드가 모색한 것을 김환태가 재발언한 보기라고 할 수 있다.

환언하자면, 아놀드의 시선을 원용하여 김환태는 식민지 문단의 전형기를 헤쳐 나갈 방도를 알아보고 있었던 것이다. 그처럼 김환태는 아놀드의 논리를 비평의 기반으로 삼았다. 그는 "문학은 인간 생활의 표현"(「문학의 성격과 시대」)이라거나, "문학정신이란 결국 인간성의 탐구요 그것에 표현의 옷을 입히려는 창조적 노력이다"(「순수 시비」)고 단언함으로써, 아놀드의 '인생의 비평'을 받아들인 사실을 안팎에 공표하였다. 김환태의 비평에서 자주 출몰하는 '인생', '삶', '생명', '생활' 등은 '교양'과 함께 아놀드의 '삶의 비평' 혹은 '인생비평'에서 배운 바를 글쓰기 현장에 적용한 사례들이다. 이것만 보아도 아놀드의 『교양과 무질서』는 김환태가 비평적 논리를 구축하는 단계에 절대적 영향을 끼친 줄

---

14) 김환태, 「매슈 아놀드의 문예사상 일고」, 『전집』, 158쪽.

『무주문학론』

확인할 수 있다.

3. 페이터, 김환태 비평의 자양

월터 페이터(Walter Horatio Pater, 1839~1894)는 런던에서 개업의의 아들로 태어났다. 그의 유복한 나날은 조실부모하면서 끝나버렸다. 다행히 후견인으로 등재된 친척의 도움으로 그는 옥스퍼드에 진학할 수 있었다. 그는 일생 동안 옥스포드에 머물면서 독신으로 살았다. 1866년 코울리지에 관한 평문을 기고하며 시작된 그의 비평 이력은 1873년 발간한 에세이 『르네상스』를 통해 인상주의 비평의 대변자로 낙인되며 문단에 널리 알려졌다. 그가 생애 내내 고수한 소위 '예술을 위한 예술'은 종교와 도덕을 중시하는 무리들로부터 비난의 대상이 되기도 하였다. 그렇지만 아름다움을 추구한 그의 명성은 섬을 넘어 대륙에까지 떨치게 되었다. 특히 그의 산문은 19세기 영국에서 쉬 찾아볼 수 없는 명문으로 칭송되면서 다수의 작가들의 신뢰를 받았다.

페이터의 인상을 중시하는 관점은 T. S. 엘리엇에게 계승되었다. 엘리엇이 '완벽한 비평가'가 되고 싶으면 "자신이 받은 인상과 느낌을 해명하고, 또한 그것들을 다른 사람들이 이해할 수 있는 방식으로 진술함으로써 객관성을 획득하는 것"(「완벽한 비평가」)15)에 충실하라고 강조할 만치, 페이터의 인상중시론은 영문학계에 상당한 영향을 발휘하였다. 인상이 주관성 혹은 세상을 응시하는 주관적 성향에 결정된다는 점에서, 인상을 중하게 바라보는 태도는 객관성을 앞세우던 고전주의적 태도에 대한 반동이었다. 인상은 사물에 대한 주체의 감각작용으로, 낭만

---

15) Johannes Kleinstück, 김이섭 옮김, 『T. S. 엘리엇』, 한길사, 1997, 136쪽.

주의와 상거를 띤 영국의 경험론이 끼친 미학적 유산이다. 이 시기에 이르러 감각을 새롭게 바라보기 시작한 것이 인상에 대한 변화를 가져왔다. 주체의 경험을 중요시하는 경험론적 시각이 상상력을 중시하는 낭만주의와 결합한 사례이다. 곧, 감각이 인상을 형성하고, 인상이 창조적 능력으로서의 환영을 낳는다는 연상 개념으로 정착되어 낭만주의적 미학의 토대를 이루게 되었다. 환언하여 "환상이나 상상력이라는 정신작용은 감각을 통해 전달된 모든 인상과 아이디어들을 선택하고, 분리시키고, 결합시켜 새로운 것을 만들어낸다"16)는 입장이 인상에 대한 중시로 나타난 것이다. 인상이 낭만주의자들에게서 새로운 의미를 부여받고 나서 비평적 개념으로 굳어진 것은 페이터였다.

페이터의 '인상' 또는 '인상주의'에 대한 설명은 문제작 『르네상스』에서 살필 수 있다. 김환태도 「페이터의 예술관」에서 이 책을 텍스트로 삼았을 뿐 아니라, 갖가지 인용도 이 저작에 기대고 있다. 그러나 이 책에서 '르네상스'는 물론, 페이터의 소신이었던 '인상주의'에 대한 직접적 언급을 찾아보기는 난망하다. 책의 목차는 '1. 프랑스의 두 옛 이야기, 2. 피코 델라 미란돌라, 3. 산드로 보티첼리, 4. 루카 델라 로비아, 5. 미켈란젤로의 시, 6. 레오나르도 다 빈치, 7. 지오르지오네와 그의 유파, 8. 죠아상 듀 벨레, 9. 빈켈만, 10. 결론'의 순으로 이루어져 있다. 예술가에 대한 평문이 주를 이루고 있는 이 저서에서 페이터의 견해를 찾아낼 수 있는 부분은 '머리말'과 '7. 지오르지오네와 그의 유파' 정도이다. 이 중에서 '머리말'은 그의 인상주의 비평에 대한 요지를 함축하고 있다. 페이터가 "미는 인간의 경험 속에 나타나는 다른 특성과 마찬가지로 상대적인 것"이라고 주장한 것은 미의 상대성을 인정하는 선언이

---

16) 이경옥, 『영국의 낭만주의』, 연세대학교출판부, 2004, 12쪽.

『무주문학론』

다. 그런 자세는 인상주의자다운 수긍으로, 미의 주관성을 강조하는 태도와 진배없다. 이런 시점은 '대상을 있는 그대로 본다'는 매슈 아놀드류의 태도를 수용한 뒤에 나올만한 발언으로, 심미적 비평가가 '대상을 있는 그대로' 보기 위한 첫 단계는 작품의 인상을 있는 그대로 감각하여 깨닫는 것이다.

> 즐거운 인상을 느끼는 우리의 감각적 반응이 다양성과 깊이를 더해갈수록 우리의 교양은 그만큼 더 깊어지고 완성되어 가는 것이다. 그리고 심미적 비평가의 임무는 어떤 그림이나 풍경, 어떤 책 속의 또는 실생활 속의 인물이 바로 그러한 특이한 아름다움이나 즐거움을 우리에게 느끼게 하는 힘을 식별하고 분석하고 이를 그 부속물들과 분리하여 그러한 인상의 근원이 무엇이며 어떠한 상황에서 이것이 경험되어지는 것인가를 가리키는 데에 있다. 비평가의 목적은 자기를 위해서나 타인을 위해서 화학자가 어떤 자연의 원소를 주목하고 기록하듯이, 그 아름다움의 특질을 다른 것과 분리하여 기록함으로써 달성된다.17)

페이터는 인상과 감각의 친연성을 강조하면서 논지를 전개하고 있다. 그는 '인상의 근원'과 그것이 경험되는 상황을 서술하는 것이야말로 비평가의 임무라고 주장하고, 그의 목적을 외부 환경과 분리하여 미적 특질을 기술하는 데에서 찾았다. 이것은 "예술에 있어서의 감각적인 요소는 다른 종류의 예술의 형태로서는 표현이 불가능한 독특한 성질과 아름다움을 나타내며, 그 미적 인상의 질도 각기 독특한 것임을 똑똑히 이해하는 것이 올바른 예술비평의 출발점이 된다"18)는 후술과 맞닿으면서 '감각적인 요소'에 중점을 찍도록 견인한다. 감각은 인상과 합해져서 '교양'의 심화와 완성까지 도모하도록 거든다. 그 경지로 나아가기

---

17) Walter Horatio Pater, 김병익 옮김, 『르네상스』, 종로서적, 1988, ii-iii.
18) 같은 책, 99쪽.

위해서 비평가는 '아름다움의 특질을 다른 것과 분리하여 기록'하려고 심혈을 기울인다. 이로서 '예술을 위한 예술'의 발판이 마련되고, 인상의 기록이 비평적 차원으로 편입될 수 있는 계기가 구축된다. 그가 '교양'의 완성을 운운하는 모습을 보고 있자면, 흡사 아놀드의 재림을 보는 듯하다.

두루 알다시피, 김환태는 페이터에게 경사되었던 비평가이다. 그가 페이터를 소개하게 된 이유는 "당대의 식민지 사회가 처한 객관적 현실에서 유리된 도식적 정치주의를 극복하려는 한 노력이었고, 그를 통해 자기목적적인 존재로서의 예술의 본질을 회복시키려는 문학예술에 대한 사랑 때문"19)이었다. 그로서는 심미주의 비평가 페이터를 식민지 평단에 초청하여 "나는 비평에 있어서의 인상주의자다"(「나의 비평의 태도」)고 공인받을 수 있는 이론적 발판을 마련하고 싶었던 셈이다. 실제로 김환태는 평문 「페이터의 예술관」(『조선중앙일보』, 1935. 3. 30-4. 6)에서 페이터를 조명하고, 이론의 소개에 앞장섰다. 이 글에서 그는 페이터가 가르쳐 준대로 비평가의 직능이 "미의 부속물과 그것에 의하여 회화나 풍경이나 인생이나 서적 속에 있는 아름다운 인물이 그것이 표현되어 있는 정상에 비례하여 미와 희열의 독특한 인상을 산출하는 그 가치를 판별하고 분석하고 분리시키는 데 있다"고 주장한다. 그에 따라 김환태는 '미와 희열의 독특한 인상'을 '있는 그대로' 기술하려고 심혈을 기울였다. 이런 노력에 힘입어 그는 페이터의 주장대로 인상의 주관성을 옹호하며 '예술지상주의 비평' 혹은 '인상주의 비평', '순수 비평'의 논리를 구축해 갈 수 있었다. 페이터는 김환태로 하여금 문학의 본질에 주목하도록 계시하였고, 김환태는 그것을 공들여 이행한 덕분에 카프가

---

19) 장도준, 『김환태 비평 연구』, 태학사, 2014, 50쪽.

『무주문학론』

물러난 자리를 재빨리 차지하였다. 그에 힘입어 김환태는 작품을 대하는 안목과 비평의 미학적 심급을 설정할 수 있는 심미안을 확보하게 되었다.

    심미적 비평가는 그가 취급하는 모든 대상을, 즉 모든 예술작품과 자연과 인간 생활의 보다 더 미려한 형식의 유쾌한 감각을 산출하는 다소의 정도에 있어서 특이하고 무쌍한 힘으로써 상정한다. 이 영향을 그는 감지한다. 그리하여 그것을 분석과 그의 요소에 환언시킴으로써 해명하려 한다. 그러므로 심미적 비평가의 직능은 미의 부속물과 그것에 의하여 회화나 풍경이나 인생이나 서적 속에 있는 아름다운 인물이 그것이 표현되어 있는 정상에 비례하여 미와 희열을 독특한 인상을 산출하는 그 가치를 판별하고 분석하고 분리시키는 데 있다. 그러므로 가장 중요한 것은 비평가가 지성을 위하여 미의 정확한 추상적 정의를 가지는 것이 아니요, 일종의 기질적 아름다운 대상의 현출에 의하여 감동되는 힘을 가지는 것이다.[20]

김환태는 진정한 비평이란 작품에서 받은 "인상에 다시 반성을 가하여 분석 비판하고 또 작품에 암시된 작가의 이상적 정신 활동과 심적 체험의 방향에 따라 자기의 심적 체험을 재구성하는 것"(「작가·평가·독자」)이라고 보았다. 그가 말하는 체험의 재구성은 비평가 작품에서 얻어진 인상을 질서화하는 행위를 가리킨다. 따라서 그가 볼 때 주체가 감각하는 세상의 모든 인상의 문자적 질서화, 곧 비평적 글쓰기는 '심적 체험을 재구성하는 것'이다. 따라서 심미적 비평가라면 '모든 예술작품과 자연과 인간 생활의 보다 더 미려한 형식의 유쾌한 감각'을 산출하고자 노력하지 않으면 안 된다. 그것이 김환태가 페이터의 독특한 유머론에 깊은 관심을 기울여 작품의 분석에 원용하게 된 전후사정이다. 평

---

[20] 김환태, 「페이터의 예술관」, 『전집』, 167쪽.

단 활동에 동참하는 중 점잖은 글쓰기에 매진했던 그가 '유쾌한 감각'의 출산에 나서라고 권하는 대목은 낯설다. 아래의 인용문은 그가 말한 '심미적 비평가의 직능'에 해당한다.

> 유머는 순수한 애감에 도달하는 것은 분명하다. 왜냐하면 인간의 가장 친밀한 감정을 기록한 문장을 식별하는 습관은 그 인간에게 동정을 불러일으키고 그것은 곧 섬세한 방식으로 타인의 감정과 친근해지고 그 타인의 마음속 깊은 곳으로 들어갈 수 있는 힘을 생성시키기 때문이다.
> 따라서 동정은 낭만주의의 또 하나의 특질이다. 사실 빅톨 위고와 고티에는 동물애호가였고 동물에 대한 매력적인 작품을 쓴 작가들이었다. 또한 뮈르제르도 「쎄느 드 라 비 드 조에네스」라는 작품이 증명하듯 연민에 있어 추종할 작가가 없을 정도였다. 무엇보다도 동정에 호소하는 모든 상황으로 침투하고 동정이라는 감정의 특별한 형태나 예외적인 형태 속으로 탁월하게 스며드는 낭만적 유머를 그 상황과 표현의 괴이함이나 독특함을 두려워하지 않는다. 왜냐하면 동정은 유머의 본질이기 때문이다.21)

페이터가 주창한 낭만적 유머론의 실체이다. 유머가 동정에 기원하고 있다는 점에 착안하여 페이터는 양자를 연결시키고 있다. 작품의 실천 비평이 그것을 입증해준다. 동정은 "감정이 타인을 하나의 육체와 언어, 사유와 욕망을 지닌 존재로 인식하면서 시작"22)되고, "타인, 더 나아가서는 세계와의 소통을 추구하는 매우 수고스러운 창조 작업이다"23)면, 필연적으로 '소통'의 도구로서의 언어적 자질을 필요로 하게 되어 심미화될 조건을 획득하게 된다. 그 덕분에 낭만주의의 덕목이었던 동정이 인간의 보편적 감정인 유머와 결합되어 낭만주의 문학의 주요 요소로

---

21) Walter Horatio Pater, 이덕형 옮김, 『페이터의 산문』, 문예출판사, 1992, 190-191쪽.
22) Antonio Prete, 윤병언 옮김, 『동정에 대하여』, 책세상, 2019, 14쪽.
23) 손유경, 『고통과 동정』, 역사비평사, 2008, 21쪽.

당당하게 편입될 수 있었다. 그것은 동정이 '타인의 감정과 친근해지고 그 타인의 마음속 깊은 곳으로 들어갈 수 있는 힘'을 바탕으로 '순수한 애감에 도달하는 것'을 목표로 삼았기에 가능하였다. 이 점에서 페이터는 인간성에 대한 섬세한 관찰과 행동에 대한 정치한 안목을 지닌 인물이었다고 평가할만하다. 김환태는 그의 주장을 도입하여 자신의 작품 분석에 이용하고 있다. 예컨대, 김환태의 비평을 연구하는 이들이 크게 주목하지 않은 다음 대목을 읽노라면, 페이터에 대한 존경의 강도를 단박에 알아차리고도 남는다.

> 작자는 이 노파에게 많은 짐을 지우지 않았는가? 너무나 그에게 참혹하지 않았는가? 그렇다고 나는 이 작자에게 값싼 인도주의나 눈물을 요구하는 것은 아니다. 다만 이 작품을 싸고도는 얼음같이 차고 음울한 공기를 유머와 여유로 좀 더 순화하였으면 하는 것이다.
> 유머는 대상을 어루만지는 마음이며, 여유는 대상에서 초연함을 의미한다. 그러므로 작가가 이 노파를 어루만지는 보드라운 마음과 그것에서 초월하여 이것을 관조하는 마음을 좀 더 가졌더라면 이 작품은 이러하게까지 참혹이 되지 않았을 것이다. 이는 결코 심각은 아니다. 참혹에는 유머와 여유가 없다. 그러나 심각에는 유머와 여유가 있다. 참혹은 심원적이나 심각은 구심적이다.24)

인용문은 김환태가 백신애의 소설 「적빈」(『개벽』, 1934. 11)을 평한 자리에서 언급한 것이다. 「적빈」은 양반가에서 태어난 매촌댁이 품팔이로 근근이 연명하면서도 못난 두 아들 걱정에 팍팍한 살림살이를 벗어나지 못하는 이야기이다. 장남은 '도야지'라는 별명에 맞게 벙어리 아내의 산후조리용으로 장만해 둔 양식과 미역까지 먹어치운다. 차남은 노

---

24) 김환태, 「나의 비평의 태도」, 『전집』, 35쪽.

름판에 빠져 가산을 탕진한다. 매촌댁은 공교하게 두 며느리가 비슷한 날에 분만하여도, 앞날에 대한 걱정보다는 손자를 키울 궁리에 여념이 없다. 그녀는 가난한 살림에도 불구하고 억척스러운 모성애로 난관을 헤쳐 나가는 인물에 속한다. 백신애답게 곤핍한 상황을 극복해 가는 여성영웅의 악착한 생활력을 형상화한 작품이다. 이 소설을 읽은 후에 김환태는 매촌댁에게 부과된 겹겹의 난국을 안타까워한다. 매촌댁이 감당하는 삶의 무게가 너무 버거운 나머지, 서사의 비중이 그녀에게 과도할 정도로 쏠려버리고 만 것을 그가 지적한 것이다. 그러다 보니 여타 인물의 형상화가 뒷전으로 밀려버렸는데, 그 배후에는 작가의 유머에 대한 몰이해가 자리하고 있다. 김환태는 그것을 '작가가 이 노파를 어루만지는 보드라운 마음과 그것에서 초월하여 이것을 관조하는 마음을 좀 더 가졌더라면'이라고 아쉬워하고 있다.

김환태가 이태준의 「달밤」을 읽고 나서 "나를 앙분시키고 고통과 애감으로 채워주었다"(「상허의 작품과 그 예술관」)고 고평한 것에 비해, 백신애에게 '유머와 여유'로 작품의 '얼음같이 차고 음울한 공기'를 순화하기를 바란 준거는 페이터의 유머론이다. 김환태는 '동정에 호소하는 모든 상황으로 침투하고 동정이라는 감정의 특별한 형태나 예외적인 형태 속으로 탁월하게 스며드는 낭만적 유머'가 작품 속에 구현되지 못한 점을 지적하고 있다. 그와 같이 그는 페이터의 유머론을 차용하여 실천비평가로서의 역량을 과시했다. 유머에 관한 논의를 개진하는 것조차 사치일 수 있었던 1930년대에 김환태가 페이터의 견해를 옮겨 이용한 것은 평단을 지배했던 카프의 경직된 비평으로부터 벗어나기 위한 대안을 모색하는 과정에서 빚진 것이다. 이러한 모습은 "문학 활동이란 결국 실생활의 모사나 있는 그대로의 재현이 아니라 새로운 현실의 생

『무주문학론』

산이다"(「문학적 현실과 사실」)는 신념에 기초하여 "비평은 작품에 의하여 부여된 정서와 인상을 암시된 방향에 따라 가장 유효하게 통일하고 통합하는 재구성적 체험"(「문예비평가의 태도에 대하여」)으로 인식한 김환태가 작품에서 받은 '인상'을 바탕으로 빚어낸 "작품의 초상화"(「작가·평가·평언」)라고 할 수 있다. 그 점만 보아도 '인상'은 김환태 비평에서 존재론적 심급으로 각인되어 문학 외적 압력에 굴복하지 않도록 지켜준 버팀목이었다.

III. 결론

이상에서 살펴본 바와 같이, 김환태는 외국문학 이론의 수입에 거부감이 없었다. 그는 영문학 전공자답게 저급한 식민지 문단의 수준을 제고하기 위한 방편으로 외국문학 이론을 받아들이기에 주저하지 않았다. 그것은 당시의 문단 사정을 정확하게 진단한 처방전이기도 하나, 외국문학 전공자로서의 문단 내 입지를 강화하기 위한 포석이기도 하였다. 그는 자신의 주장을 구체화하고자 아놀드와 페이터 등의 이론을 적극적으로 반영한 비평을 선보였다. 그 중에서도 아놀드는 김환태 비평의 기반을 닦아주었다. 그는 김환태에게 비평가가 지녀야 할 덕목으로 '사심 없음'을 제안하였고, 그에 기반하여 사물을 '있는 그대로' 보는 '삶의 비평'에 나서도록 이론적 성원을 아끼지 않았다. 김환태는 그의 주장을 곧이곧대로 수용하여 '몰이해적' 태도에 입각한 비평관을 정립하느라 열심이었다.

김환태는 아놀드의 이론을 계승한 페이터에게도 착목하여 '인상주의'

를 받아들였다. 그것은 페이터를 심미주의 비평가로 서게 해준 주관적 비평관이었다. 페이터는 김환태에게 자신의 비평관을 전승시켜 작품 위주의 비평을 고수하도록 도왔다. 그에게서 동정과 유머의 이론 세례를 입은 김환태는 이태준의 소설평 등에서 적용하며 실천비평가로 입신할 수 있었다. 김환태는 '인상주의'의 장점을 앞에 내세우고, 그것의 주관성에 대한 비판을 완화시키려고 '가장 주관적인 것이 가장 객관적이다'는 신념 위에서 '절대순수'를 지향하였다. 그것을 일컬어 '인상주의 비평'이라고도 하고 '예술지상주의 비평'이라고도 하지만, 호칭이 달라진들 둘로부터 받은 영향까지 달라지는 것은 아니다. 곧, 김환태는 영문학을 공부하면서 만나게 된 아놀드와 페이터의 논리를 식민지 평단에 착근시키면서 "작품지상주의자"(「여는 예술지상주의자」)로서의 비평적 생을 구성하였다.(『정신문화연구』 제42권 제1호, 통권 154호, 한국학중앙연구원, 2019. 3)

『무주문학론』

김환태 비평의 '순수'론

I. 서론

한국의 근대비평사에서 소위 예술주의나 예술지상주의는 순수예술의 다른 이름으로 통용되어 왔다. 그것은 그와 대척점에서 맞섰던 카프 계열의 비평이 예술주의, 예술지상주의, 순수예술 등을 격렬하게 비난하여 발생한 범주의 오류이다. 세 가지가 하나로 묶여 논의되기까지 심층적 논의 과정이 선행되었어야 하나, 식민지 상황이라는 객관적 조건이 그 절차를 생략시켜버리고 만 첫째가는 요인이었다. 물론 그 시절에는 학문적 합의 과정보다는 비평가의 영도성에 좌우되던 판이고, 학문마당이 제대로 성숙되지 못한 상태였으므로 그것을 거론하는 것 자체가 논의의 규격에 맞지 않을 뿐만 아니라 사치스럽기도 하다. 그로 인해서 지금도 평자들은 자연스럽게 세 가지를 하나로 묶어서 논의하고 있는 실정이다. 본디 예술주의나 예술지상주의가 출발점 행동으로 예술 외적 요인들에 대한 제척을 꾀한 점은 둘을 순수예술에 위치시키는 데 결정적으로 기여했다. 그렇다면 순수예술은 구성적 개념에 불과하다. 예술이 실생활의 생활도구에서 지금의 의미로 범주화되는 과정을 살펴보면,

순수예술이라는 범주가 역사의 흐름에 따라 필연코 바뀌었다고 쉬 추측할 수 있다.

예술지상주의자들이 내세우는 '예술을 위한 예술(l'art pour l'art)'이라는 용어는 1836년 프랑스의 절충주의 철학자 쿠쟁(Victor Cousin)이 처음으로 사용하고, 동시대를 살았던 시인 고티에(Théophile Gautier)가 제창하며 널리 알려졌다. 순수예술운동이 일어나기 전후를 살펴보는 도중에 눈에 띄는 것은 "다양한 예술들이 삶의 연관으로부터 벗어나고 마음대로 지배할 수 있는 것으로 생각된 전체적인 예술이 목적과 결부되지 않는 창작이나 이해관계를 떠나 마음에 드는 영역이 되어 합리적으로 엄격한 규율 아래 일정한 목적을 지향해 실행해 가는 것을 미래의 과제로 삼는 사회생활에 대치되었다"[1]는 사실이다. 프랑스 상징주의 시인들에 의하여 주도된 순수시운동은 1930년대의 식민지 시단에서 재연되었다. 그 무렵의 식민지의 시인과 비평가들은 그것을 "1930년대 문학의 전반적 현상인 순수문학의 하위 개념으로 순수시를 이해하고 있으며, 시의 비순수성에 대한 순수성을 지닌 문학이란 뜻의 상대적 개념으로 사용"[2]하였다.

김환태는 자타가 공인하는 예술지상주의자이다. 그의 비평을 자세히 읽노라면, 예술지상주의를 구성하고 있는 세 가지 미적 토대를 발견하게 된다. 그것은 동심, 순수, 외국의 문학이론이다. 삼자는 그의 비평세계를 든든하게 정립(鼎立)시켜주는 동시에, 비평의 심미적 층위를 구성하여 다른 비평가들과 구별시켜 주는 변별적 자질이다. 세 요소가 낭만주의의 절대적 영향권에서 발아하고 개진된 것인 줄은 앞서 발표한 졸

---

1) 강대석, 『미학의 기초와 그 이론의 변천』, 서광사, 2013.
2) 김동근, 『한국 현대시 담론 읽기』, 문학들, 2020, 43쪽.

『무주문학론』

문에서 밝힌 바 있다.3) 본고는 이 중에서 깊이 논구하지 못한 소위 '순수'의 비평적 기원을 탐색하고자 한다. 순수가 한 비평가의 논리적 토대라고 한다면, 그것의 정체를 고구하여 비평사적 의의까지 아우르려는 세밀하면서도 폭넓은 논의가 요구된다. 이에 김환태가 '순수'를 비평적 심급으로 활용하여 자신의 예술주의 비평 또는 순수비평이 생리적으로 안고 있는 주관화의 오류를 극복하였던 과정을 유심히 살펴보고자 한다. 그 과정에서 부수적으로 그의 비평을 비난하는 자들이 운위하는 주관성이 상쇄되기를 바란다.

II. 비평의 순수와 순수한 문제

1. 비평, '순수한 주관'의 객관화 과정

지금까지 제출된 비평방법론은 비평의 객관성을 담보하기 위한 나름대로의 전략이라고 봐도 과히 그르지 않다. 그런 연유로 한국의 비평강좌에서 인상비평은 썩 달갑지 않은 방법론으로 치부되어 왔다. 비평을 객관적 논리라고 우기는 축에서는 인상비평의 '인상'은 제척해야 할 첫째 과제였다. 그들은 비평이란 모름지기 객관적 논리로 진술되어야 하는데, 인상비평은 비평가가 작품을 읽는 도중에 받은 '인상'을 중시하

---

3) 최명표, 「김환태 비평의 낭만주의적 성격」, 『현대문학이론연구』 제67집, 현대문학이론학회, 2016. 12, 389-408쪽; 최명표, 「김환태 비평에서 동심의 심미화 과정」, 『현대문학이론연구』 제75집, 현대문학이론학회, 2018. 2, 355-375쪽; 최명표, 「김환태 비평의 영향관계」, 『정신문화연구』 제42권 제1호, 한국학중앙연구원, 2019. 3, 204-228쪽.

기 때문에 주관적이어서 배제당해도 싸다고 말한다. 그러나 따지고 보면, 비평은 여느 예술처럼 주관적인 장르이다. 애초부터 자의식에 터한 비평이므로 주관성을 제어할 수도 없고 삭제할 수도 없다. 과격히 말하면, 세상에 발표되는 비평은 비평가의 독후감에 불과하다. 그가 평문의 쪽마다 각주를 달아서 객관성을 확보하려고 노력한다손 치더라도, 그 노력은 주관성을 은폐하기 위한 얼버무림일 뿐이다. 처음부터 비평의 주관성을 인정하면 될 일인데, 비평교실에서 배운 바를 되풀이하며 객관화된 논리인 양 드세게 나가자니 자꾸만 췌언으로 도배된다. 사실 감상과 비평은 딱히 구별될 것도 아니고 경중이나 선후를 가릴 것도 아니다.

    김환태의 비평관도 위와 유사하다. 그는 등단 초부터 "나는 비평에 있어서 인상주의자이다"(「나의 비평의 태도」)라고 선언하였다. 신인 비평가가 '인상주의자'라고 자백하게 된 전후사정이야 말할 것도 없이 카프의 이념비평 혹은 지도비평이 초래한 물의에서 찾아진다. 그는 "지금까지의 프로문학의 최대의 치명적 결점은 증오의 문학인 데 있었다"(「문예시평」)고 지적하고, "평론가란 족속은 늘 경향이니 사상이니 이런 것을 말해야 하고, 또 그리하기를 좋아하는 족속"(「신진작가 A군에게」)이기는 하지만, 비평의 지도성이란 "언제나 비평 스스로의 겸손에서 오는 것이며, 비평가의 권위는 그가 입법자나 재판관이 될 때가 아니라 작가의 좋은 협동자가 될 때에 그리고 더 나아가서는 한 작품에서 얻은 인상을 그것이 암시된 방향에 따라서 재구성하여 작품에 의존하면서도 그것에서 독립한 작품상을 만들어 보여 줄 수 있는 창작자가 될 때에 비로소 확립될 것"(「비평문학의 확립을 위하여」)이라고 말하여 '평론가란 족속'의 나아갈 길을 확언하였다. 비평가가 경향이나 사상과 거

『무주문학론』

리를 둘 요량이면 작품의 감상에 집중하지 않으면 안 된다. 그가 감상과 비평을 등가로 평가하게 된 사정이다.

나는 감상과 비평은 전연 딴 종류의 것이 아니라 비평이란 감상이 좀 더 세련된 것, 다시 말하면 감상에 반성이 더하여 그보다 좀 더 객관성과 보편성을 차부(且付)하고 있는 것이라고 생각한다. 그러면 감상이 어떻게 객관성과 보편성을 획득하여 비평이 될 수 있느냐? 그것은 주관에 철저함으로써이다. 감상하는 주관이 그 자신에 철저할진대 그 감상은 객관성과 주관성을 획득하여 비평이 될 것이다. 그것은, 순수한 주관은 순수한 객관인 것이다. 진정한 나를 보는 것은 진정한 그를 보는 것인 까닭이다. 마치 산기슭의 샘이 하늘이 비쳐 있는 것과 같이 인간 주관은 우주의 거울이요, 우주는 그의 본연의 자태를 인간 정신을 통하여 현현하기 때문이다.4)

김환태에 따르면 '감상과 비평은 전연 딴 종류의 것'이 아니고, 비평이란 기껏해야 '감상이 좀 더 세련된 것'에 불과하며, '감상에 반성이 더하여 그보다 좀 더 객관성과 보편성을 차부하고 있는 것'일 따름이다. 평소 "기쁨이란 언제나 자기목적적인 것"(「여는 예술지상주의자」)이라고 여기는 그이기에, 감상과 비평을 굳이 이분할 필요가 없었다. 그야말로 '순수한 주관은 순수한 객관'인 판이므로 주관성이 극으로 달려갈수록 객관성은 확보될 테니, 그에게 주관성과 객관성의 관계는 '진정한 나를 보는 것은 진정한 그를 보는 것'에 방불할 터이다. 그러므로 김환태에게 '나/그'와 '주관성/객관성'은 양립하는 게 아니라, 궁극적으로 합일로 나아가는 도반과 흡사하다. 그가 '인간 주관은 우주의 거울이요, 우주는 그의 본연의 자태를 인간 정신을 통하여 현현'한다고 말한 것이 그 증거이다.

---

4) 김환태, 「나의 비평의 태도」, 문학사상자료조사연구실 편, 『김환태전집』, 문학사상사, 1988, 28쪽. 이하 『전집』.

「김환태 비평의 '순수'론」

비평이 예술작품에 대한 판단으로서의 평가행위라면 의당 반성적 행위에 속한다. 미적 판단은 반성적이라서 자신의 감정을 유일한 판단 기준으로 삼는다. 마치 어린이가 자신의 판단을 옳다고 믿어 의심치 않는 것과 다르지 않다. 그는 오로지 자신의 감정에 충실한 뿐이다. 그는 그것이야말로 주관적이요 객관적이라고 믿는다. 그로서 그는 미적 쾌락에 도달한다. 그로 하여금 '판단의 자유'를 획득하여 고유한 미적 경지에 도달하도록 돕는 것은 직관이다. 직관은 반성적 사고의 요체이다. 어린이는 직관에 터하여 세계의 아름다움을 선취한다. 이 순간, 직관이 "아주 세밀한 진실이면서도 '절대'로 통하는 길이다"5)는 사실이 입증된다. 직관은 이질적/객관적인 것을 동질적/주관적인 것으로 변화시킨다. 직관에 의하여 미적 대상에 묻어 있던 불순물이 제거되어 순수한 결정만 남는다. 그것이 임마뉴엘 칸트가 말한 '순수한 아름다움'의 정체이다. 그 아름다움으로 말미암아 사람들은 어린이처럼 재현하지 않고 현존하게 된다.

김환태가 예술의 순수에 관하여 체계적으로 논평한 것은 아니다. 다만 이른바 문학의 순수성 혹은 순수비평에 대한 집요한 관심을 평문에서 내비쳤을 따름이다. 그 중에서도 「예술의 순수성 (1-4)」(『조선중앙일보』, 1934. 10. 26-31)은 그가 주장하는 순수 비평의 속살을 구경하기에 알맞고, 여느 평문보다도 더 자세히 논하고 있어서 논의 대상으로 삼기에 적합하다.6) 이 평론은 '천재와 개성', '목적의식과 사상', '예술의 감

---

5) Charles Pépin, 양혜진 옮김, 『아름다움이 우리를 구원할 때』, 이숲, 2016, 32쪽.
6) 이 말고 김환태가 순수를 표제로 삼은 평문은 「순수 시비」(『문장』, 1939. 11)이다. 그러나 이 평론은 당시 평단에서 진행되던 세대론의 일환으로 제시된 것으로, 그의 논지는 "비평에 지배되지 않는 것이 곧 순수한 문학적 정신을 파악하는 일이라고 정리한 김환태의 주장은 지나치게 비평의 역할을 축소시키는 글이 아닐 수 없다"(김영민, 『한국문학비평논쟁사』, 한길사, 1994, 521쪽)는 평가를 받을 만

『무주문학론』

동성과 사회성'으로 이루어져 있다. 셋 중에서 서론에 해당하는 '천재와 개성'을 볼 양이면, 예술의 순수성을 논하려는 그의 방향을 알아차리기에 충분하다. 그가 '천재'와 '개성'을 한데 묶어서 소제목으로 삼은 것은 스스로 표현론자인 줄 공표한 셈이다. 표현론은 생리적으로 문학작품의 창작자를 천부적 재능을 지닌 천재의 창조물이라는 낭만주의적 입론에 근거한다. 이런 점 때문에 직관은 어린이기를 증명하는 특성으로 규정되고, 문학적으로는 서정시의 생산조건으로 운위된다. 크로체는 예술적 직관은 언제나 서정적이라고 주장했다.7) 이와 같이 표현론자들은 문학 장르 중에서 시를 중시하고, 그 중에서도 서정시에 집중적으로 초점을 맞춘다.

표현론적 시각에서 보면 서정시는 시인의 천재성으로 빚어진 결정체이다. 그런 생각의 기원은 그리스에서 발상하였다. 시인을 가리키는 'poet'은 '만들다'를 뜻하는 그리스어 'poiein'에서 왔다. 그들이 보기에 시인은 무엇인가를 만드는 사람으로 보였던가 보다. 그러다 보니 시의 최고 원인을 "아리스토텔레스의 경우처럼 모방 대상이 되는 인간의 행위와 특질에 의해 일차적으로 결정되는 형성인(形成因, formal cause)도 아니고, 신고전주의 비평의 경우처럼 청중에게 경도되는 영향, 즉 목적인(目的因, final cause)도 아니며, 표현을 추구하는 시인의 감정과 욕망 속에 꿈틀거리는 충동 또는 창조주 하느님과 같이 내적 운동의 근원을 지닌 '창조적' 상상력의 추진력인 동력인(動力因, efficient cause)이다"8)고 주장한다. 시는 '"창조적" 상상력'을 동력으로 삼아서 만들어지는 개

치, 순수문학에 관한 소신보다는 문단에서 대립하던 신구 세대 작가들의 논쟁에 일회성으로 개입했다고 보는 편이 중의에 가깝다.
7) Monroe C. Beardsley, 이성훈·안원현 옮김, 『미학사』, 이론과실천, 1988, 379쪽.
8) Meyer Howard Abrams, 「비평의 이론사」, 박철희·김시태 엮음, 『문예비평론』, 탑출판사, 1995, 96-97쪽.

성의 산물인 셈이다. 시를 산출할 수 있도록 자극하는 창조적 상상력은 시인의 천재성이자 개성과 진배없다. 이것이 김환태의 평문에서 상상력과 천재성, 개성이 한몸으로 움직이는 이유이다. 왜냐하면 "상상은 천재만이 소유하는 능력이니까 가장 주관적인 것이지만, 그것의 용도는 주관의 표현만이 아니라 사물과의 완전한 공감을 이룸으로써 객관성에도 달한다"9)고 보기 때문이다. 김환태가 "시인은 시를 제작하는 기술자가 되지 말고 내적 체험의 표현자가 되어야 한다"(「표현과 기술」)고 말한 것도 궤를 같이 한다.

> 예술가의 천재나 개성은 물질적 또는 사회적 제약에서 초연하여 그 독자의 자유를 가지고 있다. 그러므로 예술가는 그의 창작 과정에 있어서도 모든 종류의 외적 요구에서 해방된 완전한 자유를 향유하지 않으면 안 된다. 이리하여 예술가의 창작 태도는 실제적도 연구적도 아닌 일종의 독특한 태도이다. 즉, 그 자신을 위하여 활동하는 자기목적인 태도요, 결코 딴 목적을 위한 수단은 아니다.10)

김환태가 말한 '모든 종류의 외적 요구에서 해방된 완전한 자유'를 제대로 이해하기 위해서는 "19세기 말 낭만주의가 일단 퇴조하고 나서 지나친 집단사회의 공익 편향의 문학관에 대항하기 위해서는 개인의 자유를 극단적으로 주장할 필요가 있었다"11)는 설명이 필요하다. 김환태의 속마음인즉, "예술가의 위대성은 시대정신과 물질적 환경을 초월하고 지배하는 그의 생명력과 상상력의 강렬의 강도에 의하여 결정되는 것"(「생명·진실·상상」), 즉 예술가가 지닌 '독자의 자유'는 사회의 물

---

9) 이상섭, 『문학이론의 역사적 전개』, 연세대출판부, 1983, 156쪽.
10) 김환태, 「예술의 순수성」, 『전집』, 22쪽.
11) 이상섭, 앞의 책, 120-121쪽.

『무주문학론』

질적 조건으로부터 받는 영향이 적다고 말할 요량이었을 터이다. 그렇지만 순수예술론이 제기될 무렵의 유럽에서는 '집단사회의 공익 편향의 문학관에 대항하기 위해서' 개인의 자유 문제가 부각되고 있었다. 전후 사정이 이럴진대, 김환태가 범한 인용의 오류는 일제의 폭력통치에 억압당하고 있던 식민지의 문단 형편을 도외시한 문제제기라는 비판에 봉착하고 만다.

그것은 김환태가 칸트의 미학이론을 따라가다가 맞닥뜨린 문제이다. 칸트는 마구공의 아들로 태어난 신분의 한계 때문이었는지, 평생 동안 정신적 귀족을 자처하는 대신에 정치와 사회문제를 철저히 외면하였다. 그것은 영국이나 프랑스에서 대중적 글쓰기가 유행이었던 풍조를 고의적으로 외면한 채, 순수예술을 옹호하면서 학문적 방언으로 취급받았던 독일어로 저술하기를 계속한 것만 봐도 이해된다. 김환태는 칸트의 이론을 둘러싼 환경을 미처 고려하지 못하고 자신의 미 이론을 수립하는 데 열중이었던 것이다. 구체적으로 그는 칸트가 "예술의 본성에 관한 문제들에 관심을 기울이기보다는, 미감적 판단의 문제들, 즉 어떤 자연 대상이나 예술이 아름답다(또는 숭고하다)라는 주장에 대한 근거와 정당화를 주된 관심사로 삼는다"[12]는 사실을 미처 헤아리지 못하였다. 이 사태에 관하여 김환태는 "문예비평은 문예작품의 예술적 의의와 심미적 효과를 획득하기 위하여 대상을 실제로 있는 그대로 보려는 인간 정신의 노력입니다"(「문예비평가의 태도에 대하여」)라고 변명할 테지만, 식민지 상황에 놓인 예술가들은 물질적이고 사회적인 제약으로부터 초연한 '독자의 자유'를 갖지 못했을 뿐더러, 창작 과정에서 '완전한 자유'를 향유할 수 없었던 게 사실이다. 더욱이 "예술작품은 작가의 개성이나

---

12) Christian Helmut Wenzel, 박배형 옮김, 『칸트미학』, 그린비, 2012, 12쪽.

예술가의 일관된 인격을 강하게 나타내 줄 때 아름다운 것이다"[13]는 점에서, 자기 초월의 양식으로서의 예술에 대한 사유를 단행하지 못한 점은 아쉬움을 남긴다.

  천재로서의 예술가가 견지하는 '그 자신을 위하여 활동하는 자기목적인 태도'는 자기만족적이란 점에서 무관심성에 닿는다. 칸트가 말하는 무관심성은 자기충족성의 표지로서 주관적 기준이다. 그것이 미를 만족시키는 조건이 되기 위해서는 모든 사람이 그 자신에게만 적용할 수 있다는 사실을 주관적 본성으로부터 승인하여야 한다. 그러므로 미적 대상은 주관적으로 아름답다고 느끼는 경우에만 아름다움의 자격을 얻는다. 미는 근본적으로 주관적인 성질을 갖고 있기 때문이다. 무관심이 아닌 관심은 미적 대상과 주체 간에 일정한 거리를 요구한다. 즉, 미적 만족을 위해서는 사회적 맥락과의 관계를 끌어들여서는 안 된다. 이 때의 만족이야말로 아름답다는 상태를 증거하는 미적 반응이다. 그것을 김환태는 '예술가는 그의 창작 과정에 있어서도 모든 종류의 외적 요구에서 해방된 완전한 자유를 향유하지 않으면 안 된다'고 말하였다. 그의 의견과 유사한 견해가 표현미학의 선구자 크로체에게서도 발견되어 아래에 인용한다.

> 미를 비평하고 인식하는 판정 활동은 분명히 미를 생산하는 것과 동일하다. 유일한 차이점이란 상황의 변화로서, 즉 하나는 미적 생산의 문제이고, 다른 하나는 재생산인 점이 다를 뿐이다. 판정하는 활동이 취미이며, 생산하는 활동이 천재이다. 그러므로 천재와 취미는 본질적으로 같다.[14]

---

13) Melvin Rader·Bertram Jessup, 김광명 옮김, 『예술과 인간 가치』, 이론과실천, 1988, 189쪽.
14) Benedetto Croce, 이해완 옮김, 『크로체의 미학』, 예전사, 1994, 214쪽.

『무주문학론』

위처럼, 크로체는 '미를 비평하고 인식하는 판정 활동'과 '미를 생산하는 것'을 동일시하였다. 그것이 상황의 변화에 따라 생산하느냐 재생산하느냐의 차이로 달라질 뿐이지, 본질적으로 양자는 같다는 것이다. 계속하여 '판정하는 활동이 취미'이고, '생산하는 활동이 천재'라고 말하는 바, 그가 말하는 취미와 천재의 본모습이 드러난다. 취미를 '판정하는 활동'으로 본 것은 그 전부터였다. 곧, "17세기에는 취미가 훨씬 광범위하게 사용되어 사회생활이나 예술에서 안목있는 선택을 할 줄 아는 능력을 가리켰다"15)는 사실은 판단력을 함의하고 있었던 줄 알려준다. 취미가 '안목있는 선택'을 할 수 있는 능력으로 뜻매김되었던 것이다. 그로서 과거의 취미 개념이 정제된 지성적 경험과 분리되어 감정적인 것부터 영적 직관이나 영감까지 포괄하게 되었다. 이처럼 취미의 의미역이 확장되는 일련의 과정은 중세 말에 시작된 사회적 분화 과정에 대응한다. 1735년 알렉산더 바움가르텐이 '미적인 것(the aesthetic)'이라는 용어를 창안하게 되면서 순수예술은 자리잡을 발판을 마련하게 되었다. 그러자 문학에서는 상상력이 강조되었고, 천재의 상상력이 발양된 창조는 자족적 행위로 공인되기에 이르렀다.

　크로체와 같은 표현론자들은 가치판단의 기준으로 자발성을 설정한다. 그들은 자발성, 곧 육체보다는 정신을 우선하는 자발성은 천재성이 개성(독창성)으로 표출된 자유한 상태를 가리킨다고 보았다. 그들의 시각은 장인-예술가에서 장인과 예술가로 분리되는 과정, 즉 순수예술이 탄생하는 과정을 살피기에 알맞다. 장인들은 규칙적이고 계산적이며 기술적이고 육체적이며, 모방하는 보수적 인물들이다. 김환태가 "모방은 개성의 쇠멸을 초래하여 예술작품으로부터 그 존재 이유를 소멸케 하

---

15) Larry R. Shiner, 조주연 옮김, 『순수예술의 발명』, 인간의기쁨, 2016, 138-139쪽.

는 것"(「예술에 있어서의 영향과 독창」)이라고 본 이유이다. 모방으로부터 분리된 예술가는 미를 생산하는 부류에 속한다. 예술가의 천재성을 높이 치지 않을 수 없는 사정이다.

이런 점에서 김환태의 '순수'는 칸트와 크로체의 미학을 추종하고 있다. 칸트는 미적 체험이 우리들에게 도덕적 교훈을 가르쳐주지 않으면서도 도덕의 행위자로서 우리가 지닌 자유를 깨닫게 해준다고 주장하였다. 순수예술을 천재의 자발적 천재성으로 인정하는 그에게 경도된 김환태이고 보면, 예술작품이 '도덕적 교훈'을 직접적으로 훈시하지 않으려면 무관심적이고 개별적이며 보편적이고 자발적이면서도 필연적이어야 한다. 김환태가 "진정한 예술가는 아직 사상에 의하여 통제되고 지배되지 않은 세계, 즉 모든 방면으로부터의 발달과 생성의 가능성이 창일한 소박한 상태로 돌아가 새로운 방법으로 인간이나 자연을 이해하기 위하여 사상의 고대에서 내려 다시 한 번 무지의 세계로 돌아가지 않으면 안 된다"고 말하면서 "예술가도 진정한 어린애가 될 때에만 외적 세계의 진정한 형상과 색채와 신비를 볼 수 있을 것이다"(「예술의 순수성」)고 부연한 이유이다. 그의 '순수' 개념이 한사코 '진정한 어린애'에 집착한 까닭은 어린이야말로 '무지의 세계'를 증명하는 유일한 주체이고 '외적 세계의 진정한 형상과 색채와 신비'를 보여주는 객체라고 인식했기 때문이었다. 이 점에서 그의 비평은 동심의 비평이라 할만하다.16)

2. 문체, '처녀적 진실성'과 '과학자적 증명'의 도구

---

16) 최명표, 「김환태 비평에서 동심의 심미화 과정」, 『현대문학이론연구』 제75집, 현대문학이론학회, 2018. 2, 355-375쪽.

『무주문학론』

한국의 문학교실에 들어가면 문체론이 찬밥 신세를 면치 못한다. 문체론을 전공한 이도 모자랄뿐더러, 관심을 갖는 이도 썩 드물다. 선학으로부터 공부하지 못했으니 후학이 문체론의 중요성을 알 턱이 없다. 문체의 중요성이 입줄에 오르내린지 오래이건만, 대학에서는 지금까지도 합당한 해결책을 강구하지 못하고 있다. 그처럼 한국의 대학 강의실에는 모자란 게 많다. 세계 10위의 경제대국이라고 자랑하는 나라인데, 그 속을 들여다보면 학문적으로는 여전히 모자라고 허술한 게 하나둘이 아니다. 그런 실정을 익히 알고 있는 교수들이 입을 다물고 있으니, 문제가 개선될 기미는 거의 보이지 않는다. 그들은 자리만 온전히 지키면 되기에, 학문의 훈련이나 진보에 소용되는 부수 조건의 확보에 무신경하다. 학문의 분화가 전적으로 학문의 발달에 대응하는 것은 아닐 테지만, 적어도 분화에 따른 연구의 다양성을 확보하려고 시도는 해봐야 마땅하다. 만약 "사람들이 평생 사용하는 단어들은 마치 자신의 손가락 '지문'과도 같다"[17)]는 말에 동의한다면, 문체론이 작가의 연구에 필요한 이유를 바로 알아차릴 수 있을 터이다.

문장은 글쓴이의 개성을 받아 문체로 태어난다. 문체는 주체의 정체성을 수록하고 있어서 흔히 '사상의 옷'이나 '표현의 양식' 등으로 불린다. 문체는 "감정적·지적 경험의 핵심에 밀착된 것"[18)]이므로 수사적 차원에서만 고려할 것이 아니라, 사상과 표현의 차원에서도 탐구되어야 한다는 말이다. 특히 문체는 글쓰기의 주체가 감당하는 현실적 조건을 받아들여 형성된다. 글의 행간에 장치된 작자의 고뇌와 번민 그리고 사

---

17) James W. Pennebaker, 김아영 옮김, 『단어의 사생활』, 사이, 2016, 11쪽.
18) John Middleton Murry, 최창록 옮김, 『문체론 강의』, 현대문학, 1992, 30쪽.

상의 흔적이 문체를 구성하는 환경적 요소들이다. 그 징후는 객관적 논리로 일관하는 비평적 글쓰기보다, 감정적 파동을 누설하기 쉬운 수필적 글쓰기에서 쉬 발견할 수 있다. 수필은 글쓴이가 심정적 긴장 상태를 이완하여 감정의 흐름을 담아내기에 제격이다. 글쓰는 이들은 이런 특성에 얹어서 자신의 처지나 의사를 은밀히 혹은 노골적으로 드러낸다. 김환태의 비평세계를 구명하는 단계에서 수필을 제외하지 말아야 할 이유이다.

> 내 고향 뒷동산에서 울던 부엉이 소리가 그치면 나는 어머님과 할머님을 따라가 작년 가을 굳게 닫아 둔 채고 있는 텃밭 문을 열었다. 그러면 언제나 동산 밑으로 높은 곳 바위배기에 연연한 봄빛이 와서 놀고 있었다. 그리고 이 봄볕에 포근히 안겨 바위 틈새에는 돗나물이 가랑잎에 묻혀 머리만 내어놓고 조을고 있었다. 어머님과 할머님이 마늘을 덮은 짚을 벗기면 나는 돗나물을 덮은 가랑잎을 손가락으로 헤치며 저도 모르게 콧노래를 부르다 조을곤 했다.19)

강추위를 피해 부엌에 들여 놓은 화분을 보다가 문득 고향의 봄이 생각나서 쓴 김환태의 회고담이다. 어린 시절의 김환태는 봄이 되자 어머니, 할머니와 함께 텃밭으로 나가서 '돗나물을 덮은 가랑잎'을 거두었다. 그가 잎을 치움은 '마늘을 덮은 짚'과 이어지며 단란한 가족의 봄맞이를 구성한다. 세 사람이 빚어낸 텃밭에서의 풍경화는 '높은 곳 바위배기에 연연한 봄빛이 와서 놀고', '나는 돗나물을 덮은 가랑잎을 손가락으로 헤치며 저도 모르게 콧노래를 부르다 조을곤 했다'는 술회로 평화해진다. 이처럼 김환태에게 고향은 기억마저 온전한 원시적 장소로 호명된다. 무주는 그의 비평세계로 들어가기 위해서 필히 거쳐야 할 상징

---

19) 김환태, 「화분」, 『전집』, 337쪽.

『무주문학론』

공간이 된 것이다. 그 이면에는 그가 식민지 청년이라는 사실이 자리하고 있다. 그는 고향을 잃은 실향민이면서, 나라마저 빼앗긴 원주민 자녀일뿐더러, 식민자의 고도를 찾은 유학생이며, 식민제국주의자들의 언어와 문학을 배우는 학생이었다.

이런 측면에서 산문 「경도의 3년」은 김환태의 비평적 자의식을 점검하기에 알맞은 관문이다. 그가 도시샤대학에 진학하게 된 것은 친구 때문이었다. 당초 그는 도쿄를 가는 도중에 고향 친구들을 만나려고 교토에 내렸다가 친구와 떨어지기 싫은 터에 '전려우아(典麗優雅)한 이 옛도읍'의 매력에 끌려 주저앉고 말았다. 교토에서 그는 커다란 두 사건과 조우하였다. 하나는 '나로 하여금 처음으로 사랑의 괴로움을 알게 한 ×××'와의 만남이고, 다른 하나는 정지용과의 사교이다. 전자는 김환태에게 첫사랑의 괴로움을 깨닫게 해주었다. 그녀가 누구인지보다는 유학지에서 사랑을 만났으나 실패했다는 사실이 중요하다. 그는 1922년 2월 전주고등보통학교로 진학하기 전에 어머니를 잃었다. 스스로 "가장 아들을 사랑하는 것은 어머니"(「상허의 작품과 그 예술관」)라고 공언한 그이고 보면, 어머니에 대한 그리움은 자별했을 터이다. 그 후 그는 1928년 4월 교토의 도시샤대학에 들어가서 만난 여자와 사랑에 빠졌다. 어머니와의 사별로 패인 빈자리를 그녀가 대신해줬을 개연성은 상당하다. 하지만 그녀는 이별하여 그에게 공허감을 배가시켰으며, 외지에서 맞게 된 외로움은 층층이 쌓여 갔다.

이때 만난 정지용은 구원자였다.[20] 두 사람이 쉬 가까워질 수 있었던 것은 낯가림이 심한 김환태를 선배의 아량으로 안아준 정지용의 여유

---

[20] 김환태와 정지용의 숙명적 관계에 관해서는 최명표, 「김환태 비평의 낭만주의적 성격」, 『현대문학이론연구』 제67집, 현대문학이론학회, 2016. 12, 389-408쪽.

였다. 그는 김환태보다 일찍 '향수'를 느끼고 타국살이의 외로움을 먼저 체험한 선배로서, 신입생 환영회에서 '눌언'하던 김환태에게서 동질감을 찾아냈다. 이것만 보더라도 향수와 외로움은 이질적인 듯하나, 실은 유사감정인 줄 알 수 있다. 둘 다 대상의 부재로 인하여 발생한다는 점, 영원히 지속되는 불만족 상태를 인지한 뒤에 생겨난 점 그리고 그리움을 데불고 온다는 점에서 두 가지는 욕망에 대한 욕망이라고 봐도 그르지 않다. 둘은 두 사람의 사이를 긴밀하게 만들어주었고, 두 사람은 둘을 공유하면서 향수와 외로움이 하나라는 사실을 나눠 가졌다.

또 정지용은 김환태에게 영문학도의 피해의식을 전하며 극복하는 방도를 일러주었다. 그것은 유년기와 고토의 간단없는 소환이었다. 외국에서 열린 신입생 환영회에 나갔다가 과묵한 김환태를 발견한 정지용은 동시 「띠」와 「홍시」를 들려주면서 낯섦을 무너뜨렸다. 나중에는 김환태를 상국사 뒤의 묘지로 데리고 가서 시 「향수」를 읊어주어 향수에 빠뜨렸다. 결국 그는 '향수에 못 이겨 곧 하숙으로 돌아가기를 싫어하는' 김환태를 데리고 찻집에 가서 칼피스를 사주며 향수를 주고받으며 달래주었다. 그 일을 계기로 두 사람은 친밀한 관계를 맺게 되거니와, 둘 사이를 '소울음'이 잇고 있다. 정지용이 "해설피 금빛 게으른 울음"(「향수」)을 포착하여 소리의 시각화를 꾀했다면, 김환태는 "해설픈 소울음"(「내 소년시절과 소」)을 들으며 '내 소년시절'을 생각한다. 선후배가 소울음을 매개로 고향과 어린 시절을 소환하는 것이다. 이와 같은 정서의 기막힌 조응은 식민 제국주의자들의 문학을 공부하지 않으면 안 되는 학습환경이 조성하였다.

외로움은 주체가 타자인 줄 미처 인식하지 못하여 발생한다. 주체는 모든 관계의 시작이자 중심인 듯 보이나, 관계를 구성하는 담지자에 지

『무주문학론』

나지 않는다. 그러므로 "'나'라는 존재자의 존재론적 토대인 존재 자체는 그리하여 전적으로 나의 통제 능력을 벗어나 있다는 점에서 타자"21)이므로 관계가 구성적 계기인 셈이다. 김환태는 식민지 종주국에서 공부하는 과정에서 식민지인으로서의 자괴감을 절감하게 되고, 영문학을 전공하면서 피식민자의 도저한 절망감을 체감하게 되었다. 그 장소가 제국의 옛 수도였던 교토라는 사실은 역설적이다. 신식 문명으로 뒤덮인 새 수도 도쿄가 아니라, 구식 유물이 상존한 교토에서 식민지 유학생의 비애를 느꼈다는 사실은 식민제국주의가 대상을 불문하며 전통과 현대를 구분치 않는 포식성을 지닌 줄 폭로한다.

그리움은 외로움의 필수조건이다. 사람이나 사물을 그리워하는 사람은 외롭다. 외로움은 후천적인 결손에 의하여 발아하므로 주체를 결손 요소가 발생하기 이전의 시간으로 이끈다. 외로움이야말로 주체의 자의식을 구성하는 제일가는 자질인 셈이다. 그로 생겨난 자의식은 정지용의 시편과 김환태의 평문에 삼투되어 식민지 문학도로서의 정체성을 잃지 말도록 제어하였다. 두 사람은 자신들의 조국을 침략한 제국주의 국가에서 유학하며 제국주의 학문인 영문학을 배우는 탓에 여느 사람들보다 외로움을 탔다. 그들의 외로움은 식민지의 지식 청년이기 때문에 피할 수 없는 숙명이었다. 곧, "한 사람이 한순간이든 평생이든 외로움을 느끼느냐 그렇지 않느냐는 문제는 그 개인이 처한 사회적 환경에 좌우된다"22)는 점에서 김환태를 과묵한 사람(눌인)으로 만들기에 충분했다. 이 사실은 혼자 있어도 외롭지 않은 아랫글에서 명료히 목격할 수 있다.

---

21) 오흥명, 『감정의 형이상학』, 책세상, 2019, 138쪽.
22) John T. Cacioppo·William Patrick, 이원기 옮김, 『인간은 왜 외로움을 느끼는가』, 민음사, 2016, 37쪽.

강변에서 혼자 우두커니 먼 산만 바라보고 서서 염불만(소가 반추하는 것을 보고 어머님에게 소는 왜 늘 입을 저렇게 놀리고 있느냐고 내가 물었을 때, 그것은 소가 죽어서 극락으로 가려고 염불을 하는 것이라고 가르쳐주었다) 하고 있던 소는 제 이 작은 주인을 보자 뒷발을 두어 번 하늘로 쳐들고 뛰었다. 이래서 나는 소와 아주 친한 동무가 되었다.
가을이 되자 나는 머슴을 따라다니며 겨울 먹일 소풀을 뜯어 말렸다.
겨울에는 여물을 썰고 소죽을 쑤었다.
그랬더니 이듬해 첫봄에 소가 새끼를 낳았다. 나는 동생을 보던 날처럼 기뻐 밤새도록 자지 못했다.
이 시절이 나의 가장 행복했던 시절, 내 마음의 고향이다. 돌아가신 어머님 생각이 날 때면 그 시절을 생각한다. 그리고 소를 생각한다. 고향이 그리울 때면 그 시절이 그립다. 그리고 소가 그립다.23)

외로움은 "타인과의 연결 욕구가 충족되지 않았다는 사실에 대한 정서적 반응"24)이다. 주체는 '타인과의 연결'이 이루어지지 못한 현실을 체감하고 외로움을 내면화한다. 그것은 그의 자의식을 강화시켜주기에 충분하다. 김환태는 소를 매개로 자연과 교감하고 외로움을 근절한다. 소를 볼 수 없는 지금-여기는 '나의 가장 행복했던 시절'과 판이하다. 그는 '아주 친한 동무'가 없어서 외려 '아주 친한 동무'였던 소와 같이 했던 시간을 회억하는 것이다. 그러므로 향수는 "인간들로 하여금 과거의 장소와 사람을 기억하게 하고 이를 통해 연대감을 갖게 한다"25)는 점에서 사회적 감정이다.
김환태가 고향을 그리워하는 수필을 발표할수록 피식민지민의 비애는 강화되는 셈이다. 그는 단지 이것을 어른스럽게 우회적으로 은근히 표백하고 있다. 아마 사진의 굳게 다문 입술이 실제 상황의 대체물일

---

23) 김환태, 「내 소년시절과 소」, 『전집』, 328-329쪽.
24) Lars Svendsen, 이세진 옮김, 『외로움의 철학』, 청미, 2019, 17쪽.
25) Daniel Rettig, 김종인 옮김, 『추억의 모든 것』, 황소자리, 83쪽.

텐데, 그는 건조한 평문에서는 이런 모습을 나타내지 않고 은폐한다. 그처럼 김환태는 문종에 의탁하여 심정적 발언을 달리하는 글쓰기 습관을 보여주었다. 그러니 그의 평문이 얌전할 수밖에 없다.

김환태의 비평적 출발점이 소와 놀던 소싯적에 있다는 사실이야말로 평문의 성격을 좌우한다. 소가 순박한 초식동물이듯, 그의 평문을 읽노라면 행간마다 '소'처럼 순직한 자세를 견지하고 있다. 그것은 주인의 추억담을 도포해버린 소의 충직한 우정에서 남상한 것이다. 게다가 소의 되새김 행위를 '극락으로 가려고 염불을 하는 것'이라고 말한 어머니의 전승담은 이승에서 소처럼 타인을 위해 온몸을 희생하는 삶이야말로 '극락'으로 가는 최소조건인 줄 김환태에게 학습시켜주었다. 그의 어릴 적 경험들이 모여서 자칫 건조하기 십상인 평문에 설화적 요소를 끌어들여 단조함을 덜했다. 그 덕택에 그의 글쓰기는 식민지적 상황과 유리되지 않았다.

이와 같은 환경 속에서 성장한 김환태의 평문이므로, 자신의 주장은 배면에 은닉한 채 작품이나 작가의 장점을 돋보이게 하느라 고심하는 자세가 연상된다. 그 모습은 "언제나 작가의 입법자가 되고 재판관이 되려 하였"(「작가·평가·독자」)던 전대의 비평가들과 달리 "작가의 좋은 협동자"(「비평문학의 확립을 위하여」)가 되기를 갈망하던 '예술지상주의자'의 품격이다. 이 점만 보아도 그가 "작가는 현실의 초상화를 그리고, 평가는 작품의 초상화를 그린다"(「작가·평가·독자」)는 신념을 궁행하느라 진력한 비평가인 줄 알 수 있다.

이것이야말로 김환태가 작가에게 경의를 표하는 방식이고, 비평적 정체성을 안팎으로부터 인증받는 방법이었다. 그 점에 주목한 박영희는 '문장으로 본 그들의 인상'이라고 부제를 단 「현역 평론가의 군상」에서

「김환태 비평의 '순수'론」

김환태와 임화의 평문에 내장되어 있는 고유한 자질을 추출하여 비교한 바 있다. 그의 분석이 아니어도 둘은 여러 모로 대조적이다. 두 사람은 활동 반경만큼이나 이질적인 평필을 선보였다.

서울에서 태어나 고학하여 유수한 비평가로 입신한 임화와 궁벽한 산골 출신으로 일본에 유학하여 영문학을 공부한 김환태는 성장 배경이 다르다. 임화가 시와 비평은 물론이고 영화와 문단에까지 영향력을 폭넓게 발휘하며 정치적 역량을 내외에 자랑했다면, 김환태는 소설이 입선되었으면서도 오직 비평으로 일관하였다. 또 임화가 월북 후 비극적 최후를 맞기까지 시류에 적절히 대응하며 글쓰기를 이어갔다면, 김환태는 짧은 동안의 평론 활동 외에 다른 일을 벌이지 않았다. 임화가 투철한 이념에 바탕하여 전투적 평론을 발표했다면, 김환태는 선구적인 외국문학 이론으로 차분한 논리를 전개했다.

이러한 대조적 양상에 주목할 때, 박영희를 좇아서 임화의 것이 "문장 스스로가 단조와 경쾌에 공격의 박차를 가하야 그 초조한 품이 낙엽의 화세(火勢)와도 방불"하여 비평가를 영도자의 위치에 둔 저돌적인 동물성 글쓰기라고 한다면, 김환태의 것은 작가를 앞세운 겸양적인 식물성 글쓰기라고 명명할 수 있다. 사실 임화의 평문은 "강렬한 이미지의 단어와 내포가 큰 용어를 사용하는가 하면, 단락 구성에 있어서 '한 문장 단락'을 가장 많이 사용하는 특징"26)을 보인다. 그러한 점이 그의 비평적 공격성을 도드라지게 지원한다.

두 사람의 대조적인 글쓰기 방식이 비평적 신념을 가르는 잣대였고 자기검열의 척도였을 터이다. 그처럼 두 비평가의 사이에는 허교하기 힘든 거리가 놓여 있었다. 박영희는 명민한 비평가답게 그 근거를 두

---

26) 이병헌, 『한국 현대비평의 문체』, 고려대 민족문화연구소, 2001, 175쪽.

『무주문학론』

사람의 평문에서 찾아내었다. 그의 선별안이 옳고 그르냐를 떠나서 당대의 대립하는 평점을 명확하게 적시한 이는 드물었다.

> 그(김환태: 인용자)의 문장은 계류(溪流)를 여페 끼고 끗업시 뻐친 순탄한 초원을 밟는 것처럼 가고 가도 풀이요 듯고 들어도 물소리의 침정(沈靜)과 단조(單調)가 떠도는 듯한데 그 단조라는 것은 단일한 단조가 아니라 동일한 것이 중복되여서 생기는 단조—피로한 듯시프나 이 피로는 초원을 씨치는 미풍처럼 곳 지내가고 만다. 극히 소허(少許)의 권태가 떠돈다 할지라도 결코 쇠약함이 업는 문장의 건강한 상태가 그의 문장의 특색이며 성격이다. 그것은 성심과 열의가 가득 차서 문장 스스로가 자기 건강을 유지하게 되는 견고한 의지가 잇다. 미지한 점이 잇슬 때 남에게 의심을 밧게 될 듯할 때에 그의 문장은 처녀적 진실성과 과학자적 증명을 가지고 논명(論明)하기에 열중하기 때문에 논적을 묵살하는 위엄과 필진을 모라가는 태풍적 무력이 업슴은 필연의 사세(事勢)라고 볼박게 별 수 업다.27)

박영희가 보기에 김환태의 비평은 '계류를 여페 끼고 끗업시 뻐친 순탄한 초원을 밟는 것처럼 가고 가도 풀이요 듯고 들어도 물소리의 침정과 단조'로 일관한다. 그 단조는 중복적으로 출현하여 권태롭기조차 하나, '쇠약함이 업는 문장의 건강한 상태'를 유지하고 있는 것도 사실이다. 그것은 김환태의 특유한 '성심과 열의'에 바탕한 '처녀적 진실성과 과학자적 증명을 가지고 논명하기에 열중'하는 비평적 엄숙성으로부터 나온다. 그러나 그것은 단조한 평문을 낳게 된 '필연의 사세'인 바, 박영희가 김환태의 문장을 일컬어 '논전에 사용될 것이라 하기보다는 남의 작품이나 사상을 연구하는 데에 필요한 문장'이라고 가른 것도, 결국

---

27) 박영희, 「현역 평론가의 군상—문장으로 본 그들의 인상」, 이동희·노상래 편, 『박영희전집』 IV, 영남대출판부, 1997, 228쪽.

「김환태 비평의 '순수'론」

'필진을 모라가는' 힘이 없다고 보았기 때문이다. 이처럼 요약할 수 있는 박영희의 견해는 날카로운 비판을 행하지 않고서도 김환태 비평의 장단점을 요령있게 간취하고 있다. 박영희가 찾아낸 '처녀적 진실성'이 김윤식에 포착되어 "처녀적 순수성의 문체"28)로 재서술되기에 이른 것은 익히 알려진 사실이다. 김환태가 "문학의 인생에 대한 효용을 문학의 선동성, 계몽성에서가 아니라 문학이 우리에게 주는 그 기쁨 속에서 찾는다"(「여는 예술지상주의자」)고 공언할 때, 참다운 문학이란 '선동성, 계몽성'을 삭거하고 난 후에 문학의 본연만 남은 상태를 가리킨다.

그것이 바로 문학의 '처녀적 진실성'이다. 그가 주창한 예술지상주의는 '순수' 외의 모든 보풀들을 제거한 것으로, 앞선 카프 비평가들이 '선동성, 계몽성'을 내세워 문학성보다는 정치적 주장을 우월하게 인정했던 지도성을 제척한다. 그러므로 그가 비평가로서의 위상을 확보하고 비평의 미학적 전거를 확보하기 위해서는 순수한 상태의 문학을 추구할 수밖에 없었다. 김환태가 한사코 작가에게 앞자리를 양보하고 뒤에 서려고 한 것도, 따지고 보면 외부의 간섭을 극도로 배제하고 주관의 순수성을 극단으로 밀고 나감으로써 비평의 심미적 설자리를 마련하고 싶었던 전략적 태도였다고 평할 수 있다.

III. 결론

앞에서 살핀 바와 같이, 김환태가 '순수비평'으로 여일한 것은 전적으

---

28) 김윤식, 「순수문학의 의미—눌인 김환태 연구」, 『근대 한국문학 연구』, 일지사, 1994, 440쪽.

『무주문학론』

로 비평적 신념을 고수하기 위한 방책으로 판명된다. 그는 한 순간도 비평의 '순수성'을 의심하지 않았는데, 그것은 전대의 카프 비평가들이 물려준 비평의 '비순수성'에 대한 반동적 몸짓이었다. 그는 소장 비평가로서 카프의 재단비평적 편가름에 동조할 수 없었다. 그것은 도리어 외세에 강점된 비극적 환경을 복제하여 평단을 피아로 이분하는 것과 흡사했기 때문이다. 그러므로 그의 평문에 '논적을 묵살하는 위엄과 필진을 모라가는 태풍적 무력이 업슴'은 필연이었다. 김환태는 임화처럼 '공격의 박차를 가하야 그 초조한 품'에 관심을 둔 비평가가 아니었다. 그는 "진정한 작가란 가장 불행한 종족"(「순수 시비」)인 줄 알고, 작가에 대한 영도비평이나 작품의 비판보다는 자신의 비평적 성숙을 꾀하느라 부심하였다.

이와 같은 글쓰기는 김환태가 시대적 환경으로부터 문학예술의 '순수'를 옹호함으로써, 비평적 신념의 '순수'를 보전하려는 '견고한 의지'의 발현이었다. 비록 객관적 정세의 위세와 일찍 찾아온 병마에 구속되어 구체적 성과로 완결되지 못한 채 "상징의 화원에 노는 한 마리 나비"(「평단 전망」)의 꿈에 머물고 말았으나, 김환태가 지향한 '순수'는 비평적 글쓰기의 고향이었던 동심의 시절을 향한 향수의 표지였다. 그는 자신의 글쓰기가 갖는 시대적 의미를 강조하고자 "문학사가는 문학사의 방법론에서 인상주의를 거부할 것이 아니라, 아는 것과 느끼는 것을 혼동하지 않고, 느끼는 것이 아는 것의 정당한 수단이 되게 하기 위하여 인상주의를 적당히 조정하도록 힘쓰지 않으면 안 된다"(「랑송 문학사의 방법」)고 주장했다. 비록 이른 병사로 망각되고 말았으나, 김환태는 인상주의를 방법론으로 삼은 문학사가의 역할까지 감당할 요량이었던 것으로 보인다.(『눌인문학』 제10집, 눌인문학회, 2021. 11)

「김환태 비평의 '순수'론」

제3부 시인론

덕유산록이 키운 시인
—정훈론

I. 서론

　요즘 들어서 지자체마다 저명작가를 기리는 움직임이 이는 추세이다. 다들 먹고 살만해진 덕에, 이전에는 무관심했던 문화 분야에 예산을 투입하기를 삼가지 않는다. 그것이 노리는 바는 분명하다. 지역의 문화 수준을 상향하여 지역민들의 자긍심을 함양하려는 데 있다. 그 와중에서 돌출하는 문제점은 하나둘이 아니다. 지역에 거류하는 작가와 출향 작가 간의 갈등이 으뜸이다. 거기에 덧붙여 지역에서 태어나지 않았으나, 지역에 살면서 문학 발전에 기여한 작가의 처리 문제도 내홍을 만든다. 셋 중에서 이런저런 이유로 지역을 떠난 작가들은 여러 가지로 손해를 본다. 그 지역에 영향력을 행사하기 어려울뿐더러, 그곳에 거주하는 작가들은 텃세를 부리며 출향한 작가들의 늦은 귀향을 달가워하지 않는 까닭이다. 후자의 그 속셈은 출향 작가의 문학적 성과가 자신들보다 낫기 때문에 발작한 시샘에 불과하다. 행여 자신들이 들어갈 자

『무주문학론』

리에 그들이 들어오면 문학관의 한정된 자리가 사라지기 때문에 벌이는 옹졸한 추태이다.

　물론 시인의 탄생지나 거주 여부는 문학관의 입주자 선정 단계부터 중요히 다뤄져야 맞다. 그것은 지역의 정체성을 드러내고 싶은 문학관의 설립 취지에 일정 부분 부합하는 것이 사실이다. 또 그의 시를 이루는 상상력의 뿌리를 알아볼 수 있을뿐더러, 예산을 거머쥔 지역 의회와 그것을 집행하는 관청의 승인으로 실시되는 현양사업의 이행에 다대한 영향을 끼친다. 하지만 예나 지금이나 태생지를 벗어나 활약하는 시인들이 허다한 게 사실이므로, 이 잣대는 전적으로 타당한 것은 아니다. 더욱이 당해 시인이 심정적으로 인식한 고향은 태생지가 아니라고 부인하고, 시작의 정서적 기반을 제공해 준 곳을 고향이라고 자인한 경우라면 논의가 분분해져야 마땅하다. 이에 해당하는 시인으로 정훈을 들 수 있다.

　정훈(素汀 丁薰, 1911~1992)은 충남과 대전문단의 선구자로 공인받는 시인이다. 그의 업적에 관해서는 그 지역의 연구자나 작가들이 하나같이 인정하고 있다. 그만치 정훈의 발걸음이 선진적이었고, 행실이 남들의 비난을 물리칠 정도로 무던했던 줄 짐작할 수 있다. 전자는 그가 이교탁과 원영한 등과 힘을 합쳐 1945년 향토시가회를 조직하고, 그 지역에서 나온 최초 잡지 『향토』의 문학 부문을 담당한 것을 시작으로 1946년에는 박희선, 박용래와 동백시회를 창설하고 『동백』을 창간하였을 뿐만 아니라, 1951년 호서문학회(동인지 『호서문학』), 1960년 학생 중심의 머들령문학회, 1978년 차령시조시문학회(동인지 『차령』), 1979년 가람문학회(동인지 『가람문학』) 등의 동인지를 꾸준히 발간함으로써 충남과 대전문단의 초석을 놓은 공으로 얻은 평가이다. 후자는 1945년 9월

「덕유산록이 키운 시인-정훈론」

계룡의숙을 설립하고 나서 "인적 자원이 부족한 현시에 있어서 국가적 견지로 보나 국가 경제 혹은 개인 경제로 보나 지식 수준으로 보나 연령으로 보나 대중화할 수 있는 고등교육기관 즉 민중대학의 창설"(「창립 1주년을 맞이하여」)이 필요하다고 인식하여 호서민중대학으로 발전시키고, 1948년 학장직에 취임하여 성인교육에 헌신한 사실과 1994년 시비를 건립할 때 그곳의 여러 작가들이 참여한 면면으로 추정할 수 있다.

이만하면 대전과 충남 지역의 문단을 언급할 적마다 정훈이 맨처음에 등장하는 이유를 수긍할만하다. 그가 남보다 앞장서 궂은일을 마다하지 않은 덕택에 지금의 충남과 대전지역의 문단이 바로 설 수 있었으니, 앞에서 공치사는 못할지언정 뒤에서 비난할 사람을 찾아보기 힘들어진다. 실제로 그의 사후에 원광대학교에 재직하던 채규판의 알선으로 원불교 서적의 출판을 전문하는 원불교 부설 출판사에서 『정훈시전집』(동남풍, 2002)이 나온 해에 『대전매일신문』이 '정훈문학상'을 제정하고, 그의 탄생 100주년을 기념하여 리헌석이 『정훈시읽기』(오늘의문학사, 2010)를 내고, 여러 명의 후학들이 평론과 연구물을 다투어 발표하는 것을 보노라면, 그 지역에서 두루 존경받는 시조시인인 줄 알게 된다. 그것은 그만큼 그가 그 지역에 기여한 공적이 현저하다는 반증일 테다.

그렇지만 정훈의 본적지는 전라북도 무주군 안성면 금평리 궁대마을이고, 그는 어릴 때 잠깐 살았던 그곳을 고향으로 인식하였다. 그렇다면 이것을 근거로 그의 시업에 대한 후속 평가가 단행되어야 맞을 터이다. 특히 그가 "굴욕과 鬱憤의 이 땅"(「彗星은 나타나리라」)에서 "목통이 터지도록 아픔 悲憤"(「피 맺힌 年輪」)에 통곡하던 제2, 제3, 제4 시집을

『무주문학론』

넘어 제5 시집에서 심신의 안정을 얻기까지, "장다리 노랗게 핀 밭머리에도 종달새"(「하늘은 높고」) 우는 금평뜰을 시로 묘사하던 초기시에서 자연친화적 서정을 찾아내고 자신의 시세계로 확정한 점은 각광받아야 한다.

II. 고향의 비정과 사향의 시세계

1. 고향과 출생지의 문제

정훈의 본명은 갑수(甲秀)이다. 그는 충남 논산시 양촌면 인내리에서 정영창(丁永昌)과 송정회(宋貞會)의 장남으로 태어났다. 그 후 그는 무주 안성, 진산, 진안 등지에서 생활하다가 대전에 정착하였다. 정훈은 세 번을 결혼하여 슬하에 4남 2녀를 두었다. 둘째 부인과의 사이에서 얻은 장남 정병우는 '정신'이란 필명으로 시작하기도 했다. 그의 문재가 후대까지 이어진 셈이다. 삼남 정병선은 정훈의 선대부터 대물림되어 오던 한약방을 운영했다. 정훈의 조부 정대현은 안성에서 한약방을 운영하던 중에 논산으로 분가한 아들이 조서하자, 손자 정훈을 안성으로 불러 서당에서 한학을 배우도록 배려하였다. 정훈은 그때 만난 경산을 "덕유산자락 밑에서/한 사리를 사셨니다"(「추도사—耕山 스승님」)고 추모했거니와, 어릴 때 익힌 한학이 그의 행동거지를 제어하고 시조로 나아가도록 추동했을 터이다. 정훈은 1992년 8월 대전에서 생을 마친 뒤 금산군 복수면 신대리묘원에서 영면하고 있다.

논의를 진척시키기 위해서 정훈의 호적사항 중에서 두 가지를 주의

「덕유산록이 키운 시인-정훈론」

깊게 살펴보자. 하나는 그의 출생연도이다. 호적에는 1910년으로 올랐으나, 이것이 틀렸던지 그는 훗날 1911년으로 바로잡았다. 예전에는 유아사망률이 높은 탓에 부모들이 출생신고를 몇 년 뒤에 하는 일이 빈번했고, 호적 업무를 담당하는 서기가 손글씨로 기입하던 시절이라서 출생연월일이나 성명의 한자 등을 오기하는 일이 빈번했던 줄 떠올리면 크게 문제될 것은 아니다. 더욱이 그가 공직생활을 안 해서 정년퇴임일을 산정할 일도 없었으니, 예삿일로 쳐도 무방할 듯하다. 그는 1952년 호적명 정갑수를 버리고 정훈으로 개명하였다. 이것도 크게 관심할 점은 아니다.

다른 하나는 연구자들이 괄목할 사실로, 호적의 출생지와 실제 태어난 곳이 다르다는 점이다. 호적에는 정훈의 탄생지가 전북 무주군 안성면 금평리 1,914번지로 나타나 있다. 그가 논산에서 태어났다고 자술하고, 자서전적 작품에서 "연산땅 어느 드메에서 칠대 독자로 태어났다"(「자서초」)고 인정한 것을 보면, 출생지가 논산인 것은 사실일 테다. 그런데 호적에 그를 올리면서 안성으로 적은 것도 부인할 수 없는 사실이다. 그의 출생지가 안성으로 적힌 이유는 1913년 세 살 때 조부가 거주하던 금평리로 이사 온 후에 입적해서 생겨난 것으로 보인다. 출생신고를 지금처럼 바로 하지 않았던 옛 풍조와 선대의 출생지를 본적지로 삼아서 등재하던 예전의 관례를 감안하면, 이 안이 신빙성이 높을 터이다. 이 점과 관련하여 정훈이 아래에 속사정과 속마음을 뚜렷이 밝혔으니 경청해야 한다. 연구자들은 이 점을 외면하거나 왜곡해서는 안 된다. 적어도 시인의 의사를 존중하는 자세가 연구자들의 취해야 할 필수덕목이기 때문이다.

『무주문학론』

대둔산이 멀리 보이는 논산땅 인내(楊村)에서 태어났고, 세 살 때 무주 덕유산록에 있는 금평이라는 마을로 이사를 했다.

이곳은 피난처라고 전국 각처에서 모여들어 부락을 형성한 신생 마을이다. 우리는 그런 바람을 타고 간 가족의 하나였다.

금평리(원 궁대리)에서 4~5년을 살다가 부친상을 당하자 조부가 계시는 대전으로 이사할 수밖에 없었다. 대전에서 오늘에 이르도록 60여년을 살았다.

왜정 말기에 내 나이 30세 전후하여 약 4년 동안 천비산 선영 산하로 소개를 했다. 그곳에서 8·15 민족해방을 맞이했다. 그해 9월 대전 집으로 와서 오늘에 이르렀다.

어쩐 일일까. 소년시절 덕유산록에서 살던 시절을 잊을 수가 없다. 감수성이 빠르고 사리를 분별하기 어려운 때라 천진난만하게 자연 속에서 뛰어놀고 마냥 즐겁기만 한 시절이었다. 일생을 통해서 가장 행복한 시절일지도 모른다.

내가 30세 전후해서 천비산록에서 4~5년 살아오는 동안은 일제가 전시체제를 빙자하여 인력 공출, 농산물 공출, 할 것 없이 가위 농촌은 폐허에 가까웠다. 그들의 학정은 이루 말할 수가 없었다. 비료 쓰는 콩깨묵을 먹고 베, 콩, 보리, 밀, 할 것 없이 공출해야 했고, 인력 동원으로 어린 처녀까지 정신대로 끌려갔다. 송탄유(松炭油)를 짜기에 소나무는 말라붙고, 백성들은 가위 산송장처럼 영양부족으로 쓰러질 지경에다 8년 동안 흉년으로 우리는 비참한 생명을 영위할 수밖에 없었다. 생각만 해도 소름끼치는 나날이었다.

이같이 내가 살아온 소년시절과 청년시절에 겪은 희비가 엇갈린 경우 속에서 살아온 생활 감정에 맞힌 영향이 자못 컸으리라고 믿는다.

대전에서 살아온 54~5년이로되, 한 번도 고향 같은 정을 느껴본 적이 없다. 소년시절에 살던 덕유산록이 고향만 같아서 때때로 향수에 젖곤 한다. 나와 자연은 서로 피가 통하는 것만 같다.

내 작품 중에서 향토색이 짙은 것도 소년시절에 경험한 산촌 생활이 항상 뼈와 마음에 사무친 데서 연유할 것이리라.

앞으로 시선집을 펴낸다면 『백의 서정』, 『산촌서정』으로 제하리라고 뜻을 늘 갖고 있다.(「내 생애와 산촌」)

「덕유산록이 키운 시인 – 정훈론」

앞으로 펴낼 시집의 제목조차 산촌 생활의 추억으로 도배할 예정일 만큼, 정훈은 덕유산 기슭에서 보냈던 기억을 잊지 못한다. 그는 논산에서 출생 한 후 '세 살 때 무주 덕유산록에 있는 금평이라는 마을로 이사'하여 '4~5년을 살다가 부친상을 당하자 조부가 계시는 대전으로 이사'하였다. 이 진술을 곧이곧대로 해석하면 사실이 오해할 소지가 있어 바로잡는다. 그의 조부는 안성에서 한약방을 경영하였고, 생부는 논산으로 제금나 살다가 정훈을 낳고 졸서하였다. 이에 조부는 4살 먹은 정훈 모자를 안성으로 불러들여 건사하였다. 그 기간이 4~5년이라니, 정훈의 나이로 8~9살 쯤이고, 안성에서 국민학교에 입학했다가 떠났다. 그가 대전의 삼성공보에 3학년으로 편입했다고 하니, 안성공보에서 2학년까지 다니다가 1923년 쯤 전출한 것으로 보인다. 정훈이 "아버지 부른 아픈 소리"(「모촌 애경」)보다는 "홀로 계신 어머니"(「恨詞」)를 자주 부르고, 시집 『거목』의 제1부를 '사모초'로 정하게 된 배경이다. 조부는 7대 독자인 손자의 장래를 위해 대처로 나가기로 결심하고 대전에 터를 잡아 한약방을 차려서 정훈이 활동지를 대전으로 삼게 만들었다.

정훈이 '소년시절 덕유산록에서 살던 시절을 잊을 수가 없다'거나 '소년시절에 살던 덕유산록이 고향만 같아서 때때로 향수에 젖곤 한다'고 거푸 회상할 만치, 안성에서 보낸 어린 시절은 시세계에 강력한 영향을 끼쳤다. 스스로 '내 작품 중에서 향토색이 짙은 것도 소년시절에 경험한 산촌 생활이 항상 뼈와 마음에 사무친 데서 연유할 것'이라도 단언하고, 틈날 적마다 "첩첩 山中으로 가자"(「첩첩山으로」)고 노래할 정도로 정훈은 틈날 적마다 "간절한 懷鄕"(「懷鄕」)을 꿈꾸었다. 그의 회향은 이런저런 이유로 '회향(回鄕)'되지 못하였으나, "못바리는 내 고향"(「못바리는 내 고향」)에 대한 회향심은 노년까지 끈질기게 이어졌다.

『무주문학론』

정훈은 1937년 11월 『자오선』에 시 「六月空」을 발표하면서 시작에 나섰다. 그 뒤로 "이제부터 참말로 시를 쓰고 싶다"(「자서」, 『산조』)고 자신을 채찍하면서 시쓰기에 진력한 그는 『머들령』(계림사, 1949), 『破笛』(학우사, 1954), 『碧梧桐』(학우사, 1955), 『피맺힌 연륜』(박영사, 1958), 『꽃詩帖』(민중서관, 1960), 『散調』(인간사, 1966), 『巨木』(한국문학사, 1979) 등의 작품집을 펴내는 사이에 시선집 『丁薰詩選』(1973)을 상재했다. 그의 사후에 시조집 『밀고 끌고』(오늘의문학사, 2000), 『회상』(오늘의문학사, 2002)이 후학들에 의하여 출간되었으니, 적어도 시집은 원없이 낸 축에 든다. 그는 시와 시조를 딱히 갈라서 창작하지 않았다. 정훈은 휘문고보를 다니는 중에 접했던 시와 한학을 배우며 저절로 익히게 된 한시의 율격미를 살린 시조의 경계를 넘나들며 썼다. 그것을 시집이니 시조집이니 나누는 것은 '분류하기의 유혹'에 빠진 식자들의 경박한 몸놀림과 다름없다.

굳이 나누자면, 정훈은 시조시인이다. 그 증거는 그가 1980년 10월 9일 '대한민국의 중앙인 대전'에 사무소를 두고 가람 이병기의 시조개혁론을 실천하고자 '가람문학회'를 조직한 데서 찾아진다. 정훈이 가람을 따른 것은 문단에 익히 알려진 사실이다. 그는 가람이 잠시 머물던 전주를 향해서 "고향 같은 비사벌"(「추우야」)이라고 불렀고, 가람이 서거하자 "매실주 백일을 빚어/수레에 싣고 가 뵙는다면서//벼르다 못 이룬 채/임은 그만 가셨습니다"(「가람 스승 영전에」)라고 애통한 심정을 토로할 정도로 존경했다. 그러므로 그가 전국의 시조인들을 한데 불러 모아 가람의 시조정신을 추모하는 동인회를 만든 것은 자연스러운 발놀림이었다. 아래는 회의 창립 취지문이다.

생각하건대 시조시는 우리가 연륜을 더할수록 정답고 따뜻한 혈육의 정을 느끼게 합니다. 그 까닭은 천년을 이어 오며 우리 조상들의 체취와 얼과 정과 멋이 스며 있고 우리 겨레와 호흡이 맞는 가락이 담겨 있기 때문이라고 생각합니다. 그러므로 우리뿐만 아니라 우리 후손 대대로 내려가며 오늘날 우리가 느끼는 정을 느끼게 될 것입니다.

우리의 우아한 의상이 우리와 더불어 영원한 것처럼 시조시도 우리 겨레와 함께 영원할 것입니다.

천년 동안 뿌리를 내려 온 시조시야말로 우리의 참다운 시인 것이며 우리 민족의 특수한 시조시야말로 앞으로 세계 시단에 이채로운 꽃 한 떨기를 더할 것이라고 우리는 확신합니다.

지금으로부터 60여 년 전 서구의 문예사조가 몰아닥치자 우리는 시조 따위를 고전으로 돌아다 볼 가치도 없는 것처럼 백안시했으며 그럼으로써 시조의 현대화는 그 가능성이 있는데도 염두에 둘 겨를도 없이 신사조에만 치우쳤다는 사실과 그 과오는 우리 현대시문학사상 매우 불행한 사실이었읍니다.

그러나 한편 가람 이병기 선생은 시조의 현대화를 외롭게 아프게 호소하는 목청을 우리는 들었읍니다. 선생의 그같은 아픈 호소가 헛되지 않아 그분의 추천이나 발굴로 좋은 신인들을 등장시켰으며 그들의 시조시에 대한 열과 노력으로 오늘에 이르러 포스라운 시조시단을 형성하게 되었읍니다. 아 얼마나 흐뭇하고 귀한 업적입니까.

그러나 오늘날 우리 시조시단이 형성되었다고 해서 만족할 수는 없읍니다.

앞으로 우리는 우리의 문학 유산인 시조시의 존엄성을 재인식하고 시조시를 깎고 닦고 다듬어서 본래의 멋과 맛을 살리면서 호리(毫釐)도 구각(舊殼)이 때묻지 않은 탈피가 있어야 할 것이요 명실상부한 현대시조로서 승화시켜야 하겠읍니다.

우리 시조시의 찬란한 개화를 위한 작업이야말로 오늘에 사는 우리 시인들의 역사적인 사명일 것입니다. 이 사명을 통감한 나머지 여러 시인들과 뜻을 모아 가람문학회를 발기하기에 이른 것입니다. 앞으로 많은 시인들의 참여와 뜻있는 인사들의 호응있기를 바라마지 않읍니다.(「가람문학의 의의」)

『무주문학론』

가람문학회는 회칙 제3조에 "본 회는 시조시의 현대화를 제창한 가람 선생의 뒤를 이어 명실상부한 현대 시조시의 혁신적인 발전을 꾀하며 그 중흥을 이룩하는데 목적을 둔다"고 못을 박으며 가람의 시조혁신 운동을 잇겠다고 출범한 단체이다. 명예회장은 이희승, 회장은 정훈, 부회장은 이리의 박항식·광주의 정소파·공주의 임헌도·대구의 정재익·서울의 이우종 등이 맡았다. 자문위원으로는 조종현, 이태극, 고두동을 위촉했다. 임원진의 구성으로 보건대, 가람을 추종했던 정훈이 중심을 잡고 문학회의 취지에 찬동하는 전국의 명망있는 시조시인들을 회원으로 영입한 듯하다.

가람의 사후에 그의 호를 딴 시조단체가 전라북도가 아닌 충청남도에서 출범했다는 사실은 유심히 염두에 두어야 한다. 더욱이 가람이 주창했던 '시조의 현대화'를 부르짖고 있다는 점이 갸륵하다. 왜냐하면 식민지시대에 시조의 혁신을 운동했던 가람의 속마음이 가까운 문우들을 포함하여 전국 각지의 동지들로부터 동조를 얻게 된 줄 내외에 광포되었기 때문이다. 그들의 공감은 가람이 주장했던 시조의 개혁에 대한 의지를 추종하겠다는 결의일 터이고, 동시에 시조가 여전히 혁신되어야 할 필요가 있다는 사실을 추인하는 것이기도 하다. 그들은 '시조의 현대화를 외롭게 아프게 호소하는 목청'을 남겨준 가람의 바람을 계승하여 현재까지도 동인지를 발간해 오고 있다. 가람의 영향력과 정훈의 후예들이 여전하다는 뚜렷한 물증이다. 가람은 1955년 정훈이 제3시집 『벽오동』을 낸다고 머릿글을 부탁하자 아래의 「서문」을 흔쾌히 써서 빛내주었다.

> 정훈 군은 일찍 시작에 뜻을 두어 시집 『머들령』, 『파적』을 이미 간행하였고 이 시조집도 출판하게 되었다. 시재를 탁월히 태어난 정 군으로

「덕유산록이 키운 시인-정훈론」

시조작의 조예는 놀랠만하다. 구조의 구곡을 깨끗이 벗어나 새로운 한 경지를 개척하여 일가를 이루었다. 나는 이런 점을 이 작을 일독삼탄하며 이 서를 적었다.

애제자에 대한 사랑이 행간에 철철 넘친다. 둘은 식민지기에 서울 휘문고등보통학교에서 사제의 연을 맺었다. 그 뒤로 가연은 죽 유지되어 안부를 주고받았다. 가람이 사거한 후에 정훈이 가람의 유지를 받들고자 가람문학회를 창설한 것만 봐도, 학연을 매개로 시조를 중흥시키려는 정훈의 의지가 남달라 보인다. 인용문의 위에서 "한때 시조를 민족주의자의 노리개로 삼아 구조(舊調) 그대로서 무롱(撫弄)되었다가 오늘날에는 그 다수한 작자들의 그림자도 없어지고 문청들은 자유시형으로 열중하고 있다"고 개탄하던 차에, 정훈이 자신의 영향으로 시조 창작 대열에 열심히 나서자 가람은 기특하고 대견한 나머지 얼른 서를 써서 축하해주었을 터이다.

2. 정훈 시의 서지적 문제점

시인에 의한 작품의 수정은 중지보다는 권장될 사안이다. 시작의 착상부터 완성에 이르는 과정에서 여러 번 고쳐지고 더해지고 빼지듯이, 미발표 완성작이나 최초 발표작이 시집에 들어갈 때에는 내용이나 제목이 달라질 수 있다. 그것은 시간의 간격으로 인해서 발생하는 자연스러운 수정 욕구의 발동이다. 그런 일이 허다히 일어나는 바람에 원전비평가들의 정본 확정 작업이 필요하다. 우리나라는 백제시대부터 원전비평으로 동북아에서 이름났었다. 생각해 보라. 중국에서 수입된 유서들은 필사되고 인쇄된 뒤에 유통되는 것이 상식이다. 왜나라에 유경을 건

『무주문학론』

네주고 가르친 백제이고 보니, 유통 전단계에서부터 원전의 오류가 발생하지 않도록 국가 단위에서 감시하고 승인하는 체계를 갖추고 운영하느라 공을 들였다. 그것이 고려를 거쳐 조선으로 이어졌으나, 나라가 망하고 난 뒤로는 빛나는 원전비평의 전통이 중발되고 말았다. 서양이 수도원을 중심으로 성경을 필사하고 인쇄하면서 해석학을 발전시킨 것처럼, 우리 조상들은 그것의 중요성을 앞서 알아차리고 소정의 교정을 시행했던 것이다. 원전비평과 해석학은 동전의 앞뒤와 같으며, 문학과 종교의 상관성을 실증하고 있다.

정훈은 첫 시집 『머들령』을 펴낸 후로 "시인은 시를 쓰기에 앞서 인간으로서의 숭고한 품성을 갖추어야 할 것은 물론이다"(「자서」, 『거목』)는 신념으로 시작에 열심이었다. 그가 시집의 표제로 삼은 「머들령」은 1937년 11월 『자오선』에 발표한 시 「六月空」의 개명이다. 이 작품은 애초 제목이 「六月하늘」이었는데, 편집자가 제목을 바꾸고 내용을 수정하여 실었다. 그것을 정훈은 시집을 내면서 「머들령」으로 고친 것이다. 이처럼 정훈은 자신의 창작 의지를 무시하고 편집자가 맘대로 고친 작품을 포함하여 최초 발표작과 시집 수록작의 사이에 시간이 발생할 때마다, 이전에 발표했던 작품을 보필하였다. 그의 작품에 대한 원전비평가의 작업이 조속히 시작되어야 할 이유이다. 겉으로 드러난 문제는 그가 작품집에 수록하면서 수정하기를 그치지 않아서 생긴 것처럼 보인다. 하지만 문제는 그보다 인용자들의 사고로 원문이 훼손된 경우가 발견되는 것이 더 크다. 대표적으로 그의 대표작으로 불리는 「머들령」을 예로 들어서 문제의 심각성을 가늠하기로 한다.

①요강원을 지나
머들령

「덕유산록이 키운 시인-정훈론」

옛날 이 길로 원님이 내리고
등짐장사 쉬이 넘고
도적이 목 직히든 곳

분홍두루막에 남빛 돌띠 두르고
하라버지와 이재를 넘었다
뻑국기 작고 우든 날

감장 개명화에
발이 부리트고
파랑 갑사댕기
손에 감고 울었드니

흘러간 서른해
六월 하늘에 슬픔이 어린다

②요강원을 지나
머들령

옛날 이 길로 원님이 나리고
등짐장수 쉬이 넘고
도적이 목 지키던 곳

분홍 두루마기에 남빛 돌띠 두르고
할아버지와 이 재를 넘었다
뻐꾸기 자꾸 울던 날

검정 개명화에
발이 부르트고
파랑 갑사 댕기
손에 감고 울었더니

『무주문학론』

흘러간 서른 해
六月 하늘에 슬픔이 어린다

③요강원을 지나
머들령

옛날 이 재로 원이 내리고
등짐장사 쉬어 넘고
도적이
목 지키던 삼남대로(三南大路)

뻐꾸기
애잦게 울던 날
할아버지와
이 재를 넘었다.

분홍 두루막에
남빛 돌띠 두르고

개명화에 발이 부르터
파랑 갑사댕기
입에 감고 울었더니

흘러간 서른 해
유월 하늘에는
상기 슬픔이라네.

④요강원을 지나
머들령
옛날 이 길로 원님이 내리고
등짐장수 쉬어 넘고
도적이 목 지키던 곳

「덕유산록이 키운 시인-정훈론」

분홍 두루막에 남빛 돌띠 두르고
할아버지와 이 재를 넘었다
뻐꾸기 자꾸 울던 날
감장 개명화에
발이 부르트고
파랑 갑사 댕기
손에 감고 울었더니
흘러간 서른 해
유월 하늘에 슬픔이 어린다

위의 인용작은 원전비평이 필요한 이유를 극명하게 호소하고 있다. ①은 『정훈시전집』(52쪽)이고, ②는 『정훈시읽기』(26쪽)이며, ③은 『대전문인문학』(송백헌, 164-165쪽)이고, ④는 대전 만인산휴양림 입구에 세워진 정훈시비이다. 인용시에서 보듯이, 넷 다 우열을 가리기 힘들 정도로 갖가지 문제점들을 양산하고 있다. 위 중에서 1949년이라는 발행연도에 근접한 표기법을 내세운 ①이 자연스러운 보인다. ②와 ③은 표기의 현대화를 추진하여 원문을 훼손하였다. 그것이 독자를 위한 것이거나, 집필 당시의 표기법을 준수하려는 노력이었다고 해도 변명의 근거가 되지 못한다. 특히 ③은 행과 연을 자의대로 나누고, 시어를 첨삭하여 원문의 질감을 극심히 훼손해버렸다. ④는 명색이 후배 시인들이 추렴하여 세운 시비일 텐데, 연가름도 하지 않고 '六月'을 '유월'로 고쳐 새기는 우를 범하고 말았다. 그 반면에 '감장'은 '검정'으로 고치지 않는 등 일관성을 상실하고 있다.

네 작품을 보노라면, 원전비평에서 원문의 고수를 고집하는 이유가 쉬 드러난다. 원문은 시인의 창작 의도를 순정하게 담고 있어서 훼손해서는 안 될뿐더러, 작품의 표기나 맞춤법 그리고 띄어쓰기와 같은 소사

『무주문학론』

한 것마저 당시의 어문정책을 알 수 있는 주요자료란 점에서 그대로 두어야 한다. 원전비평가 중에는 정본(定本/正本)의 확정을 필생의 업적으로 삼으려고 과욕한다. 하지만 가장 기본적이고 바람직한 비평 원칙은 작품의 원형을 절대 훼손해서는 안 된다는 점이다. 특정 작품이 여러 판본이 있을 경우에도 비평가가 임의대로 가필하거나 보정 또는 삭제하려고 시도하는 작업은 삼가야 한다. 이 경우에는 여러 판본을 그대로 실어서 시인의 의도를 비교하도록 하고, 그것이 지닌 문학사적 의의를 짚어내는 데 그칠 일이다.

그 이유는 간명하다. 모든 문학작품은 시간이 흐르면서 원문이 훼손되기 마련이다. 위 사례에서 알 수 있듯이, 인용자에 오류나 판본의 유실로 인한 재판 과정 그리고 무책임한 편집자나 출판자 그리고 편자에 의한 무교정의 인쇄 등으로 원문은 손상될 가능성이 상존한다. 따라서 원전비평가라면 자신의 수정 의지를 꾹 누르고 원문 그대로의 편집에 충실할 일이다. 그렇지 않고 조금이라도 욕심을 낼 양이면, 위의 경우처럼 시인의 의도가 왜곡되는 사태를 방지하기 힘들다. 정훈의 작품들은 그것을 실례로 예증하고 있는 셈이다. 이처럼 그의 작품들은 원전비평가의 손길을 요청하고 있다. 그가 작품의 수선을 기꺼워한 시인이었기에 그것의 필요성은 배가된다.

「머들령」은 어릴 적의 추억을 시화한 작품이다. 머들령은 금산에서 대전으로 넘어가는 곳에 위치한 고개이다. 금산을 충청남도에 강탈당하기 전이었으니, 이 재는 전북과 충남의 경계 노릇을 맡았다. 그 시절만 해도 무주에서 대전 가는 길은 전주로 나가는 길만큼 사나웠다. 정훈은 예닐곱 살 즈음에 할아버지의 손을 잡고 안성면 금평리를 출발하여 대전으로 가는 길에 머들령을 지났다. 주요한 고개이니 그곳을 지난 이들은 원님, 등짐장사을 위시한 여럿이었을 테고, 먹고 살기 힘든 시절이었으므로 길목을 지키는 도적이 살았을 것은 안 봐도 뻔하다. 시인은 고개의 역사와 사람을 무심한 듯 연관시키어 장소와 역사성이 하나란 사실을 언표하고 있다. 그의 서술에 힘입어 머들령의 험준한 모습이 도드라지고, '흘러간 서른해'의 세월 속에서 동족상잔의 아픔을 간직한 '六月 하늘'의 '슬픔'이 눈에 어린다. 또 시인은 '분홍두루막', '남빛 돌띠', '감장 개명화', '파랑 갑사댕기'를 동원하여 시월의 흐름 속에서 색색이 출렁이도록 만들어 작품 속의 시간을 시각화하여 선명한 심상을 빚어냈다.

3. 향수 범벅의 자연한 시세계

정훈의 시편들을 일별해 보면, 고향에 대한 애틋한 정이 홍건하다. 앞에서 언급했던 바처럼, 그는 안성에서 보낸 소년기를 '천진난만하게 자연 속에서 뛰어놀고 마냥 즐겁기만 한 시절'로 회상하면서 '일생을 통해서 가장 행복한 시절'이라고 규정했다. 이와 같이 그가 작품 안에 추억을 삽화로 배치한 것은 순전히 어린 시절의 평화한 생활에서 남상한 것이다. 그는 "나는 산에서/산을 보고 자랐다"(「산에서」)고 선언할 정도로 덕유산 아래에서 뛰놀던 시절을 자긍한다. 그의 시작품에 산 이미지가 즐비한 이유이다. 그의 "사철 뻐꾸기 우는 고향"(「산으로 가자」)에 대한 애정은 아래에 든 작품에서 실컷 구경할 수 있다.

　　西山에 개밥별 빛이면
　　개고리 우름 한창 더 장하다

『무주문학론』

燈불
아몰아몰
孤寂을 아귀색이는 저녁

따스함이여
그리운 故鄕의 追憶이다
　　—「燈불」전문

　개밥별은 황석영의 소설 『개밥바라기별』로 유명해진 금성의 이칭이다. 금성은 저녁 무렵 서쪽 하늘에 나타나면 개밥바라기, 새벽하늘에 보일 때에는 샛별로 다른 이름을 갖는다. 전자는 태백성, 후자는 계명성이라는 한자명을 갖고 있을 뿐 아니라 지역에 따라 여러 명칭으로 불린다. 서산에 개밥별이 비쳤으니 시간상으로 저녁이다. 이 무렵의 들녘에서는 개구리들이 짝을 부르느라고 목이 쉰다. '아몰아몰'은 '아물아물'의 작은말이다. 혹 그것이 아물아물의 오식이어도 시비거리가 되기에는 모자란다. '아물'은 작거나 희미한 것이 보일 똥 말뚱하게 약간씩 자꾸 움직이는 모양, 말이나 행동이 시원스럽지 못하고 꼬물거리는 모양, 정신이 자꾸 희미해지는 모양을 가리키는 시늉말이다. 개구리가 울어 산의 어둠을 끌어내리자, 마을을 감싼 '고적'이 등불로 따뜻이 삭여진다. 그처럼 시나브로 산촌의 마을을 감싼 어둠은 정훈으로 하여금 "앞앞이 고향 생각"(「사향」)에 젖도록 만들었다. 그는 틈날 적마다 '덕유산록'에서 뛰어놀던 시절로 돌아간 것이다.
　정훈 시 중에서 가작에 속한다. 가히 해방기의 어려운 상황 속에서 이만한 시를 제출할 수 있었던 '시재를 탁월히 태어난 정 군'이다. 그의 번득이는 서정적 표현으로 산중 마을의 저녁 풍경이 아늑한 분위기로 빚어졌다. 그가 시의 말련에 '따스함'을 한 행으로 적어서 '그리운 고향

「덕유산록이 키운 시인—정훈론」

의 추억'이 따스함의 원천인 줄 표백한 공이다. 이처럼 정훈은 '덕유산록'에서 보냈던 어릴 적 추억을 가슴 깊이 간직한 채 시의 수원지로 삼았다. 그는 안성에 살면서 "大地는 믿어운 慈母"(「슬픈 遺物」)인 줄 몸으로 깨달았고, "밤버레 交響樂이 哀切히 흐르는 밤"(「揷話」) 자아내는 '고적'조차 "곳 내 生命"(「孤寂吟」)인 줄 체득하게 되었다. 그러므로 그에게 안성땅 금평리는 시작의 수맥이고 지맥이며, 현실에 지친 영혼에게 따스함을 보장해주는 아늑한 정신지리였던 것이다.

옛風土
옛情
옛사람
다- 어델 갔다
時時로 떠도는 追憶에 나는 恒常 福스럽다

五積峯 해뜨는 아츰
紅花빛 물드는 黃昏

꽃다님처럼 좁은 山길을 구비돌아
黃土재를 넘어 書堂을 단였다
긴머리를 자랑스러이 느리고

풀피리 하늘 갓을 울리고
물굿각씨 만드러 할미꽃 쪽도리에
시집보내고
구렁덩덩 신선부 옛이야기에 해를 보내든 누이야
이젠 너도 설흔이 넘었구나

이후후 이후후
풀꾼들 吾道재 넘고

『무주문학론』

머음 덜레 꽃피면 뻐꾸기 우는 故鄕

　　싸리재 활골 丹楓들고
　　누룹실 야숫골 곡식 걷어드리면
　　소를 잡어타고 도라오는 黃昏
　　花郞의 뺌넘이 이에더하랴

　　매운 바람이 뺨을 어여고
　　팽이 치든 時節이 좋와
　　앞산모리 칼뱀이 물논이며
　　안꼴방죽이 사철 눈에 어린다

　　도롱태 만드러 주든 자근 머슴 奉伊
　　얼룩이 장으로 팔려가든 날
　　마조 앉어 우든 言年이
　　대보름날 동강연 만드러주든 서울아자씨
　　지금은 모다 어데가 사는지

　　옛 風土
　　옛情
　　옛사람

　　다— 어데를 가도 시시로 떠도는 追憶에
　　나는 恒常 福스러워
　　　　—「幼憶」 전문

　제목부터 유년기의 추억을 뜻하는 '유억'이라 정했다. 그만치 그의 자서전적 작품이라 뜻매김해도 과하지 않다. 고향은 "무거운 야수들이 횡행하고 있는 음준한 지역"(「자화상」)과 달리, '어데를 가도 시시로 떠도는 추억'을 동반하고 그가 '항상 행복'에 감싸이도록 돕는다. 고향이 당

「덕유산록이 키운 시인—정훈론」

자에게 평정심을 선사하는 원동력은 유년기라는 시간의 도움에 힘입는다. 과거의 시간에서만 행복을 만끽할 수 있는 것에서 보듯이, 고향에 대한 그리움은 필히 '옛'이라는 과거시제에 편승하여 우러난다. 시인이 작품의 초입부터 '옛風土', '옛情', '옛사람'을 호출하는 것만 봐도 고향의 원시적 편안함이 과거적 장소이기 때문에 발아한 줄 알려준다. 시인은 '옛' 시간 속으로 들어가서 고향의 풍경과 놀이와 사람들을 불러내 행복의 조건을 완성시켜 나간다. 온전히 허구 속에서만 회생되는 '유억'의 형상이지만, 시인은 설화적 상상력을 발동하여 유년기의 기억 속으로 깊이 들어간다. 그가 '어데를 가도 시시로 떠도는 추억'을 앞뒤에 배치하여 쌍관하는 형국을 구성한 의도가 드러나는 순간이다.

　오도재는 안성 사람들이 전주나 금산으로 가기 위해서 적상면 삼거리로 넘어가는 고개이다. 지금은 승용차도 안 다니고 정기노선마저 끊어져 버스조차 안 다니는 비포장의 풀길로 변해버렸다. 새로 난 길이 사람들을 승객으로 변환하여 실어 나르고 있으나, 정훈이 어렸을 때에는 안성에서 외지로 나가는 외길이었다. 그가 오도재를 상기하여 유억의 조각들을 맞추어 가는 것은 구불거리는 그 재를 넘나들어야 행복한 유년기로 진입할 수 있기 때문이다. 오도재는 그의 시에서 "가마득/吾道재 구비찬 길은/꿈같이도 먼길"(「歸鄕 途中」)로서 재출연한다. 또 '紅花빛 물드는 黃昏'은 "홍도화 붉은 마을"(「만춘」)로 다시 나온다. 이런 보기는 정훈이 유년기의 추억 위에서 시작에 임하고 있는 줄 증거하는 물증으로 볼만하다. 이상에서 예거한 고향시편들은 아래에 든 작품으로 종합된다.

　　　동구밖 노송 앞을 돌아나간 모랫길, 명심보감을 옆에 끼고
　　　서당을 오가던 나의 모습을 역력히 찾어볼 수가 있다.

『무주문학론』

분홍 두루막에 남빛 돌며
저고리 도련에 차람한 머리채
흰 보선에 감장 개명화 신고

아침이면 황토재까지 바래주고
해거름 돌아올 때가 되면
이마에 손을 얹고 안산을 바라보고 서 계시는 어머니
거룩한 모습을 잊을 수가 없다.

산이란 산에 철쭉이 붉고
접동새 울던 날
물굿각씨 만들어
할미꽃 쪽도리에 시집보내고
구렁덩덩 신선부 이야기로
해를 보내던 착한 누이
그도 이제는 설흔이 훨씬 넘었다.

옥녀봉 꾀꼬리 울면
갑자서리며 밀서리하던
쇠돌이 넙주기 소쿠리 개똥이놈들
고양이 그린 얼굴에 까만 눈망울들이 그립구나.

먼산 싸리재에 단풍이 곱고
누룹실 여숫골 곡식 걷어드리면
놓아 먹인 소를 찾아 타고 돌아오는 황혼
장군이나 된 것처럼 뽐내던 생각

샛바람이 뺨을 어시고
아린 손을 불며 불며
팽이 치던 시절이 좋았다.
앞산 모리 칼뱀이 물논이며
처녀가 빠져죽었다는 안골방죽이며

「덕유산록이 키운 시인 – 정훈론」

어제인 듯 눈앞에 삼삼 어린다

곧잘 도롱태도 만들어주고
얼룩이 장으로 팔려 가던 날
마주 앉아 울던 작은 머슴 봉이
착한 그놈은 어데선가 잘 살고 있을 게다.

세월은 흘러가도
마음에 색여진 정든 풍토와 사람들
괴로운 삶 속에서
때때로 떠오르는 기억에 흐뭇한 웃음을 갖는다.
　　―「흐뭇한 記憶」 전문

 '유역'이 '흐뭇한 기억'으로 전이되어 종착지에 도착한 느낌을 데불고 오는 작품이다. 정훈은 "故鄕을 찾아가는 나그네"(「나는 가리」)답게 해방 후의 혼란한 시국에서 상상 속에서나마 고향의 품에 안겨 심리적 안정을 취하였다. 그의 고향사랑에 초점을 겨눠야 할 이유이다. 그는 초기에 선보였던 사향시에서 안정감을 확보한 뒤에 시업과 생업에 진력할 수 있었다. 모두가 서로를 감시하며 각자 신봉하는 이념의 잣대로 상대를 재단하던 수상한 시절에 고향은 그에게 '흔들리지 않는 편안함'을 제공하였다. 위에서 인용한 작품에는 앞에서 들었던 작품과 겹쳐지는 어휘와 이미지가 잠재되어 있다. 굳이 거례하자면, '도롱태 만드러주든 자근 머슴 奉伊'가 '마주 앉아 울던 작은 머슴 봉이'로 다시 등장한 것만 보아도 추억은 아무리 되풀이 소환되어도 질리지 않는다는 사실을 보여준다.
　정훈은 '마음에 색여진 정든 풍토와 사람들'을 잊지 못하고 기회가 날 때마다 불러내었다. 그의 호명행위는 중복될수록 산문화 또는 장시

『무주문학론』

화되어 가는 특징을 보인다. 그것은 신화적 공간 속으로 다시 들어가고 싶은 그의 회귀의식이 수면으로 돌출한 증거이다. 고향을 생각할수록 산문으로 서술되는 경향을 띠는 것은 비단 정훈만이 아니다. 시로 응축하여 그려내기에는 불러올 거리가 너무 많은 고향이야기이다. 시인은 고향을 생각할수록 한정된 지면이나마 이야깃거리와 쓸거리를 다 늘어놓고 안팎에 자랑하고 싶어진다. 그의 마음 깊숙이 은닉되어 있던 본능이 유년기의 신화를 복원하는 시쓰기를 통해서 '나의 모습'으로 분출하는 찰나이다. 그런 까닭에 고향시는 시인의 긴장 상태를 해제시키어 '흐뭇한 웃음'을 짓도록 만든다.

Ⅲ. 결론

위에서 알아본 바와 같이, 정훈은 생애 내내 "간절한 그리움"(「비절」)으로 고향을 그리워했다. 그는 저승으로 주소지를 옮기기까지 안성을 잊어본 적이 없다. 논산에서 태어나 대전에서 오래 거주하였고, 그곳 문단에 혁혁한 공적을 세워서 후학들로부터 경례를 받으면서도 정작 정훈은 조부와 함께 보냈던 무주 시절을 끊임없이 떠올리며 평생을 살았다. 스스로 '대전에서 살아온 54~5년이로되, 한 번도 고향 같은 정을 느껴본 적이 없다'고 선언하고 '나와 자연은 서로 피가 통하는 것만 같다'고 말하였으니, 정훈은 영락없이 무주군 안성면 원궁대리가 낳은 시인이다. 지금부터라도 그를 무주 태생의 시인으로 등재하여 길이 기려야 한다.

정훈의 예는 시인들의 현창하는 준거를 재고하도록 권한다. 그는

「덕유산록이 키운 시인-정훈론」

단순히 탯줄을 묻고, 그 지역을 장기간 주거지로 삼았다는 이유만으로 그곳의 시인이라고 재단하는 추세에 제동을 걸고 있다. 근자에 이르러 시인들을 선점하여 지역 인물로 고정화하는 추세가 극성이다. 그것을 크게 나무랄 것은 아니다. 하지만 정훈처럼 자신의 고향을 천하에 공포한 경우에는 사정이 달라진다. 그런 시인들은 활동지보다는 시인의 의지를 존중할 필요가 있다. 그가 거주하는 곳에서 활동하는 동안에도 삼삼히 그리워한 고향이 있다면, 거기서 기념사업이 따로 행해져도 무방하다.(『무주작가』 제30호, 무주작가회의, 2023. 12)

스스로 그러함의 시학
—박희연론

Ⅰ. 전기적 생애

박희연(臥石 朴喜演, 1934~2023)은 전라북도 무주군 설천면 두길리 와석마을에서 박순하(朴荀夏)와 이천천(李千千)의 4남 1녀 중 맏이로 태어났다. 그는 일찍 학업을 위해 고향을 떠난 뒤로 돌아오지 않고 서울에 정착했다. 그런 탓인지 박희연의 시편에는 고향에서 보낸 시절이 배면에 깔려 있다. 눈내의 눈돌에서 나고 자란 체험이 그의 시세계를 성장시킨 원초적 자질이다. 무주의 맑은 산하가 키운 그이니 만큼, 시편마다 스스로 그러한 줄 아는 태도가 짙게 배어 있다. 그는 아호를 고향 마을에서 따다가 지었을 정도로 애향심이 투철하다. 다만 생업 때문에 서울에서 살다보니 이런저런 이유로 귀향하지 못했을 따름이다. 그런 이일수록 이향으로 인한 애틋한 마음이 지극할 터. 그의 시세계는 설천의 산골짜기가 키운 것이다.

1954년 2월 대전고등학교를 졸업한 박희연은 연세대학교 국어국문학과에 재학 중이던 1957년 1월 『동아일보』 신춘문예에 시 「歷史掛圖」가 입선되었다. 당시 그는 '朴永吾'란 필명으로 응모하면서 주소를 서울시 마포구 신촌동 134번지로 표기하였다. 그해에 시 부문은 당선작이 없이 가작만 3편이 뽑혔다. 전남 광주에서 성장하여 서울대학교 사범대학에 다니던 윤삼하가 쓴 「壁」과 전남 목포 영흥중학교에 근무하던 순창 태생의 권일송이 쓴 「江邊이야기」가 가작으로 뽑혔다. 그때 시조 당선작은 전남 여수에서 근무하던 정소파의 「雪松詞」, 단편소설은 이화여대 국문과에 다니던 정연희의 「波流狀」이었다. 시의 심사위원은 주요한과 김동명이었다. 박희연은 가작으로 입선되자 성에 차지 않았던지, 1958년 4월 월간 『현대문학』에 시 「詩人像」, 「大地」 등이 추천되면서 재차 등단하는 수고를 더했다.

1958년 2월 대학을 졸업한 박희연은 1958년 5월부터 1961년 2월까지 전주고등학교에 근무하였다. 그가 고향 가까이 살았던 기간이다. 전주에 살던 1960년 2월, 그는 진정순(陳貞順)과 혼례를 올리고 슬하에 2남(박호용, 박진용)과 2녀(박수진, 박수영)를 두었다. 1961년 5월 한국교육문화원에 근무하느라 전주 생활을 청산한 그는 1964년 3월부터 전남 광주의 사레지오여자고등학교로 복귀했다. 1968년 2월까지 광주에 살았던 그는 1965년부터 『원탁시』 동인으로 합류하면서 시단에서도 부지런한 모습을 보였다. 그는 신춘문예 동기 윤삼하와 동인회에서 조우하였다. 당시 신문 보도(『경향신문』, 1967. 6. 3)에 따르면, 박희연은 1967년 6월 3일 하오 7시 30분부터 원탁문학회가 미 공보원에서 연 발표회에서 '오늘의 한국시'를 주제로 발표했다. 당일 발표회는 송기숙의 '현대소설에 있어서의 심리주의', 조성원의 '아동문학에 대하여', 구창환의 '한국 현대소설의 과제'가 연속 발표되었다.

박희연은 1963년부터 『현실』 동인으로 활동하였다. 1963년 5월 동인

『무주문학론』

지 『현실』 제1집이 세상에 나오자, 당시 신문(『경향신문』, 1963. 5. 11)은 40여명에 달하는 동인명을 밝혔다. 동인은 박희연을 비롯하여 강태열, 강민, 고원, 구상, 권용태, 김윤기, 김재섭, 김재원, 김정옥, 김춘배, 김춘수, 남윤철, 민병산, 서림환, 송혁, 신동문, 원영동, 유종호, 유정, 유경환, 이동연, 이성환, 이열, 이영일, 이인수, 이중, 이중한, 정공채, 천상병, 최원식, 최해운, 허유, 홍윤숙, 황갑주, 황동규, 황명걸 등이었다. 나중에 그들이들이 한국시단을 대표하는 시인으로 성장한다는 점에서 『현실』 동인들의 결집은 문단의 관심을 집중시켰다.

1968년 3월 서울 대광고등학교로 근무지를 변경한 그는 1983년 2월까지 재직하면서 문예부원들을 열심히 지도했다. 당시 가르친 학생 중에서 류시화, 정희성, 지웅(속명 전흥배), 정현우, 최중홍, 원재훈, 권대웅, 이희주, 강호정, 김흥렬, 백상열, 윤원희 등이 등단한 것을 볼 양이면, 그가 문예반 학생들을 열심히 가르친 정도를 가늠하기에 충분하다. 제자복으로 먹고사는 선생의 처지에서 이 많은 시인들을 출세시켰으니, 적어도 그의 교직생활은 성공한 축에 든다. 제자 시인들로서도 훌륭한 시인 스승을 만나 덕에 꿈에 그리던 시단에 입성했으니 여간 복 받은 게 아니다. 제자들은 박희연의 시집 『우리는 산벚나무 아래서 만난다』에 시작품을 실어서 스승의 은혜를 기리고 사제간의 인연을 내외에 자랑했다.

박희연은 1983년 3월부터 1984년 2월까지 서울 무학여자중학교, 1984년 3월부터 1988년 2월까지 청량고등학교, 1988년 3월부터 1993년 2월까지 자양고등학교, 1993년 3월부터 1999년 2월까지 광남고등학교에서 근무하다가 정년을 맞았다. 전주에서 시작하여 광주 그리고 서울에 이르기까지 계속된 교직은 그에게 필생의 사업이었다. 그 바쁜 틈에 그는

「스스로 그러함의 시학-박희연론」

1986년 2월 건국대학교 교육대학원에서 「박목월 시의 변용 과정」으로 교육학석사 학위를 받았다. 그가 여러 시인 중에서 박목월에 연구 역량을 집중한 사실은 시세계를 살펴보면서 기억할 사안이다.

박희연은 과작의 시인이다. 그는 등단 30년을 훌쩍 넘긴 1993년 10월, 평생을 헌신한 교직에서 물러나는 것을 기념하여 첫 시집 『햇빛잔치』(종로서적)를 상재하였다. 그 속사정이야 알려지지 않았으나, 그가 남 앞에 나서기를 삼가는 성품인 것은 바로 눈치챌 수 있다. 그런 성정이 그의 시편에 스며들었을 것은 지레짐작할만하다. 그는 2002년 10월 제2시집 『우리는 산벚나무 아래서 만난다』(들꽃누리)를 내었고, 2012년 11월 시선집 『바람의 길』(들꽃누리)을 출간하였다. 시력이 만만찮은 박희연이 상당한 기간을 두고 3권의 시집을 낸 것은 시를 빚고 정리하는 일에 신중한 줄 추측하기에 부족하지 않다. 그렇다고 그가 시업을 게을리 한 것은 아니다. 2005년부터 『동오재』 동인으로 활동한 것을 봐도, 시우들과의 어울림을 통해서 시작업에 부단했던 그의 모습을 짐작할 수 있다.

박희연의 시세계를 살피는 중에는 스승과의 인연을 먼저 알아봐야 한다. 그는 사람들에게 청록파 시인으로 유명한 박두진이다. 그가 대학원에서 박목월의 시를 공부한 사실을 떠올리면, 한국시사에서 막강한 위치를 차지하는 청록파의 시세계가 은연 중에 시작품에 삼투되었으리라고 여겨진다. 그는 스승에 대하여 기회 있을 때마다 각별한 존경을 표출하였다. 그는 세상에 처음으로 시집을 내면서 제자와 서문을 스승의 것으로 채웠다. 역으로 스승도 제자에 대한 극진한 사랑을 지면으로 공식화한 셈이다. 그처럼 박두진은 박희연에게 "스스로 꽃잎을 터뜨릴 능력"(「꽃」)을 준 스승이다. 그러니 박희연이 대광고에서 가르친 제자들

『무주문학론』

로부터 존경을 받을 수밖에. 이 세상의 부모나 스승의 사랑이 내리사랑이 아닌 게 없듯, 박희연의 스승에 대한 존경심은 제자들에 의하여 대물림되어 흐뭇한 꽃으로 피어났다.

박두진에게 박희연은 자신이 추천해 준 제자 3인방(박희연, 정공채, 유경환) 중에서 아픈 손가락이었다. 다른 시인들이 데뷔하자마자 작품을 활발히 발표하면서 자신의 자리를 굳히는 마당에, 유독 박희연만은 시쓰기에 여의치 못하기라도 한 양 활약이 미미했던 것이다. 스승은 제자의 사정을 묻지 않고 말없이 기다림으로 시작을 성원하였다. 박두진은 박희연이 "푸른 하늘을 이고 부끄럼없이 살아온 내 여정을 뒤돌아보는 시점"(「후기」)에 다다라서야 시집을 낼 요량으로 서문을 부탁하자, 작품을 일별하고 나서 "청정 순수하고 소탈 유연하면서도 섬세하고 품격 높고 뚜렷한 개성의 수작들"(「서문을 대신하여」)이라고 평했다. 물론 제자의 시집에 없는 서사인 줄 감안하면, 글쓴이의 사랑을 감출 길이 없을 것이다. 그렇다면 시인의 작품 수준이 스승의 평어에 값하는지 찬찬히 읽어보고, 나름의 평언을 더할 일이다.

II. '임진강'에서 '고향'으로

1. 전후의 여울목

시인의 등단작은 여러모로 유의미하다. 장차 그가 나아갈 방향을 짐작할 수 있고, 시세계를 검토하는 단서가 될 수도 있기 때문이다. 이 점은 박희연의 경우에도 해당한다. 1957년 『동아일보』 1월 12일자에 실린 그의 당선작은 「역사패도」이다. 역사패도는 예전 수업 현장에서 흔히 사용되던 여러 가지 패도 중의 하나로서, 역사를 가르치는 데 소용되었다. 박희연의 교사다운 소재안이 제목과 시의 구도에 영향을 끼친 것이다. 그는 이 작품에서 "기름진 고구려"와 "숨가쁜 반도"를 교직시켜 "반남아 허전한 땅"의 "상달 고사가 푸짐했던 역사"를 '패도'화하였다. 그는 이 시편이 당선작의 영예를 차지하지 못하자, 연달아 분단을 형상화한 시를 썼다. 아마 그의 군대 체험에서 우러난 시편이었을 텐데, 이 시편들은 전후의 황량한 세태를 묘사하여 "전쟁은 또 다른 슬픔을 낳는다"(「나팔소리」)는 전언을 전하기에 부족하지 않았다.

　　임진강은 서럽도록 긴 세월에 매달려
　　조국의 역사를 갈라놓고
　　산기슭마다 흰 깃발을 꽂았다.
　　―그것이 남방한계선이라던가―

　　휴전선
　　지번도 애매한 산골짜기에
　　절규하던 포연이 머물다가 간 애련한 그림자로 태어났다.

　　저주와
　　분노,
　　그리움과 좌절에 못박힌 저 지점은
　　악의 없이 민둥산 산마루인데
　　너는 불행한 좌표 위에서
　　고향을 불러보는 안타까운 부활의 몸부림이다.
　　　　―「임진강 너머」 부분

휴전선은 전쟁의 종료를 알려주는 선이 아니라 쉼터의 표지이다. 그

『무주문학론』

선 위에서 전쟁은 쉬고 있다. 애초에 존재하지 않았던 휴전선이기에 '지번도 애매'하여 경계가 모호하고, '절규하던 포연이 머물다가 간 애련한 그림자'인 양 실체도 불분명하다. 마치 "이승과 저승 사이의 좁은 통로"(「자동유리문 1」)처럼, 누구나 들어가기 꺼려하나 엄연히 존재하여 모두에게 두려움을 안겨주는 '선'이다 어렸을 적에 놀이하다가 말고 금 밖으로 나가면 죽듯이, 휴전선은 남북을 꼼짝달싹하지 못하게 기속하고 "골목길 같은 인생살이"(수락산 끝자락에는」)를 제어한다. 어쩔 수 없이 선으로 분단된 채 살고 있는 한국인의 삶이 온전하지 못한 이유이다. 박희연은 전쟁 체험을 뚜렷이 기억하는 세대이므로, '민둥산 산마루'에 불과한 휴전선이 민족의 처지를 증명하는 불행의 표지가 된 사실을 안타깝게 여기는 마음이 우심하다.

휴전선은 '산기슭마다 흰 깃발을 꽂'아서 남북의 불가침선인 줄 알린다고 하나, '그리움과 좌절에 못박힌 저 지점'의 원상태를 증언하지는 못한다. 예나 지금이나 다름없는 땅 위에 찍힌 '불행한 좌표'로 말미암아 '고향을 불러보는 안타까운 부활의 몸부림'을 쳐야 하는 비극적 장면 이야말로 박희연에게 '임진강 너머'를 응시하도록 압력한 역사의 지시였다. 시인은 무심한 척 '그것이 남방한계선이라던가'라고 말하지만, "찢어진 역사와 조국의 산하"(「숲」)를 바라보는 심정이 달가울 리 없다. 더욱이 "평생토록 하나이면서 둘이 되어"(「산곡」) 만날 날을 고대하는 작금의 현실은 그의 뇌리에 각인되어 사라지지 않는 '서럽도록 긴 세월'의 전쟁 기억을 데불고 와서 괴롭다.

박희연처럼 십대에 동란을 겪은 이라면 휴전 후에도 줄곧 내상에 시달린다. 특히 그가 시작하는 이라면 특유의 여린 감수성을 순치하기 힘들다. 또한 그가 태어난 고장은 "억새만이 살아가는 산골"(「서부전선」)

「스스로 그러함의 시학─박희연론」

인 듯하지만, "참혹한 전쟁의 포화"(「돌담」)를 간직한 아픔으로 얼룩진 곳이다. 그 시절에 무주는 산사람들이 들락날락하며 전투와 보급투쟁을 일삼던 심곡이었다. 심심산골이라는 지리적 특성이 전화의 생채기를 계곡 사이에 묻은 채 "서러운 그늘의 역사"(「창세기의 신화」)를 나이테처럼 간직한 셈이다. 그곳에서 자란 박희연이 어릴 적에 목도했을 법한 비극적 체험이 군대 체험으로 이어지면서 가슴속에 똬리를 틀고 있던 잔상들이 "슬픔을 잊은 숨가쁜 세월"(「풀벌레들의 춤」)을 불러왔다.

그런 이유인지 박희연의 고향시편은 많지 않다. 그가 고향을 앞에 단시는「고향길」,「고향 친구」,「고향 가는 길」,「고향의 느티나무」,「그래도 고향은 거기 있단다」 등이다. 비록 5편에 불과한 고향시편이지만, 그의 사향심을 헤아리기에는 충분하다. 고향을 그리워하는 마음이 편수로 가늠될 것은 아니다. 겉에 고향을 표나게 내세우지 않아도 시정을 품는 순간 그리로 향하기 마련이고, 시작을 마칠 때까지 고향은 시작품의 곳곳에 육화되기 십상이다. 고향은 잊으래야 잊히는 것도 아니고, 나쁜 기억을 안겨주었다고 지우려고 해도 외려 선명해진다. 마치 부모와 같아서 고향은 사람의 성장 과정을 반영한다. 출향한 아이가 부모를 그리워하는 것은 고향에서 보낸 유년기로 회귀하고 싶은 욕망의 발동이다. 그가 고향을 생각할 때마다 어린 시절에 체험한 원형을 드러내는 이유이다. 그러므로 고향을 노래한 시는 굳이 특별한 형식이나 비유를 필요로 하지 않는다. 고향은 "기장없이 아늘한 마음으로 언젠가도 고향처럼 품어주는 흙냄새"(「대지」)마냥, 시인이 착상하는 순간의 생이미지로 선보이면 그만이다.

    덕유산
    물줄기를 따라

『무주문학론』

물줄기마냥 굽어진 신작로를 따라
　　새로 포장된 아스팔트길을 따라
　　해발 500
　　옹기종기
　　뒤웅박만한 마을
　　　―「고향길」 부분

　인용시는 딱히 돋보일만한 구석이 없다. 박희연은 행을 가르며 자신의 탯자리를 서술할 뿐, 단 하나의 수사도 사용하지 않았다. 고향으로 가는 길이기에 몸가짐과 마음가짐만 채비하면 될 뿐이라는 듯, 그는 행의 모양이나 가름조차 신경 쓰지 않았다. 그저 고향마을의 전경을 적기만 하면 된다. 일체의 꾸밈이 불필요한 것은, 출발하는 순간부터 "숙제를 않아 벌 받던 일에서, 청소시간에 도망친 이야기"(「이야기꽃과 웃음꽃」)가 주저리주저리 길 '따라' 펼쳐지기 때문에 신난다. 그것은 2, 3, 4행에서 우러난다. 시인의 발길은 물줄기를 '따라' 신작로를 '따라' 아스팔트길을 '따라' 가면 그만이다. 고향 가는 길이니 길을 물을 필요도 없다. 그저 '따라'가기만 하면 '뒤웅박만한 마을'에 이른다. 박희연의 얌전한 시풍이 이 시에서 들뜬 표정으로 바뀔 수 있었던 것은 고향길이 주는 편안함에서 말미암았다.
　세상에 난 길은 셀 수 없이 많다. 사람이 태어나서 평생 동안 걷는 길만 해도 "늦은 햇살이 퍼지는 오솔길"(「길을 가다가」)처럼 여유로운 길이 있고, "수직으로 뚫린 하늘길"(「한계령 주전골」)처럼 아스라하여 긴박한 고갯길도 있다. 산책로도 "단조로운 산책로"(「산책로」)부터 "잘 다듬어진 산책로"(「천사와 공원 1」)까지 숱하다. 이처럼 많은 길과 고향길이 다른 점은 성찰에 있다. 저마다 길에서 자신을 되돌아보지만, 고향길의 성찰은 유가 다르다. 고향에 대한 모든 생각은 부모로부터 출발한

「스스로 그러함의 시학―박희연론」

다. 자식은 부모를 통하여 조상과 연결되고, 유년기의 추억을 회상하게 된다. 그가 생각에 잠길수록 부모는 멀어져 간다. 세상의 모든 부모는 자식의 성장과 자신의 목숨을 바꾼다. 따라서 자식의 고향길이 마냥 기쁘고 설렐 수 없다. 부모의 부재는 자식의 이향심을 정당화한다. 그러다 보니 고향마을은 '아래위를 훑어보아도 남은 건 아무 것도 없'게 된다.

> 아래위를 훑어보아도 남은 건 아무 것도 없지만,
> 그래도 고향이라고 다시 뿌리를 박아야지
> 첩첩산골이라고 어찌 차마 등을 돌리겠는가.
> 선산이 게 있고, 이웃사촌도 있으니
> 나 혼자 툴툴 털고 어디로 간단 말인가.
> 그래도 고향은 그곳이 아니겠는가.
> ―「그래도 고향은 거기 있단다」 부분

그렇다. 고향은 떠나고 싶다고 떠날 수 있는 게 아니다. 부모가 있고 없음이 자식의 출향과 귀향에 영향을 끼치는 것은 사실이다. 그러나 그가 출향을 다짐할수록 '선산'과 '이웃사촌'이 걸린다. 죄다 부모를 매개로 이어지고 연결되는 혈연이다. 설령 그가 당초 마음먹은 대로 고향을 떠난다고 할지라도, '선산'과 '이웃사촌'은 결코 관계망을 벗어나지 않는다. 거주지가 고향이냐 아니냐와 상관없이 그는 고향으로부터 자유로울 수 없다. 부모가 묻은 탯줄이 그를 '첩첩산골'이라고 등을 돌리지 못하도록 가로막는다. 그것이 '선산'이 있는 시골사람과 뿌리 없이 살아가는 도시사람과 차별한다. 시골 태생이 "뉴타운으로 들뜬 소문을 안고 살아가는 마을"(「수락산 자락에는」)보다는 '뒤웅박만한 마을'을 사랑하는 까닭이다. 이 사실은 박희연의 시작품들이 고향에서 얻어진 농경적 상상

『무주문학론』

력에 뿌리박고 있는 줄 알려준다. 그 결과, 그의 시에는 모난 구석이 하나도 없다.

2. 스스로 그러함의 세계

사람으로 살면서 노장의 가르침을 따르는 쉽지 않다. 누구는 공맹을 따르면 승자이고, 노장을 좇으면 패장이라고 한다. 그렇지만 이 말은 성공에 목 맨 청춘의 논리요, 나이가 들면 공자와 맹자보다는 노자와 장자가 윗길인 줄 경험으로 알아차린다. 그 이유인즉, 공자의 경전이 사람의 절제와 극기를 강요하는 듯하나, 노자의 경전은 자연스러움을 최고로 치기 때문이다. 무릇 사람은 나이가 들면서 자잘한 일에 행복감을 느끼고, 온갖 욕망으로부터 벗어나게 된다. 나이 40이 넘어서면 화를 내지 말아야 한다거나, 60이면 저절로 세상의 순리를 따른다는 말들이 그것을 뒷받침한다. 그처럼 인생은 연치가 더하면서 생각이나 행동이 가벼워진다. 죄다 욕심을 내려놓아서 얻어지는 값진 교훈이다. 이 사실을 "애욕의 그림자"(「밀물」)에 포박된 젊은 때는 알지 못한다. 그 시절에는 당장 눈앞의 이익에 눈이 멀어 이웃과 척지고, 자신이 세상의 중심이 되어야 한다는 강박감에 휩싸여 자연의 섭리를 외면한다. 그러다가 세월을 이기지 못하고 "문지방만 넘으면 저승"(「그 끈을 놓게나」)인 줄 아는 나이가 되어서야 그는 지난날을 후회하며 자신의 무명을 책망하게 된다.

이만한 깨달음을 얻기까지, 사람들은 저마다 생을 소비한다. 자신에게 할당된 삶의 시간을 다 허비할 즈음에 다다라서야 깨닫게 되는 철리는 "마음이 움직이면 생각도 따라 움직"(「움직이는 산」)인다는 사실

「스스로 그러함의 시학—박희연론」

이다. 그것을 알아차리기까지 사람들은 불나방처럼 날개를 헐떡거린다. 사실 사람들이 열심히 살았다고 자부하는 태도야말로 이웃과 더불어 사는 것보다는 직진의 삶을 영위한 줄 가리킨다. 그의 생애가 주변과의 조화를 염두에 두지 않았다고 해서 잘못 산 것은 아니다. 그렇지만 앞만 보고 산 이들일수록 사방의 변화에 둔감하다. 더욱이 젊을수록 그런 경향은 강해진다. 그러나 박희연의 시를 읽노라면, 젊어서부터 "작고 보잘 것 없는 벼꽃"(「처서」)에 관심한 시작을 보여주어 주목된다. 그의 조숙한 시선은 주위의 하찮은 물상들에 눈길을 주고, 그것들을 시의 공간으로 불러내도록 조장하였다. 그리하여 그의 시에는 "꽃향기보다 더 짙은 풀냄새"(「부활하는 여름산」)가 흥건해졌다. 그와 같이 박희연은 여럿의 눈을 잡아끄는 화려한 '꽃'보다, 남들이 눈을 주지 않는 '풀냄새'를 맡는 일에 익숙하다. 아래에 든 그의 초기시를 볼 양이면, 따뜻한 시선의 근원을 어렵지 않게 짐작할 수 있다.

> 사월이면
> 아니, 삼월이면
> 헛소문처럼 무성한 봄소식이 퍼지고,
> 사월이면 양지녘부터 둘씩 셋씩
> 우렁찬 꽃망울 터지는 함성이,
> 우리 귀에 익숙한 그 만세의 함성처럼
> 화려한 꽃이 핀다.
>
> 오월이면
> 우리의 오월이 오면,
> 산이나
> 들이나
> 골짜기나 언덕을 가리지 않고

『무주문학론』

온갖 꽃이 앞 다투어 핀다.

저렇게 고운 꽃이 언제부터 봄을 기다렸을까
지난 해 가을부터일까
그보다 더 긴 세월을 기다리고
새 꽃을 피우기 위한 거룩한 작업이 시작되었겠지.
모든 준비를 마친 꽃나무
새로운 의미의 꽃을
조용히 기다린다.
　　―「햇빛잔치」 부분

　박희연이 첫 시집의 제목으로 삼은 시이다. 달이 바뀔 때마다 꽃은 '핀다'. 사월의 '화려한 꽃'과 오월의 '온갖 꽃'처럼, 꽃은 간단없이 '골짜기나 언덕을 가라지 않고' 피어난다. 시간의 흐름에 따른 꽃의 핌은 지극히 자연스러워서 괄목할만하지 않다. 사람들이 자연의 변화에 특별히 관심하지 않는 이유이다. 자연의 변화는 그와 같이 달마다 철마다 낯익은 듯하다. 하지만 사월과 오월의 개화를 위해서 자연은 '지난 해 가을'부터 '새 꽃을 피우기 위한 거룩한 작업'을 시작했다. 해를 바꾸어 피어난 꽃이므로 그것은 '새로운 의미의 꽃'이다. 날마다 하는 일이 무료한 일상사인 듯하나 똑같은 게 하나도 없듯이, 봄마다 피는 꽃도 같은 게 하나도 없다. 그것을 가능케 해준 것은 햇빛의 힘이다. 그래서 그의 시 속에 피어난 꽃들은 한결같이 "활짝 웃는 해님과 눈맞춤"(「꽃」)한다.
　인용시에서 보듯, 박희연은 스승의 명시 「해」에서 영감을 받은 듯하지만, 해가 벌이는 잔치를 '조용히' 그려내서 차별화했다. 그 점에 힘입어 가파른 호흡이 필요한 스승의 시와 다른 분위기를 자아낼 수 있었다. 이처럼 박희연의 시는 조용하다. 아마 그의 성품을 닮은 흔적일 테지만, '긴 세월을 기다리고' 피어나는 꽃의 '새 의미'를 탐구하는 시인답

「스스로 그러함의 시학―박희연론」

게 세사에 요동치지 않는다. 이처럼 그의 시는 태생적으로 "식민지 같은 도시"(「시계탑」)와 어울리지 않는다. 그는 번잡하고 소란한 것을 멀리한다. 생업을 위해 서울이라는 최대도시에 닻을 내렸지만, 그는 "소월 길을 따라 남산을 오를 때도 혼자였다"(「혼자 놀기」). 그런 연유로 박희연의 시집 속에는 "멀고도 힘든 여행에서 맛본 나그네의 외로움"(「바람의 길」)이 쭈뼛이 고개를 내밀기도 한다. 그때마다 시는 '멀고도 힘든 여행'의 동반자답게 그의 여정에 동행해주었다. 그의 외로움은 농경적 상상력을 소유한 채 서울에서 살아가는 이방인의 고질이다. 박희연은 그것을 이기고자 거리를 조정하는 요령을 터득했다. 다음에 든 산문에서 그의 거리두기가 아우르는 반경이 만만치 않은 줄 추량할 수 있다.

> 산들의 아름다움은 적당한 거리감이 좌우한다. 더 가까이에서 산을 대하면 푸른 숲이 아니라 자갈이나 모래 또는 돌멩이로 합성된 험한 산이요, 볼품없는 잡목으로 가득하다. 비바람에 쓰러진 나무에 병든 참나무 등걸이 무더기로 넘친다. 가까이에서 볼 것은 가까이에서 보고, 멀리서 볼 것은 멀리서 보는 지혜가 있어야 한다.(「책머리에」)

산의 아름다운 모습을 보려면 '적당한 거리감'이 필요하다. 이런 시각이 미적 거리를 발명했다. 가까이에서 산을 응시하면 '푸른 숲이 아니라 자갈이나 모래 또는 돌멩이로 합성된 험한 산'이다. 그 산은 '볼품없는 잡목으로 가득'하고 '비바람에 쓰러진 나무에 병든 참나무 등걸이 무더기로 넘친다'. 그러나 한 발 물러서 보면 비로소 산의 진면목을 발견할 수 있다. 이러한 미적 거리는 원래 심리적 거리라는 용어가 전이된 것이다. 그처럼 사물을 미적으로 바라보는 일은 심리에서 출발한다. 박희연이 주장하는 '가까이에서 볼 것은 가까이에서 보고, 멀리서 볼 것은

『무주문학론』

멀리서 보는 지혜'야말로 "높낮이를 구분하는 지혜"(「공간 나누기」)이다. 그런 지혜는 생과 세상사의 거리를 조절하는 힘이 된다. 바야흐로 그가 "좁은 골목길 같은 삶"(「새벽에」)조차 사랑할만한 '거리감'을 획득한 것이다.

박희연의 시에서 "묵직한 저 산의 무게"(「산」)를 느낄 수 있게 된 계기는 거리감을 인식한 뒤부터였다. 그렇잖아도 신인답지 않게 가벼운 몸놀림을 지양하고 '묵직'한 행보를 보여주었던 그의 시적 움직임이었으나, 셋째 시집에 가까워질수록 "한 번 왔다간 되돌아가는 일"(「썰물」)에 대한 박희연의 사유가 잦아졌다. 그런 경향을 가리켜서 나이가 들어가면서 나날을 반추하는 습관이 나타난 것이라고 치부할 수 있다. 하지만 그가 이전부터 보여주었던 단아한 포즈는 후기까지 여전하다는 점에서 시의 비의를 풀 열쇠로는 불만족하다. 그가 체험으로 얻은 거리의식은 삼라만상과의 거리뿐 아니라, 시세계에도 삼투되었다. 그 덕에 "자연스러운 몸가짐"(「아침을 열고」)이 그의 시와 삶을 단박에 아우르게 된 것이다. 아래에 인용한 시편은 "오가던 바람의 냄새와 햇볕의 싱그런 기운"(「햇빛농원」)을 받아 쓴 박희연의 시가 이룩한 최고의 성취라고 평할 수 있다.

> 나는 편한 옷이 좋다.
> 색깔도 수수한 게 좋고, 모양도 평범한 게 좋다.
> 소매 끝에 너덜너덜 달린 쇠단추는 공연히 거북스럽다.
> 웃옷의 단추도 두 개면 족하다.
>
> 집에서 먹는 밥은 속이 편하다.
> 아내 솜씨 덕분에 반찬 가짓수가 많다.
> 밭에서 갓 뜯어 온 야채로 이것저것 나물을 만들고,

국이나 찌개도 삼삼하다.
세 끼니를 다 먹어도 속이 편하다.

요즘 나는 미각보다 후각에 신경이 쓰인다.
숲속에서는 나무 냄새가 좋고,
풀밭에서는 풀향기가 좋다.
야생화의 순한 냄새나, 더덕이나 도라지 냄새도 좋다.

그래서 자주 산이나 들을 찾는다.
논밭에서 익어 가는 곡식도 제 나름의 냄새가 있다.
밭두렁길을 걸으면 잘 익은 수박냄새의 싱싱함이
흙냄새에 섞여 여름의 더위를 말끔히 잊게 한다.
달콤한 다래는 벌꿀맛을 옮긴 듯하다.
　—「마음 편한 것이 좋다」 전문

　박희연의 인생관이 절로 드러난 작품이다. 한평생 "욕심 없이 살아온 농부"(「부지런한 농부」)를 닮으려고 노력한 그이고 보면, 세속의 성공이나 권력과 거리를 두고 '마음 편한 것이 좋다'는 자세로 생을 달관한 서술이 낯설지 않다. 그의 시가 하나같이 일상에서 얻어진 소재로 평이하게 진술되는 점을 기억한다면, 위 시를 통해서 시작의 자세를 단박에 엿볼 수 있다. 또한 '색깔도 수수한 게 좋고, 모양도 평범한 게 좋다'거나 '집에서 먹는 밥은 속이 편하다'는 구절에서 짐작 가능하듯이, 박희연은 질박한 생활을 추구한다. 그가 말하는 '수수'나 '평범' 그리고 '편한 것'은 허식을 멀리한 자연에 가깝다. 그런 까닭에 박희연의 시에는 교언이 없다. 그는 "진실한 말은 꾸미지 않고, 꾸민 말은 진실하지 않다"(노자, 信言不美 美言不信)는 자연의 명언을 몸에 달고 삶으로 본연의 모습을 추구한다. 이 점에서 그의 시세계를 일컬어 스스로 그러함의 시학이라고 명명할만하다.

『무주문학론』

위의 인용작은 박희연이 추구하는 스스로 그러함의 실체를 여실히 보여준다. 그가 요즘 '미각보다 후각'에 신경 쓰는 것은 실내에서 맛보기 위해 인공적으로 버무린 미각보다는 실외에서는 날것의 냄새, 곧 자연의 향을 맡고 싶은 본능적 움직임이다. 이 점만 보아도 그가 천성적으로 "푸른 산 그림자가 발을 담구는"(「고향 친구」) 무주사람인 줄 판명된다. 그는 "서울에서 산 지 반백 년"(「얻은 것과 잃은 것」)이 지나도 "낯선 서울의 사람"(「휴일」)일 뿐이다. 그는 날마다 설천을 생각하며, 밤마다 와석을 그리워한다. 그의 그러함의 시를 숙성시킨 것은 고향의 '산'과 '들', '논밭', '밭두렁길'이었다. 그가 노년에 이르러 '미각보다 후각'에 신경이 쓰이는 것은, 결국 눈내의 눈들에서 나는 '흙냄새'를 잊지 못하기 때문이다. 박희연은 천상 무주시인인 것이다.

III. 결어

위에서 알아본 바와 같이, 박희연은 과작의 시인이고 과언의 시인이라서 가벼운 시를 쓰지 않고 불필요한 말을 삼간다. 그의 몸에 밴 근신의 태도야말로 결벽한 시업을 이끌고, 시인의 자세를 잃지 않도록 막아선 금도였다. 그는 타인의 시선에 아랑곳하지 않고 묵묵히 자신의 길을 걸어 왔다. 박두진과의 만남이 계기가 되어 시인으로 등단한 그는 한평생 줏대를 잃지 않고 스승의 뒤를 따랐다. 비록 그의 시적 성취수준이 스승과 견줄 바 못 될지 모르나, 시의 자세는 스승보다 훨씬 근엄하다. 그것이 그로 하여금 초기부터 후기까지 여일한 호흡을 유지할 수 있도록 지탱해주었다. 또 그의 교사의식은 바른 행실과 건실한 생각을 지니

「스스로 그러함의 시학-박희연론」

도록 끊임없이 제어했고, "흐리고 찌든 도시"(「오월에」)가 아니라 "산자락을 비스듬히 베고 누운 보리밭"(「청보리밭」)에서 시어를 채취한 덕분에 시의 정서가 건강하다.

박희연에 관한 소론을 마치는 자리에서 사소한 일화를 적어서 기록으로 남긴다. 필자와 그의 인연은 만남으로 이어지지 못하고 너댓 번의 통화로 이루어졌다. 서울과 전주라는 물리적 거리가 그와의 회합을 가로막은 제일 이유일 테다. 그와의 통화는 필요에 의하여 시도되었다. 필자는 계간 『문예연구』의 편집위원으로 '우리시대 우리작가'에 관여하고 있다. 이 특집은 전북 출신의 생존하는 원로작가들의 작품세계를 집중적으로 조명하는 자리이다. 그 선정은 재전북이나 출향을 막론하고 한국문학사나 전북문학사에서 필히 거론되어야 할 도내 출신 작가들을 대상으로 삼는다. 박희연은 그러는 중에 정해진 경우이다. 그러나 그는 노신사의 연륜이 담긴 목소리로 정중히 거절하였다. 여느 시인들이 그 자리에 초대되기를 고대하거나 압박하는 것이 다반사인 마당에, 일부러 찾아서 전화한 필자에게 거절하다니! 그는 한사코 전북문학의 발전에 도움을 준 것이 없으니 제안은 고맙지만 사양한다고 거푸 거부했다.

그럼에도 불구하고 필자는 박희연을 불러내고자 다시 전화했다. 삼세판의 통화에서 그는 필자의 구애가 지겨웠던지 마지못해 응낙하였다. 하지만 받아본 약력사항은 학교 전근 따위만 적혀 있었고, 사진자료에는 스승과 제자 외에 등장인물이 단출했다. 속세에 나아가 허명을 구하지 않고, 오로지 이세교육에 몸바친 교사다웠다. 그처럼 박희연은 세상 사람들과 인연 맺기가 서툴다. 그 대신에 스승을 살뜰히 위하는 일에 부지런하고, 제자들에게서 흠뻑 존경받으니 가히 사표라 할만하다. 그처럼 그의 인생은 학교를 벗어나지 않았다. 이러니 세인들의 관심을 구하

『무주문학론』

기 힘들었을 터이다.

  그러나 필자는 박희연이 상당한 시력의 시인이고, 전라북도의 명문 고등학교에서 교편을 잡았음에도 불구하고 서울에 산다는 이유로 평자들에게 묻히고 있는 듯하여 안타까웠다. 사실 이런 경우가 흔하고 보면, 그처럼 이름 내기에 서툰 시인이 각광받기란 무망하다. 예나 지금이나 문단은 낯내기 좋아하는 무리들이 휩쓸고 있으나, 비평 작업은 그와 전혀 무관하게 객관적 관점으로 단행되어야 한다. 또한 그런 결과물을 종합한 문학사를 지향할 양이면, 박희연 같이 "무색의 마음"(「시인상」)을 지닌 시인의 업적을 제외하면 안 된다. 필자는 적어도 시가 영혼의 예술이라고 주장할 것이라면, "착한 마음을 읽을 수 있는 밝은 눈"(「순수하다는 것」)을 지닌 시인이 정당히 대접받아야 온당하고 믿다. 이런 전차로 그와 인연이 맺어져 소략하나마 졸고를 썼다.

「스스로 그러함의 시학—박희연론」

'심지 약한 사내'의 부끄러움
—이봉명론

I. 시작하는 글

 이봉명은 무주군 포내리에 산다. 포내리는 "덕유산에서 내려와 갇힌 마을"(「포내리 마을」)로, 적상면에 위치한 오지마을이다. 적상산 자락에 자리한 산골이니 눈도 자주 많이 내려서 그곳 사람들은 본의 아니게 겨울이면 눈더미에 갇혀 바깥출입을 삼간다. 그런 영향으로 "산으로 둘러싸인 적상산 작은 마을"(「그해 가을의 혼돈」)에서 사는 사람들은 자연의 섭리에 순종적이다. 그들은 이웃과 대소사를 함께 치르고, "새벽길 가는 늙은 이봉명 장로 길 터주러"(「다시 어느 날」) 눈을 쓴다. 그들은 "날마다 바라보던 적상산"(「입동, 나무들」)이 가르쳐 준대로 고샅의 흙허물을 서로 덮어준다. 그처럼 어울려 살아가는 이들 속에서 살아가노라면 저절로 적상산을 닮아간다. 이봉명이 고향 포내리를 "이 땅에서 가장 아름다운 마을"(「진눈깨비」)이라고 자긍하는 근거이다.
 1956년에 태어나서 1991년 계간 『시와 의식』으로 등단한 이봉명은 『꿀벌에 대한 명상』(책만드는집, 1997), 『아주 오래 된 내 마음속의 깨벌

『무주문학론』

레』(두엄, 2011), 『포내리 겨울』(두엄, 2013), 『지상을 날아가는 소리』(두엄, 2015), 『바람의 뿌리』(두엄, 2017), 『가풀막』(두엄, 2020), 『자작나무 숲에서』(2022), 『검은 문고리에 빛나는 시간』(2023) 등, 8권의 시집과 산문집 『아직도 사랑은 가장 눈부신 것』(호서문화사, 1993), 『겨울엽서』(두엄, 2012) 등을 상재한 중견시인이다. 그가 지역과 떨어진 호서문화사에서 내게 된 경위는 『시와의식』의 추천위원이었던 박희선과의 인연으로 말미암은 듯하다. 박희선은 요사이 대전에서 추앙받는 시인이다. 그렇지만 그는 전라북도 시인의 범주에 넣어도 무방하다. 그는 충남 강경에서 태어나 7살에 금강 건너 익산시 낭산면으로 이사하여 장성하였다. 전주사범학교를 나온 그는 해방 후 군산에서 사범학교 친구들과 어울리고, 그 뒤에는 전주에서 이병기를 따르며 시를 발표하는 등, 전북인으로 여러 해를 살면서 문단에 적잖은 발자취를 남겼다.

    이봉명의 시집을 죽 읽어보면, "비릿한 세상"(「7월」)에서 입은 "보이지 않는 슬픔"(「자화상」)이 홍건하다. 그는 '세상'으로부터 받은 '슬픔'을 치유받고자 "발뿌리에 걸리는 혈육"(「길은 어디에 있는가」)을 호명한다. 그의 시집에 "새벽잠 없는 아버지"(「아침신문」)나 "뼈를 묻고 살자던 어머니"(「아들을 기다리며」), "옆에서 같이 걷다가 내게 던져주는 아내"(「길을 가면서」)가 자주 출몰하게 된 사연이다. 그가 처음으로 펴냈던 시집부터 최근작에 이르기까지, 시집을 감싸고도는 '슬픔'의 실루엣이란 "남아 있는 것은 무수히 내려앉는 침울한 기억들"(「흔적」)에서 기원한다. 즉, 그의 시쓰기는 '남아 있는 것'을 시화하여 '침울한 기억들'과 화해하기를 추구한다. 그가 날마다 끙끙거리고 밤마다 뒤척이는 이유이다. 이봉명의 시는 "가장 오래된 내 마음속의 얼룩"(「깻잎을 따며」)을 지우려는 화해의 순간을 향한 항해에 비유할 수 있다. 그가 행과 행 사

「심지 약한 사내'의 부끄러움─이봉명론」

이에 은닉해 둔 "여자의 머릿결보다 더 보드라운 흔들림"(「새벽」)이 화해의 정표이다. 그의 시를 천천히 읽어 가면 '얼룩'이 보이고, 찬찬히 읽어 가면 '흔들림'을 느낄 수 있다.

II. '날개 다친 작은 새'의 '흔들림'

1. '날지 못한 꿀벌'의 '얼룩'

인류의 오랜 꿈은 하늘을 나는 것이다. 레오나르도 다빈치나 라이트 형제 등의 비행에 대한 줄기찬 관심이 현재의 비행기 개발로 이어진 사실은 익히 알려졌거니와, 더 거슬러 올라가서 옛 신화를 살펴보아도 하늘을 나는 동물들이 날개를 지닌 줄 알 수 있다. 인류에 앞서 존재한 조류의 영향일 테지만, 사람들이 하늘을 나는 도구로 "먼 곳으로 날 수 있는 날개"(「새처럼 날개를 달고」)를 지목한 것은 유의미하다. 이 나라의 천재 소설가 이상은 1936년 『조광』에 발표한 단편 「날개」에서 "날개야 다시 돋아라. 날자. 날자. 한번만 날자구나. 한번만 더 날아보자꾸나."고 적었다. 물론 그것은 '인공의 날개'였지만, 미쓰코시백화점(현 신세계백화점)으로 대표되는 식민자본주의의 침략과 횡행 현상으로부터 탈출을 욕망하는 우울감의 표지였다. 그처럼 "하늘을 날을 거라는 꿈"(「절망은 환상을 본다」)은 가끔 현실세계에 대한 이루어질 수 없는 소심한 항거의사로 해석되기도 하다. 즉, 하늘을 나는 꿈은 "침몰 당하는 나"(「이렇게 우울한 날이면」)의 절망감이 외현된 것이다.

"그리운 것들 숨 쉬는 고향"(「고구마」)에서 벌을 치며 사는 이봉명은

『무주문학론』

꿀벌을 통해서 날기를 시도한다. 그의 잠재의식 속에서 꿈틀거리던 지상으로부터의 탈출 욕망이 꿀벌에게 의탁된 것이다. 그와 현실의 부조화가 비상의 꿈으로 외화한 것일 테다. 이 점에서 그는 "이를 악물고 비상을 시도하는 날개 다친 작은 새"(「겨울 숲속에서」)이기도 하고, "끝내 어설픈 가장"(「꿀벌살이」)이기도 하다. 그가 틈날 적마다 "무능한 시인 하나 살리는 꿀벌"(「꿀벌 5」)이라고 고마워하는 이유이다. 생계수단으로 벌을 치는 그의 꿀벌에 대한 사유가 남다를 수밖에 없다. 첫 시집의 이름을 『꿀벌에 대한 명상』이라고 붙일 정도로, 그의 시에 꿀벌이 숱하게 등장하게 된 속사정이다. 대부분의 시에서 그는 꿀벌과 자신을 동일시한다. 앞서 언급한 바와 같이, "각다분한 세상"(「그날」)으로부터 벗어나고픈 바람을 날기로 대체한 그이고 보면, 꿀벌로 몸을 바꾼다손 치더라도 대수롭지 않다. 그 증거는 그의 시집에서 빈번히 출연하는 꿀벌들을 찾아내면 바로 수긍된다. 오죽하면 그는 "이 지상에서 내가 외롭게 놓고 싶어 하던 벌들"(「꿀벌에 대한 명상」)이라고 말한다. 그만큼 이봉명은 벌과 자신을 등가로 처리하여 한몸된 줄 내외에 선포한다.

꿀벌은 신화나 종교에서 선악을 구별한다거나, 재앙을 예보하는 탁월한 능력을 지닌 영험한 곤충으로 귀히 여겨졌다. 사람들에게 좋은 일만 하다가 생을 마치는 벌의 속성에 착안한 찬미일 것이다. 꿀벌을 대표하는 일벌은 평생 꿀을 따는 일에 종사하라는 숙명을 안고 살아간다. 꿀벌은 본래 인도에서 태어나 밀원을 찾아다니다가 동양종과 서양종으로 나뉜 이산가족이다. 5천여년 전부터 인류가 시작한 벌치기는 2천년 전 고구려에 들어왔다고 하니 솔찬히 오래 된 줄 알 수 있다. 그 뒤로 근대에 독일 선교사가 한국에 이탈리안종을 들여오면서 종끼리 경쟁하는 구도가 만들어졌다. 그 싸움에서 이국종이 압승하는 통에, 토종으로 불

「'심지 약한 사내'의 부끄러움-이봉명론」

리는 동양종은 산속으로 거처를 옮겨 궁색한 살림을 면치 못하고 있다. 그곳에서도 재래종은 말벌의 먹이로 놀림감이 되었으니, 동종간의 투쟁은 어디서나 벌어지는 판이다.

> 지금 피어 있는 꽃은
> 꿀벌을 맞이할까요
> 한때는
> 그대와 세상에 사는 일이
> 고운 얼굴의 눈빛만큼 아름다웠다고
> 더 이상 말하고 싶지 않아요
> 세상은 눈물 없이 살아도 좋았고
> 당신처럼 눈물로 살아도 좋았다
> 저마다 사는 일이 다른
> 그대와의 사이에서
> 한때는 그대가 되고 싶었던 일이
> 얼마나 아름다웠다고
> 더 이상 말하고 싶지 않아요
> 그대의 절망과 나의 절망
> 일치하지 않는 세상
> 운명처럼 살아왔으므로
> 하루에도 무수히 죽음이 두려워
> 흐느적거리는 날개를 접었으나
> 어둠이 깊을수록 길을 잃는
> 그대를 바라보고 있을 수 없었다고
> 말하고 싶지 않아요
> ―「꿀벌의 고백 1」 전문

양봉을 업으로 삼고 있는 시인이 꿀벌과 신분을 바꾸고 담화한다. 둘은 운명처럼 만나서 '그대의 절망과 나의 절망'조차 공유할 정도로 친근하다. "언제나 한 번은 꿀벌이 되고 싶었다"(「꿀벌을 위하여 2」)는 이봉

『무주문학론』

명의 소원대로, '꿀벌의 고백'을 통하여 이봉명은 "존재와 슬픔의 깊이"(「꿀벌 16」)를 보여준다. 그것은 자신의 사위에서 파고드는 어둠의 무게처럼 측정할 수 없는 '슬픔'이다. 슬픔은 그의 시편에서 간헐적으로 드러나는 듯하나, 실은 행간에 보편적으로 장치되어 있다. 그가 슬픔의 정서를 간직하고 있다는 사실은 "꿀벌 치며 사는 시"(「여전히, 꿀벌들은 죽지만」)가 "밥이 되지 못하는 시"(「긴 겨울 동안 우리는」)와 다름없는 줄 알려준다. 그의 곤고한 살림 형편을 에둘러 표현한 것이지만, 꿀벌은 그에게 생계의 도구이자 시업의 대상이기도 하다. 생계가 시업을 상관하는 줄 아는 이라면, 그의 시행에 흐르는 '슬픔'의 정도를 추측할 수 있을 것이다.

　'꿀벌의 고백'은 '꿀벌의 일기'를 통해서도 재현된다. 이봉명이 꿀벌을 의인화하여 노리는 효과는 분명하다. 그것은 "가난의 뼈가 보이는 내 삶의 틈새"(「꿀벌 3」)와 "문틈 사이로 흘러드는 것"(「꿀벌 8」)을 수용하려는 의도의 소산이다. 그는 그 '틈'을 통해 "사막을 건너오는 낙타 발자국 소리"(「감자」)를 듣고 싶었다. 그의 시편에 등장하는 인물들은 '발자국 소리'를 내지 않는다. 가령, 어머니나 아버지 그리고 아내나 이웃 사람들은 적상산의 기세에 눌려 소리를 내지 못한다. 그 소리는 '틈새'로만 볼 수 있는 것이다. 이봉명의 "철렁이는 눈동자"(「처서 3」)가 "비겁하게 돌아눕는 마을"(「어느 겨울 오후에」)의 모습을 알아차릴 수 있었던 것은 외롭게 펑퍼짐하게 앉아서 사방을 꿰뚫어보는 적상산의 안목을 학습하며 획득한 것이다. 그와 같이 그의 시안은 "꿀벌의 말없는 몸짓을 사랑했던"(「꿀벌과 함께」) 단단한 경험으로부터 습득된 것이라서 든든하다.

　꿀벌과 함께 이봉명의 분신으로 채용된 소재로 깨벌레를 꼽을 수 있다. 농촌에서 자란 사람이라면 어른을 따라 들어간 깨밭에서 깨벌레를 잡아 놀던 기억이 있을 것이다. 미물에 불과하지만, 농부들로서는 깨농사를 망치는 해충이라서 처치하는 게 당연했다. 아이는 부모가 가르쳐 준 대로 깨벌레를 속아내어 갖고 논다. 사람이 가꾸는 작물을 괴롭혔다는 이유로 깨벌레는 귀한 목숨을 잃는다. 그처럼 한반도의 깨농사를 망치는 원흉으로 지목된 깨벌레이기에, 도처에 깨벌레 설화가 전해지고 있다. 주로 깨벌레가 사람들에게 복수하는 얘기로, 어떤 지역에서는 스님으로 환생하기도 한다. 설화의 재미성을 담보하고 긴장감을 가속화시키는 변신 모티프는 고래로 동서양의 이야기에서 빠지지 않고 등장하였다. 저 유명한 프란츠 카프카의 문제작 『변신』이나, 이가림의 시 속에 등장하는 '게'가 대표적이다.

　그와 같이 문학사적으로 세상의 모든 벌레는 변신할 여지가 있다. 이야기의 경과에 따라서 벌레의 변신 정도가 달라질 수 있겠으나, 본래의 모습을 바꿨다는 사실은 달라지지 않는다. 그 달라짐, 곧 변태의 과정은 벌레가 성충이 되어 가는 중에 필히 겪어야 할 통과의례이다. 그렇다면 깨벌레의 변신은 일종의 입사식담을 이루는 화소라고 봐야 마땅하다. 이봉명의 시 속에 나오는 깨벌레를 서사물의 구성인자로 읽어야 할 근거이다. 더욱이 그는 근자에 펴낸 시집의 제목을 『아주 오래 된 내 마음속의 깨벌레』라고 짓지 않았던가. 깨벌레와 그의 사이에 무슨 인연 혹은 사건이 벌어졌다고 시집명을 저렇게 지었을까. 그에 대한 대답은 그가 시집의 앞에 붙인 말에서 단서를 찾을 수 있다. 깨벌레는 시집의 행간에서 '꿈틀거리고' 작품에 장치된 의미를 돌돌 말아 감춘다. 그것은 '나의 가장 깊은 데까지 침투해 오는 어머니'처럼, 시인의 심연에 또아리를 틀고 앉아서 시심을 일깨운다. 그 덕분에 이봉명의 시집을 읽노라

『무주문학론』

면, "허기진 밤에 꿈을 꾸는 나무"(「첫눈 6」)들이 수런거리는 "나지막한 목소리"(「겨울나무」)가 "詩 한 줄"(「자화상」)로 결정화(結晶化)한 줄 알 수 있다.

　　여자의 가슴에 숨겨진 비수처럼
　　아주 오래된 내 마음속의 깨벌레
　　한 마리가 꿈틀거리고 있다
　　낯선 마을에 얹혀사는 막일꾼도
　　한 마리 개를 만나기 위하여 어슬렁거리는 나도
　　눈부시게 문틈을 밀고 들어오는 아침햇살도
　　어머니가 눈부신 꽃상여를 타고 갈 때처럼
　　늘 꿈틀거리는 깨벌레를 벗어날 수 없다
　　나의 가장 깊은 데까지 침투해 오는 어머니,
　　꿀벌을 치며 사는 것처럼
　　아직도 단념하지 못한 폐선의 키를 붙잡고
　　포내리를 떠나지 못한다
　　적상산과 나 사이에
　　낮은 데로 낮은 데로 몸 낮추고
　　언제나 그 깊은 우물물을
　　두레박으로 길러 올리겠다

이봉명은 마치 시처럼 행을 갈랐다. 줄글답게 줄 따라 쓴 게 아니라, 시인은 일부러 시인 양 줄을 나누었다. 그에 힘입어 「序文」은 '서시'가 되고 말았다. 그의 의도한 바라면, 여느 서문과 다르게 읽을 일이다. 보통의 서문은 '서'에 관례적으로 얹는 '문'답게 시인의 속마음을 담아서 본분을 망각하지 않는다. 그것은 시집을 내면서 느끼는 소회라거나, 시집을 누구에게 바치겠다는 투로 시인의 속내를 정직하게 드러내어 기대에 부응한다. 예를 들어보자면, 이봉명이 처음으로 낸 시집에 쓴 아래의 「시인의 말」처럼, 서문은 시집을 내면서 돌아보는 감회와 앞으로의 결의가 주를 이룬다. 그 감회와 결의 사이에 다정한 짝처럼 헌사가 놓인다. 그러나 위아래에 든 인용문을 읽다 보면 결이 다른 줄 알 수 있다.

> 좋은 詩를 쓰겠다고 욕심을 부리던 때가 있었습니다.
> 부족한 대로 뒤늦게 시집을 묶습니다.
> 낯선 도시에서 불어터진 라면을 눈물로 먹던 시절, 꿀벌이 우리를 버리지 않고 살아온 이야기를 쓰지 않는다고 나무라시던 선생님, 이제 그게 나의 詩임을 알게 되었습니다.
> 생전에 변변히 호강 한 번 시켜드리지 못한 어머니의 영전에, 아내 이선옥, 아들 탄휘, 딸 소예와 함께 무릎을 꿇고 이 시집을 바칩니다.

인용한 대목의 앞에 나오는 '낯선 도시에서 불어터진 라면을 눈물로 먹던 시절'의 고통은 "불어터진 라면을 불어 먹던"(「5월, 그 섬에 갔었다」), "끼니때마다 불어터진 라면을 먹던 날"(「5월의 잔상」) 등으로 재생된다. 유사한 표현이 거듭 나오는 걸로 봐서 '불어터진 라면'이 초래한 '불어터진' 감정의 강도가 여간 아니었던 줄 추량할만하다. 또한 처음에 나오는 '여자의 가슴에 숨겨진 비수처럼'은 "여자의/가슴에 숨겨진 비수"(「노을」)나 "여자의 가슴에 숨겨 놓은/비수 같은 달"(「풀꽃 4」)로 재사용되기도 한다. 노을이 '비수'처럼 "온통 하늘에/상처를 낸다"면, 시인의 마음속에 살고 있다는 '깨벌레'도 '꿈틀'거리며 마음속에 '상처'를 낼 터이다. 그 상처의 자국이 "죽고 싶던 그런 날도 시를 썼다"(「추신」)는 시이리라.

이처럼 이봉명의 시편에 간헐적으로 재출현하는 비유들은 팍팍한 나날살이를 되새김한다. 그는 감정의 반추행위를 통하여 "한때 날고 싶어

『무주문학론』

안달하던 때"(「입동 6」)와 해후한다. 그러나 그래도 못다 한 회한이 있으니, 그가 '생전에 변변히 호강 한 번 시켜드리지 못한 어머니'에 대한 불효이다. 모름지기 지상의 모든 자식들이 어머니 앞에서 다 불효자인 판에, 그만이 불효자로 어머님 전 상서를 쓸 것은 아니다. 어머니는 '아주 오래된 내 마음속의 깨벌레'로 남아서 시인에게 "가장 오래된 내 마음속의 얼룩"(「깻잎을 따며」)을 시화하도록 추동한다. 그것은 이봉명으로 하여금 '꿀벌이 우리를 버리지 않고 살아온 이야기'를 시로 쓰라고 압박하여 "적상산 기슭 아래 윤팔월 젖은 흙 속"(「고구마」)에 시의 뿌리를 내리도록 압력한다.

2. '나 그리고 그대'의 해후

대저 한국 사회는 인연으로 얽혀 있다. 그 속에서 살아가는 사람들은 "질긴 인연의 실타래"(「겨울 숲속에서」)로부터 자유로울 수 없다. 인연은 사람들을 얽어매고 구속하며 이어주면서 주변을 전지하여 주체로 하여금 세상살이가 인연으로 영위되는 상황을 조성한다. 그처럼 인연은 사람보다도 "시덥잖은 세상"(「5월이 되기 전부터」)을 움직이고 지탱하는 힘이다. 인연은 종류도 여러 가지이다. 피를 나눈 혈연, 학교로 맺어지는 학연, 탯줄로 이어진 지연 외에도 인연을 생성하는 조건은 사람과 장소에 따라 다양하다. 인연은 사방에서 필연적으로 앞뒤를 바꿔가며 매양 '질긴' 모습을 취하여 현현한다. 사람들이 인연의 굴레로부터 벗어나지 못하는 사정이다.

이봉명의 시집에 속출하는 인연은 혈연이 으뜸이다. 예컨대, 그의 시집에는 "비명 지를 새도 없이 저만큼 급히 뛰어나가는 아버지"(「가을

햇볕 아래서」), "말 응대 없이 길을 나서는 어머니"(「처서 2」), "입 하나 덜기 위해 시집 간 누나"(「보리이삭」) 등이 여러 번 나온다. 이런 양상은 그의 시적 정서가 헤어진 가족들에 대한 원초적 그리움에 기대고 있는 줄 시사한다. 무릇 가족이란 피로 맺어진 사이라서 세상의 누구보다도 끈끈하다. 가족은 한 생명이 태어나자마자 처음으로 맺어지는 사회이며, 그가 사회에 절망할 때에도 끝내 옹호해주는 최후의 울타리이다. 가족이야말로 사람이 군서동물인 줄 실체로 입증한다. 이봉명이 가족들을 자꾸 불러내는 것은 작품이라는 가상의 공간 위에서라도 만나고 싶은 욕망에 다름 아니다. 곧, 현실세계에서는 이루어질 수 없는 그들과의 만남을 통해서나마 "어둠의 한복판 쓸쓸한 거리"(「포내리에서」)에서 맛봐야 했던 신산한 상처를 "심지 약한 사내"(「모자이크 2」)는 위로받고 싶은 것이다.

　이처럼 이봉명은 '그대'로 표현된 가족과 연결된 인연의 망 속에서 실존적 의미를 느낀다. '그대'와의 얽힘 속에서 존재를 확인하는 것이다. 그가 "그대와 내가 만난 것은 작은 영원"(「새처럼 날개를 달고」)이라고 선언한 발언을 듣노라면, '그대'의 있음이 삶의 이유이자 조건인 줄 알 수 있다. 그는 '그대'와의 조우 위에서만 '영원'을 꿈꿀 수 있는 것이다. 또 그에게 '그대'만이 '영원'을 기약해준다. 그러므로 "그대와 나"(「가을 오후 3」)의 만남이 궁금해진다. 구체적으로 그의 시에서 '그대'는 "관절 앓고 있는 어머니"(「풀꽃 3」)와 "지지리도 못난 아내"(「적상산」)이다. 두 여성은 비록 "가난한 손 흔드는 그대"(「꿀벌 12」)이지만, 이봉명으로 하여금 생의 의지를 포기하지 않도록 버팀목 역할을 수행한다. 두 사람에 대한 천착이야말로 그의 시세계로 들어가는 관문이다.

　어머니는 옛날이나 지금이나 찬양의 대상이다. 시공을 가로질러 불변

『무주문학론』

하는 어머니예찬은 한국시에서 더 강하게 나타난다. 그 이유야 여러 가지일 테지만, 그 중에서도 조선왕조가 통치 이념으로 남성 중심의 유교를 채택한 영향을 들 수 있다. 유교가 온 나라의 질서를 휘어잡게 되자, 여성의 인권은 수면 아래로 깊숙이 잠겨버렸다. 그로부터 오백년을 지나고, 일제라는 가부장적 식민시대를 거치고, 해방 후의 혼란과 전쟁 등을 겪으면서 어머니는 뒷전으로 밀려났다. 늘 수입이론에 경박하게 반응하는 한국의 학자들마저 어머니에 관한 담론장을 개설한 적이 없다. 그들이 어머니를 외면한 탓에 이 나라의 담론은 하나같이 비생산적이다. 그들은 남의 주장을 깎아내리고, 남의 이론을 타박하는 데 익숙하나, 정작 자신의 주장을 내놓지 못한다. 그는 어머니가 세상의 시작이고 끝인 줄 모르는 것이다. 어머니는 표나지 않는 자리에서 자식을 위해 희생하고, 가문을 건사하면서도 공에 따른 보상을 전혀 받지 못했다. 그것이 세상의 자식들로 하여금 최대의 찬사와 최고의 경례를 표하도록 만들었다.

 그러거나 말거나 시인들은 쉬지 않고 어머니송을 생산해 왔다. 고려가요 「사모곡」을 잇는 어머니찬가가 시대를 뛰어넘어 그치지 않는 이유는 명백하다. 어머니야말로 '나'의 출발점이며 본처(本處)이고, 사유의 원형이며 최후의 귀의처이기 때문이다. 게다가 어머니는 세상에 단 한 번, '나'와 탯줄로 이어져 한몸이 되었던 사람이다. 그녀의 뱃속에서 나오는 순간, '나'는 세상에 기투된 고독한 존재가 된다. 그로부터 '나'의 외로움은 죽을 때까지 극복할 수 없는 숙질(宿疾)이 된다. 어머니는 자신이 낳은 핏덩이가 세계-내-존재로 바로 설 수 있도록 죽을 때까지 불안스럽게 바라본다. 더욱이 "나로 하여금 꿀벌 치게 한 어머니"(「꿀벌 11」)라면, 양봉업에 종사하여 생계를 꾸려가는 이봉명에게 어머니는 양봉 현장을 포함한 도처에서 출몰하여 시상을 제공한다.

"어머니는 떠났습니다"(「마지막 겨울엽서」)
"어머니의 심장에서 들려오는"(「겨울나무」)
"어머니가 빠져 나가 버리고"(「깻잎을 따며」)
"어머니가 돌아가서 한 줌 피를"(「잃어버린 것들을 위하여 1」)
"어머니의 목마른 기다림"(「적상산」)
"어머니 때문에 울지는 않았다"(「고향, 포내리에서 3」)
"어머니 손으로 불이 지펴져서"(「고구마」)
"어머니 가슴에 박힌 못 하나"(「여수 애양병원에서」)
"어머니는 굽은 허리로 다가와"(「오수」)
"어머니가 눈부신 꽃상여를 타고 갈 때처럼"(「길 위에서」)
"어머니와 밥상을 마주 앉으면"(「꿀벌 8」)
"어머니의 땟국 젖은 허리춤"(「꿀벌 9」)
"어머니, 잠시 쉬었다가 갈 세상에서"(「꿀벌로부터의 가을」)
"어머니, 흔들리는 눈물"(「가을 오후 3」)
"벽에서 내려온 여든 아홉의 어머니"(「가을 오후 5」)
"어머니가 몇 번 들창을 열어 올린다"(「들창」)
"어머니, 나무를 보아요"(「입동, 나무들」)
"어머니의 상처만큼 깊어진"(「겨울새 2」)
"어머니가 강을 건너고 있다"(「추분 3」)
"어머니 꽃무덤 하나 오래도록 외롭게 퍼질러 앉아 있다"(「가풀막」)
"삼베 적삼 널어놓고 피 토하는 어머니"(「배롱나무꽃 2」)

위 말고도 이봉명이 '어머니'를 소재로 삼은 시는 숱하다. '어머니' 연작까지 감안하면, 그의 시에서 어머니가 차지하는 영지가 깊고 넓다는 사례이다. 그만큼 그의 어머니에 대한 사랑은 지나칠 정도로 집요하고 허다하다. 그만이 아니라 많은 시인들이 과할 정도로 어머니에 대한 사랑을 공공연하게 표출한다. 하지만 어머니의 편재성은 시인의 탁월한

『무주문학론』

형상화 능력에 빚을 지지 않으면 두루뭉술한 작품으로 전락하고 만다. 이 난제를 슬기롭게 돌파할 요량으로 이봉명은 어머니를 여러 시편에 분산하는 전략을 취한다. 그의 수법에 편승한 어머니는 도처에서 아들-시인의 호명에 대답하며 시상의 자연스러운 전개에 도움을 준다. 어머니를 아주 많이 출현시키면서도 작품 속에서 심상이 겹치지 않고 발길도 꼬이지 않은 채 졸가리만 남길 줄 아는 그의 시작법이 여간 아니란 증례이다.

그러다 보니 "경주 이씨 36대손 이갑덕"(「할미꽃」)의 설자리가 좁아지고 말았다. 아버지는 "굽은 허리 질끈 묶고 서 있는 나무"(「고목」)처럼, 저만치 홀로 서 있어서 소외되어 있다. 이봉명의 시에서 아버지는 「아버지」 연작으로 형상화되고 'Sum qui sum', 즉 "스스로 있는 자"(「아버지 3」)가 되어 하느님처럼 영존하는 존재로 묘사되는 등, 제법 여러 편에서 소재로 쓰였다. 그러나 "이갑덕과 최점순"(「유산」) 중에서 빈출의 다소를 가리자면, 아버지는 "아버지, 다시는 술 마시지 않을 겁니다"(「겨울 하늘에」)라고 다짐하는 대상으로 호출되어 시의 변방으로 쫓겨나 있다. 이런 경향은 한국시에 편재하고 있어서 힐난거리가 아니다. 그러므로 이봉명의 시에 출연한 "새벽잠 없는 아버지"(「아침 신문」)가 "나 그리고 그대"(「등대 1」) 속에 들어가지 못한들 타박할 게 아니다. 아버지는 인연의 언저리에서 관계 속으로 진입할 기회를 엿보지만, 사회의 구성원들은 침입을 가로막는다. 한국시사를 살펴볼 양이면, 아버지는 대부분의 시작품에서 제자리를 부여받지 못한 채 "말 꾸지람만 비벼 넣는 아버지"(「처서 2」)와 같이 일방적으로 권위를 휘두르는 존재로 자리매김된다. 이봉명의 시편에서도 "둥실하게 둥대미 들고 나오는 아버지"(「서문」, 『자작나무숲에서』)는 모자의 주위를 배회하고, 그의 자리는 어머니가 차지하고 있다.

"아버지는 그가 누구인지 모른다"(「포내리 8」)는데, 어머니는 "골목을 질러 물 퍼 나르던 최점순"(「모과나무 아래서」)이나 "칠순의 허리 굽은 최점순"(「내가 걸어온 만큼 다시 가야 한다」), "여든 하고 다섯 전주 최씨 최점순"(「호박꽃」), "최 점 순/점/순"(「어머니」), "꼬부랑 어머니 최점순"(「나팔꽃 2」), "골목을 질러 물 퍼 나르던 열여덟 최점순"(「모과나무 아래서」) 등에서 수차례 실명으로 호명된다. 이처럼 이봉명은 어머니를 실명으로 부르면서 어린 양한다. 아래에 든 예시가 그 사정을 조곤조곤 알려준다.

    어머니 날 낳고 삼년만 기뻐하셨다
    삼십년의 슬픔 속에서
    눈물이 다 말라버린 눈빛으로
    아들의 출근을 바라보시는 어머니
    나 몰래 돌아앉아
    마른 눈두덩을 문지르시다
    눈부시게 문틈을 밀고 들어오는 아침햇살에,
    하, 벌써 꽃은 피고 지고
    씨앗 영그는 소리,
    길을 가는 아들의 발자국 소리
    귀 기울여 듣는 어머니
        —「어머니 5」 전문

어머니는 자식을 낳고도 '삼년'만 기뻐하고 '삼십년'을 슬퍼하였다. 그 뒤로 '눈부시게 문틈을 밀고 들어오는 아침햇살' 사이로 세월이 흘러 꽃이 피고지고 어느덧 '씨앗 영그는 소리'가 들린다. 자식이 그 소리를 들을 수 있을 나이에 접어들었다면, 시 속의 어머니는 "어머니—막심 고

『무주문학론』

리끼"(「마지막 겨울엽서」)와 같다. 지상(地上)이 아니라 지상(紙上)에서 만날 수 있는 어머니라면, "빈 술병 속에 구겨진 나를 깨우는 어머니"(「겨울 숲속에서」)가 아니다. 그녀는 "너울거리는 상여꽃이 되어"(「어머니 1」) 이승을 하직한 지 이미 오래라서 더 이상 "목 쉰 소리로 울던 철부지"(「어머니 2」)의 허물을 덮어줄 수 없다. 어머니의 부재는 시인-아들로 하여금 참회록을 쓰도록 이끌었다. 그때 고리키의 『어머니』는 부재하는 어머니의 빈자리를 재확인시켜주는 촉매이다. 실제와 가상의 두 어머니가 교차하면서 '아들의 출근을 바라보시'고 '아들의 발자국 소리'를 듣는 "안개가 짙어 지척을 분간하지 못하는 어머니"(「안개 2」)의 모습으로 나타난다. 시인이 어머니의 귀 기울여 '듣는' 행위를 구두점으로 종료하지 않은 탓이다.

어머니가 세상을 떠나고 나면 그 자리는 아내가 대신한다. "텃밭에 고추 말리던 선옥이"(「가을, 모과나무 아래서」)가 제이의 어머니로 매무새를 고치고 안방에 자리잡는다. 더욱이 "내 나이 열한 살 무렵, 어머니는 너무 일찍/저 세상으로 가셨다"(「꿀벌 19」)는 이봉명의 진술처럼, 일찍 여의기라도 한 경우에는 아내가 차지하는 영토가 넓어진다. 아내는 '나'와 육체적 관계로 맺어진 뒤, 어머니가 그랬던 것처럼 '나'의 자식들과 탯줄로 이어진다. 그 뒤라야 "여보라고 부르는 여자"(「나그네는 집을 갖지 않는다」)는 어머니가 된다. 그녀의 신분은 정확히 아내이자 어머니이지만, 자식을 건사하기 시작한 뒤로는 아내의 자리는 뒤로 밀려나고 어머니의 역할이 앞선다. 이웃의 호칭도 누구 엄마로 바뀐다. 아내가 어머니로 승격하는 찰나, 그녀는 '나'로부터 극진히 예찬받아야 할 존재로 격이 높여진다. 이봉명의 시에서 이 점을 자주 발견할 수 있다. 이봉명은 "스스로 사랑하고 내게 와 준 아내"(「삶 앞에서도」)에 대한 미안함을 가누지 못한다. 아내는 "밭고랑 사이로 죽어 엎어진 나의 모습"(「세월」)조차 타박하지 않고 안아줬던 어머니를 대신하는 존재가 되어 가없는 사랑으로 그를 포옹하고 포용한다.

"날이 샐 때까지 꼼짝 않는 아내"(「겨울밤」)
"살며시 아내를 깨워"(「고구마」)
"아내와 미끄러지며 길을 떠나고"(「겨울바다 위로 눈이 쌓이면」)
"살아온 길 아득한 아내"(「운동장」)
"아내여 이제는 돌아가야 하지 않는가"(「길은 어디에 있는가」)
"아내는 부자가 되고 싶고"(「모자이크 2」)
"아내는 잘도 견뎠다"(「5월의 잔상」)
"아내는 바다만 보면 미쳐 눕는다"(「5월, 그 섬에 갔었다」)
"손놀림이 나쁜 아내"(「장마 4」)

이만 하면 이봉명이 아내에게 느끼는 부채감을 짐작하기에 충분하다. 그만 아니라, 한국의 남자들은 나이가 들어갈수록 아내에게 미안한 감정을 느낀다. 젊은 시절에는 표백하지 못했던 미안함이 늙어가면서 낯을 드러내는 현상이야말로 가히 한국적이다. 그들은 "자다 말고 우는 아내"(「5월의 잔상」)의 모습을 보고 침대 맡에 앉아서 자신의 허물을 탓한다. 젊어서 탓했더라면 늙어서 되풀이하지 않았을 텐데, 생겨날 적부터 미완성인 사람이라서 일이 터지고 난 뒤에야 참회한다. 그가 후회하지 않고 전회할 줄 알았더라면, 세계사는 물론이고 개인사도 훨씬 달라졌을 터이다. 이봉명도 한국 남자인지라 "손놀림이 바쁜 아내"(「장마 4」)에게 고마움을 겉으로 표현하기 서툴다. 그것을 시의 행간에 숨겨놓는 방식으로 "눈망울 큰 나"(「운동장」)를 안아준 "벌써 예순다섯 된 전주 이씨 효령대군파인 여자"(「텃밭 2」)에게 사의를 표명할 뿐이다.

『무주문학론』

그와 같이, 이봉명은 어머니와 아내로 만들어진 시인이다. 그의 '그대'를 향한 몸짓이 시편이고, '그대'를 위한 몸놀림은 "참회의 그림자"(「포내리에서」)로 읽힌다. 두 여자는 그의 시세계를 구성하는 밑돌이고, 에워싼 울타리로 든든한 바람벽이 되어준다. 그가 "쓰러지고 넘어지는 건 그대와 나"(「포내리 비명」)라고 절규하는 것만 보더라도, '그대'와 '나'의 연대 양상을 어렵지 않게 추측할 수 있다. 그가 포내리라는 벽촌에 살면서도 시쓰기를 지속할 수 있었던 배후에는 어머니의 가호와 아내의 후원이 자리하고 있다. 즉, "바다가 보고 싶다고 신발 찾던 여자"(「바람」)와 "개똥 들고 호박구덩이 가는 남자"(「옥수수」)가 만나서 시업을 같이 꾸려가며 생업을 동업하고 있는 셈이다. 그가 무주작가회의를 창립하고 김환태기념사업회와 눌인문학회의 사무를 거뜬히 감당할 수 있었던 것은 두 사람의 무너짐 없는 도움에 힘입었다. 겉으로는 "말로 해서는 안 되는 것이 사랑"(「노을 3」)이라고 부끄럽게 변명하는 이봉명은 "호미처럼 굽은 내 어머니"(「감자」)와 "나의 여자 당신"(「외경 1」)에 대한 미안한 고마운 사랑으로 "신이 써 내려간 긴 갈망"(「빈집 4」)을 오늘도 시화한다.

Ⅲ. 맺는 글

　위에서 살펴본 바와 같이, 이봉명은 체험에 터한 시를 쓴다. 그의 시에 거짓이 없는 이유이다. 그의 시에 두드러지게 나타나는 "아름다운 여자 눈썹 같은 슬픔"(「꽃이 진다」)은 "슬픔이 내려와 고이는 곳"(「포내리 5」)이라는 장소성과 어우러져 "다리 절며 걸어온 겨울"(「겨울 아침에」)의 이야기로 구성된다. 그가 쓴 시의 행과 행은 겨울이 흘러가는 고랑이다. 그가 생을 영위하는 적상산의 겨울은 매서운 한풍과 함께 날카로운 추위로 옷깃을 파고들어 살을 엔다. 그곳 사람들은 한파 위세에 억눌려 허리를 숙이고 두 손으로 무릎을 잡은 채 겨울을 공손히 난다. 포내리 사람들이 겨울밤이 되면 회고록을 쓰는 이유이다. 이봉명의 시편에 두루 내면화되어 있는 어머니의 모습은 가족사로부터 연원한 것이지만, 최근작에 다가올수록 수효가 줄어드는 추세이다. 그러한 징후는 "깊은 수심에서 건져 올린 눈부신 빛살들"(「그래, 지금도 우리가」)을 "아내의 텃밭과 꿀벌이 노니는 포내리의 숲"(「바다에 가고 싶다」)에서 발견한 후부터 선보이기 시작했다. 포내리가 그의 시적 출발점이자 도착점라는 사실을 깨닫게 되기까지의 여정이 이봉명의 시적 편력인 것이다.

근래에 펴낸 시집 『자작나무숲에서』에서 이봉명은 "밑에 앉고 스스로 다가와 웃는 풀꽃"(「풀꽃 7」)과 "마을 입구에 서성여도 바라보지 않는 나무"(「강 1」)로 관심을 이동하고 있다. 예거하자면, "꽃며느리밥풀꽃, 새며느리밥풀꽃, 애기며느리밥풀꽃"(「꽃며느리밥풀꽃」), "자꾸 하얀 민들레꽃"(「민들레꽃」), "수염패랭이꽃과 술패랭이꽃"(「패랭이꽃」), "물찬 제비 오는 남쪽 길목 제비꽃"(「제비꽃」), "종다래끼 가득 찔레꽃"(「찔레꽃」), "큰괭이밥 자주괭이밥"(「괭이밥」), "곁가지 할미꽃"(「할미꽃」), "배롱나무꽃"(「배롱나무꽃」) 따위의 꽃과 "하늘 높은 줄 알고 쭉쭉 자라온 감나무"(「감나무」), "사과나무, 밤나무, 자두나무, 포도나무, 복숭아나무, 매화나무"(「감나무」), "물푸레나무 좀쇠물푸레나무 쇠물푸레나무"(「물푸레나무」), "숲에는 마가목"(「마가목」), "여러 해 동안 잔가지를 키우느라 안간힘을 쓰던 팽나무"(「팽나무」) 등이다.

『무주문학론』

그 전에도 이봉명이 풀이나 나무를 시의 대상으로 삼지 않은 것은 아니다. 하지만 요새 시집에서는 아예 풀과 나무를 제목으로 삼아서 시적 관심이 달라지고 있는 줄 노골적으로 예증하고 있다. 그 요인으로 짐작할 수 있는 것은, 여느 시인들처럼 물리적 연치가 증가하면서 "위로 두 팔 벌려 뻗치던 나이 많은 자작나무"(「자작나무숲에서 3」)를 우러르며 학습하게 된 깨우침이 첫 손가락일 터이다. 젊은 날의 어두컴컴한 터널을 지나온 사람은 안다. 자신의 언행을 억압하고 부추기며 조종하던 젊음이 자신을 갉아먹고 "나를 가두는 일"(「서문」, 『지상을 날아가는 소리』)인 것을 말이다. 그것은 곧 "성급한 늙은 시인"(「눈이 내리면」)이 되지 않으려는 이봉명의 다짐을 불러온다. 그제야 그는 "나에게로 오는 상처"(「사람에 대하여, 상처」)마저 눅여서 제 살로 만들고, "피 묻은 무릎 사이로 손을 내밀어준 얼굴들"(「자작나무숲에서 5」)이 자신의 '얼룩'을 닦아준 줄 알게 된다. 그의 시가 이 즈음에 이르러 예전에 지적되었던 감정의 객관화에 노력한 나머지 한층 진경으로 진입했다는 움직일 수 없는 증거이다. 그것은 전적으로 "존재하는 것으로 수없이 몸서리치던 날"(「안개 1」)과의 화해로 얻어진 선물이다.

「'심지 약한 사내'의 부끄러움-이봉명론」

'오지항아리'의 자아 찾기
―전선자론

1

　전선자의 시를 읽자니, 19세기 독일 낭만주의를 대표하는 화가 카스파르 프리드리히(Caspar David Friedrich)의 문제작 「안개바다 위의 방랑자(Wanderer above the Sea of Fog)」가 떠오른다. 대부분의 논자들은 이 그림을 가리켜 거대한 자연에 마주선 인간의 고독을 그렸다고 결론한다. 하지만 동양인의 시선으로 그림을 자세히 보면, 날카로운 바위 위에 선 사내가 지팡이를 들고 바라보는 모습은 다소 거만하다. 그가 응시하는 것이 앞의 바위산인지 산을 에워싼 안개인지 불분명하다. 여기저기 쫑긋하게 솟은 바위산을 바라보았다면 그는 정복자일 테고, 안개바다를 보고 있다면 앞길의 막막함에 당황했을 듯하다. 다만 분명한 것은 갖은 애를 써서 암산(巖山)의 정상에 올랐으나, 발 아래의 운무는 건너 산마저 휘감아버린 채 본모습을 보여주지 않는다는 사실이다. 그제서야 "안개는 가끔 경계를 지우고 만다"(안개는 경계를 지운다」)는 시인의 아포리아가 떠오르고, 사나이의 뒷모습이 쓸쓸한 듯 엄숙한 듯 '경계'가 흐릿해진다.

『무주문학론』

앞에 든 그림은 곧잘 한국인들에게 인용된다. 철학서의 표지화나, 건조한 수필의 쓸거리로 불려온다. 그 이유를 생각해 보면, 그림 속의 사내가 취한 포즈와 처한 정경이 한국인들이 보편적으로 갖고 있는 인생관과 맞닿아 있기 때문일 법하다. 한국인들은 불교의 영향을 받아서 무상함을 자주 거론한다. 사실 따지고 보면 염세주의 철학자들이 말한 것처럼, 인간의 삶이란 죽음을 향해 나아가는 여정에 불과하다. 그 길 위에서 어떤 이는 단명하여 도중에 길을 포기하지만, 단명하지 않은 이도 길 위에서 생을 마치기는 마찬가지이다. 유행가 가사를 들추지 않아도 '인생은 나그네길'이고, 사람이라면 누구나 "한 세상 살다 존재 없이 떠나는 나그네"(「숨바꼭질」)일 뿐이다. 그런 점에서 사람은 태어난 때부터 인생이라는 길 위에 기투된 존재에 불과하다. 비단 실존주의를 거들먹거리지 않아도 말이다. 전선자는 길 위에 있다. 그녀는 첫 시집 『그 어디쯤에서 나는』(2006)에 붙인 「서시」에서

    길!
    그 어디쯤에서 나는
    허망한 점 하나 찍고 있는가

라고 물었다. 신인이 처음으로 내는 시집의 모두에서 자신의 실존적 거점을 명확히 표명하는 일은 드물다. 문단에서는 나이가 아무리 먹었어도 신인은 신인으로 취급한다. 적어도 문단에서는 나이가 훈장도 아니고 내세울 거리가 못 된다. 신인은 '신'인이므로 앞서 나온 이들보다 새로워야 하고, 그것은 일차적으로 언어적 다짐에서 확인할 수 있다. 그녀는 대담한 선언을 통해서 앞으로 자신의 시가 나아갈 방향을 선포하였다. 이어 낸 『달같은 세상 하나』(2009)를 뒤이은 『바람 나그네』(2021)

의 제목만 훑어도 빈말이 아닌 줄 다시 확인할 수 있다. 전선자가 끊임없이 자신을 돌아보는 일은 길 위를 걷는 자가 행해야 할 자기확인이다. 그녀는 줄기차게 자신의 존재를 점검함으로써 존재한다. 그녀는 길 위에서도 쉬지 않는 나그네이다. 나그네는 "바람 따라 흔들리는 너"(「산자고」)의 모습을 보고 싶어 "산 너머 능선 어딘가에 숨어 있는 바람의 집"(「바람이 사는 집」)을 찾아간다. 바람은 "한 세상 파란 바람 되"(「바람 나그네」)고 싶은 전선자 시의 핵심어이다. 그녀가 '바람의 집'을 찾아가는 것은 '나'를 찾는 근원행이기도 하다.

전선자의 시는 "평상심"(「합천호에서」)으로 잔잔하다. 그것이 그녀의 시가 지닌 강점으로, 타 시인과 변별되는 척도이기도 하다. 그녀가 인생의 나이테를 기록하는 수필로 등단했다는 사실은 나중에 쓰기 시작한 시의 안정감을 유지시켜주는 원동력이다. 수필은 일상에서 경험한 바를 통해서 삶의 가치를 고양하는 장르답게, 쓰는 도중에 일상을 끊임없이 돌아본다. 그 돌아봄이야말로 수필의 매력이고, 작가로 하여금 균제미의 의미를 추구하도록 돕는다. 전선자는 시단에 나오기 전에 수필집을 상재하였다. 그녀는 수필쓰기를 통하여 "언덕을 아롱대는 실바람의 흔들림"(「봄이 오는 소리」)이나 "항상 모자란다는 딸꾹질"(「달밤, 그림자로 서다」) 따위에는 아랑곳하지 않을 정도로 늠연해졌다. 그처럼 단련된 심지에 연륜을 더하여 등단했으니, 그녀가 "비움과 채움이 엇갈려 출렁이는 곳"(「찻물을 끓이며」)에는 기웃거리지 않는 것은 당연하다. 하지만 그것은 시의 고유한 발랄성을 거세하여 단조로움을 가져오기도 한다. 시와 수필은 생리적으로 허교하기를 삼간다. 시의 혁명성은 수필의 일상성을 거부하고, 수필이 추구하는 원숙성의 미학은 시가 추구하는 찰나의 미학과 어울리지 않는다. 그런 맥락에서 아래의 시는 별종다워서

『무주문학론』

가작이다. 이 시가 있어서 전선자의 시가 거느린 영지가 환해졌다.

> 내 사랑 한꺼번에 쏟아내는 중입니다
> 내게 뒷모습 보인 당신
> 당신의 등뒤로나마 한 발자국 더
> 가까이 다가가고 싶어
>
> 가뭄 끝 시들은 꽃잎
> 파초의 꽃잎 위에도
> 무섭게 내려꽂히는 미움
> 못 다한 언어들
>
> 연잎에 무리지어 떨어져 내리는
> 찬란한 절규들
> 부서지는 것은
> 진주가 되어 반짝이고
> 반짝이는 것도 때로 돌아보면
> 속쓰림입니다
> ―「소낙비」 전문

시는 길이만큼이나 생명력이 짧다. 시사에서 고평받는 시인들일수록 무모한 실험을 시도하거나, 시집을 낼 적마다 형식적 일탈을 선보이거나, 주제를 선회하여 시세계를 확장한 이들이다. 그들의 시편이 주목받는 이유는 간단하다. 시는 문학장르 중에서 가장 작은 몸집을 갖고 있어서 가장 전위적이고 순간적 대처능력이 탁월하다. 그것을 단점이 아니라 장처로 받아들인 시인이라야 실험정신을 갖고 첨단의 시작품을 빚을 수 있다. 시인의 노력은 형식적 차원에서 이루어지는 게 대부분이지만, 내용적 차원에서도 수없이 기도되었다. 그것은 시인의 세계를 바

「오지항아리」의 자아 찾기―전선자론

라보는 안목이 예전과 달라지고 있다는 징후라서 중요하다. 시인의 인식안은 개별적 조건, 주위 환경, 사회 현실 그리고 역사적 상황 등에 따라 달라진다. 이것들은 상수가 아닌 변수이므로, 시인의 변모는 그때마다 정당성을 얻을 수 있다. 그것은 독자들이 시인에게 끊임없이 변하라고 닦달하는 압력이기도 하다.

위에서 인용한 작품은 전선자의 시편 중에서 가점을 주고 싶은 시이다. 여느 시들이 그녀의 진중하고 침착한 마음을 닮아 성찰적이고 불교적인 기풍을 보이는 "유인(幽人)"(「바람 센 날의 강변」)의 시라면, 인용시는 "거슬러 반항하면 우리도 거스른 만큼 젊어지는 것"(「반항하고 싶은 시계」)을 안 청춘의 시이다. 소낙비는 결코 "요람에서 중년까지의 비"(「밤비」)가 아니다. 그것은 '무섭게 내려꽂히는 미움'이고 '못 다한 언어들'이며, '찬란한 절규'이며, 급기야 '속쓰림'이다. 지금까지 알려진 전선자 시의 정조와는 판연히 다른 위 시야말로 진경이라 평할 수 있는 근거이다. 그와 같은 파격이 전선자의 시세계를 다양하고 윤택하게 일구어준다. 또한 그녀는 소나기를 굳이 소낙비로 표현하여 강도의 세기를 높였다. 낱말의 바뀜은 순간적 선택의 결과일 터이나, 그것은 '절규'하는 몸부림이 강조되도록 도와준다. 이처럼 전선자의 시는 변치 않는 듯 변화한다.

2

전선자는 첫 시집의 첫머리에 얹은 시 「자아 들여다보기」에서 '자아'를 들여다보는 일이 자신의 시업이 되리라고 예언한다. 그녀가 '자아 들여다보기'에 열심인 이유는 불자이기 때문이다. 이 시편의 첫 행은 "무

『무주문학론』

신천변을 거니네/나도 무심천이 되려 하네"이다. 처음부터 그녀는 '무심'을 지향한다. 연치가 솔찬히 되어서 시단에 나왔다고 할지라도, 시인으로서는 신인에 불과한 전선자이고 보면, 나오자마자 자아를 톺아보는 것은 예사롭지 않다. 그녀는 무시로 "너 자신을 아느냐?"(「우문현답」)고 묻는다. 그녀의 내공이 만만찮은 줄 우회적으로 알려주는 물음이다. 세상에서 제일 무서운 사람은 자신이 누구인지 아는 사람이다.

사람들은 자신의 관심사를 크게 바꾸지 않는다. 그것은 사람이 동물이라는 여지없는 증거인데, 사유나 버릇에 길들여지면 아늑한 느낌을 갖게 되어 변화하기를 꺼려 자신을 보수화한다. 이 세상의 보수주의자들이 기득권을 옹호하느라 혈안이 되는 것만 봐도, '흔들리지 않는 편안함'이 주는 안락함의 무게를 쉬 가늠할 수 있다. 그러는 중에 사람들은 더러 급격한 변화를 추구하거나 겪기도 한다. 동기는 여럿이지만, 그 중에서도 가족에게 예기치 않은 일이 생기게 되면 무의식 중에 행동이 달라진다. 사람들은 주변에 흔했으나 자신에게 닥치지 말기를 바랐던 사건이 벌어진 뒤라야 운명의 보편성을 절감한다. 대표적인 사건은 병마이다. 비로소 사람들은 "못된 병은 그렇게 빨리 생살을 잠식하는 것"(「슬픈 생각하나」)을 깨닫고 "이 아름다운 실체를 볼 사람이 같이 하지 못한다는 것"(「가을 절정」)에 절망한다. 전선자의 시세계로 진입할 양이면 '같이 하지 못한다는 것'을 기억해야 한다. 그 사건이 그녀의 첫 시집과 그 뒤의 시집을 상당히 달라지게 만든 요인이다. 그녀는 둘째 시집을 내고 주위 사람들에게 나눠주면서 「선생님께 올리는 이 한 권의 책」이라는 제하의 인사말을 따라 써서 앞에 붙였다

첫 시집(2006년 6월) 출간 후 즐거운 두 해를 보냈습니다. '돌아오는 내 회갑년(2008년)에는 두 번째 시집을 상재할 수 있으리라는 기대'로⋯⋯.

「'오지항아리'의 자아 찾기-전선자론」

이미 한 권의 시집을 엮을 분량의 졸시가 남아 있어서 달의 신비한 세상 같은 시집 한 권 꼭 내겠다고.
　그런데 불행하게도 남편에게 병마(뇌출혈)가 찾아와 3개월간 병원 생활 그 후 재활치료와 자가운동으로 이년 여, 또 다시 내게도 비슷한 일(목디스크)이 찾아온 까닭에 수술 이후 넉 달 가량 작업을 못한 채 고개를 가눌 길이 없었습니다. 그래서 시집 속 시의 성향도 많이 달라졌습니다.
　이제야 겨우 정신 집중하여 부끄럽지만 제게는 신앙과도 같은 시편들 "달 같은 세상 하나"를 내놓습니다.

　인용문은 시집의 출간이 늦어진 변명이 주를 이루는 듯하다. 하지만 그녀의 말마따나 병원 출입을 하고 난 뒤로 '시집 속 시의 성향도 많이 달라졌'다. 이 점은 그녀의 시세계를 분석하는 과정에서 필이 염두에 둘 점이기에 위에 따다 놓았다. 사실 전선자의 시에서 '성향'이 달라지기 시작한 징후는 '관계' 연작에서 포착할 수 있다. 그녀는 "어떤 관계와의 시련에도 의로움을 잃지 않는 당신"(「관계 1—당신 한 사람만으로」)이 "이해를 요구하는 당신"(「관계 15—술」)으로 변해버리자, 자신을 둘러싼 '관계'에 관하여 돌아보기 시작한다. 그녀가 '관계' 연작시의 부제를 고부, 시누이, 친구, 후배 등으로 설정한 것만 봐도, 그 즈음에 이르러 "끈질긴 인연"(「관계 7—인연」)에 관심하게 된 줄 짐작할 수 있다. 그녀는 "헬리코박터 위염균이 위벽을 떠나지 못하는 것처럼"(「관계 8—상생」) 자신도 인연으로부터 자유로울 수 없는 줄 알고, 결국 카페인과 니코틴처럼 '상생'을 도모하기로 결심한다. 그러고 나니 "달과 희유(嬉遊)하고 싶은 간절한 마음"(「관계 9—친구」)이 생겨나서 종국에는 『달 같은 세상 하나』를 얻을 수 있었다.
　이 시집에 다다라 전선자의 시는 크게 전회한다. 시집의 목차만 봐도 쉬 간취할 수 있을 정도로, 그녀의 발길은 확 달라졌다. 이전에 보여주었던 불교적 상상력의 광범위한 반경에서 움직이인 덕에, 그녀의 시적 사유는 한 차원 높은 경지로 올려졌다. 그에 힘입어 전선자는 '연' 연작시 11편과 새로운 '관계' 16편을 수확할 수 있었다. 특히 그녀가 인도에서 불교 성지를 순례한 체험은 "한 세상 살다 존재 없이 떠나는 나그네"(「숨바꼭질」)의 시를 "가릉빈가의 노래"(「가릉빈가의 소리—쉬바라스티의 기원정사」)로 변모시켰다. 여행이 단순한 눈요기가 아니라 독실한 불심에서 우러난 참례였기에 가능한 건이였다. 그런 탓에 전선자 시의 비의를 풀 양이면, 불심의 향연에 초대받아야 한다.

이제는
모든 허물 찌든 때
인연
미련 없이 훌훌 벗어놓고
빈 몸으로 가야만 하리

푸른 이끼 돋던 지난날의 상념도
하늘같던 앞날의 꿈도
고이 접어두고
속세를 떠나서
떠나서 가야만 하리

법당 안 작은 종소리
사위를 흔드는 법고소리
천둥 같은 운판소리
텅 빈 가슴을 치는 푸른 목어소리
다 앞세워

조용한 해탈에 들고 싶어
마음도 고요하게

「'오지항아리'의 자아 찾기-전선자론」

욕심덩이 다비로 불사르고

　　오직 한 생각
　　무와 공으로
　　티끌 하나 남김없이 거두고
　　떠나야만 하리
　　　―「이속대에서」 전문

　이속대는 무주구천동의 유명한 절경으로, 중생들이 사바세계와의 인연을 끊는 골짜기이다. 이속대와 속리산이 심심한 산중에 있다는 것은 사람의 돌아갈 처소와 상관되어 미묘한 울림을 준다. 그러므로 그곳에 간 사람이라면 한번쯤 속세와의 이별을 생각하게 된다. 더욱이 백련사와 지적에 있어서 "탐진치 삼독심"(「옥잠화」)을 끊어버리기에 안성맞춤인 곳이다. 전선자도 그곳에 갔다가 '이속'의 일단을 표백한다. 평소 불심이 자자한 그녀이고 보면, 골짜기의 안과 밖을 성속으로 치환했을 터. 이속대는 그녀의 "못 보고 못 들은 척 죽어지낸 세월"(「청산도 팽나무」)과 "날마다 악연의 끈을 묶는 무료한 밤"(「우울증」)을 잊게 해준다. 이속대의 깨끗한 물과 바람이 마음까지 씻어준다. 그 덕에 전선자는 "폭포처럼 쏟아지는 평화로움"(「찻잔에 뜬 달빛」)을 느낄 수 있다. 그 뒤로 그녀는 "가슴팍을 쓸어내리는 뜨거운 회억"(「오월의 숲」)을 떨쳐버리고 "무와 공"(「봄이 그리운 날」)의 세계로 진입한다. 바야흐로 전선자는 이속대가 함의한 '무'와 '공'의 의미를 깨우치는 경지까지 나아간 것이다.

　전선자가 최근에 낸 시집 『바람 나그네』에서 "나이 들어 알게 된 일"(「꽃 진 자리 1」)을 시화하게 된 것은 자연스러운 당도이다. 귀결이 아니라 당도인 이유인즉, 앞에 인용한 시편에서 그녀가 연의 끝마다 '빈

『무주문학론』

몸으로 가야만 하리', '떠나서 가야만 하리', '떠나야만 하리'를 장치하여 삼세번에 걸쳐 떠날 의지를 표출하고 있기 때문이다. 마치 "자연으로 돌아가야 할 준비가 필요하다"(「내가 떠나고」)는 듯, 그녀의 시집은 '가을 이야기' 연작과 '꽃 진 자리' 연작의 시간 표지와 어우러져 독자를 소연케 한다. 그녀가 "삶과 죽음은 계절의 변화와도 같은 것"(「꽃 진 자리 3」)이라고 말하자, 시집은 "우리의 이별은 영원한 이별이 아니라는 것"(「가을 이야기 2」)을 증표하려는 듯 "가을이 소멸되어 가는 끝자락"(「가을 적상산」)이 위처럼 선연해진다. 이속대에 다녀온 뒤로 그녀는 '지난날의 상념'을 '다비로 불사르고' 시나브로 '조용한 해탈'을 꿈꾸기 시작한다. 그녀의 시가 물리적 연치의 지원을 받으며 더욱 유심(幽深)한 경지로 나아가고 있다는 물증이다.

그런 측면에서 전선자가 시집의 말미에서 "남산이 바라다 보이는 창가에서"(「서시」) '딴짓'한 사정을 12편으로 고백한 것은 읽어둘만하다. 세상에 살다보면 이런 일 저런 일에 휘말리기 마련이고, 이런 말 저런 말을 듣기 십상이다. 사람이라면 누구나 그런 상황에 처하게 되고, 누구든지 이런 골목에 내몰리기도 한다. 전선자가 굳이 시로 쓸거리라고 할 수 없는 것들을 굳이 시화하게 된 것도, '꽃 진 자리'가 유독 크게 보이는 나이가 되면 "지고 있는 꽃/피어 있는 꽃/피려 하는 꽃"(「수선화」)을 보는 게 아니라 '진 자리'가 먼저 눈에 들어온다. 그 즈음에 이르면 "사랑채 아버지의 쿨룩거리는 기침소리"(「밤비」)가 크게 들려오고, "쓰윽 손등으로 훔치며 신바람 나신 어머니"(「인연 11—어머니의 여름」)의 "멍들어 퍼렇게 한 맺힌 가슴"(「장맛비」)속이 훤히 보인다. 따라서 시업을 '자아 들여다보기'로 인식하는 전선자에게 이 시집은 "자아 찾아 나선 그 고행길"(「오체투지 탑돌이」)을 마무리하는 것이기에, 세상의 감투는 '딴짓'에 불과하다.

3

위에서 알아본 바와 같이, 전선자의 시는 불교적 상상력에 크게 힘입고 있다. 그것은 그녀의 시세계를 가꾸고 시편의 정조를 적묵하게 유지하는 원동력이다. 시제에 등장하는 사찰명만 해도 여럿이고, 거의 전편에 배치된 돈독한 불심은 시와 육화되기를 서슴지 않는다. 그녀의 시는 불심에 터하여 확장되고 심화되며 변주되기를 반복한다고 말해도 과언이 아니다. 그런 점에서 전선자의 시는 "성불하여 부처가 되고 싶은 오지항아리"(「오지항아리」)나 진배없다. 전선자의 시집을 읽다 보면 "슬픈 웃음 뒤 감춰진 외로움"(「적상산 안국사에 들면」)이 쭈뼛거리기도 하지만, 대개는 슬픔도 웃음도 외로움도 초월한 경지를 노래한다. 그것은 전적으로 '오지항아리'의 발심 덕분이다.

전선자가 요새 낸 시집에서 '인연' 연작시는 주목할 만하다. 그녀는 이 연작을 통해서 인연에 감사하는 한편, "아무 일도 없었던 듯이 살아온"(「인연 8—동행」) 세월을 뒤적여보면서 "오늘의 관계"(「인연 6—사피엔스와 질병 관계」)를 정리한다. 그렇다면 "오늘 만난 새로운 인연"(「인연 15—첫 만남」)보다, 후자에 방점을 찍고 있는 줄 알 수 있다. 이런 모습은 '티끌 하나 남김없이 거두고' 떠나려는 시인의 마음가짐이자, 생의 출발점으로 되돌아가려는 자연인의 기도이기도 하다. 전선자는 시작 초부터 '길' 위에 '허망한 점'을 찍지 말자고 다짐하였다. 그녀가 '길' 위에 있음은 시절인연이고, '허망'에 빠지는 것은 사람인연이다. 세상 모든 것이 인연 따라 생겨난다는 연기설이 그녀로 하여금 '인연' 연작을 써서 살아온 동안에 맺어져 얽히게 된 온갖 인연을 돌아보도록 이끌었다. 그렇다면 그녀의 시편들은 한 마디로 인연 따라 쓰인 "소예 아리랑"(「소예 아리랑 5」)이라 이름할만하다.(『문예연구』, 2023. 여름호)

베임, 그리움의 상처
—이선옥론

1

　파스칼 키냐르는 『은밀한 생』에서 "영혼을 가진다는 것은 비밀을 가진다는 것을 뜻한다"고 적었다. 영혼마다 비밀이 있구나 라고 생각한 순간, 그는 영혼을 가진 사람이 거의 없다고 말문을 막아버린다. 그는 천박하게 영혼과 비밀의 상관관계를 당연시할만한 근거를 찾았다고 좋아라하는 이들이 있을까봐 퇴로를 차단해버린 것이다. 세상에 비밀은 없다고 말하는 것으로 받아들이면, 그가 영혼을 지닌 사람이 없다고 일갈한 뜻을 알만도 하다. 그래도 서운하다. 사람들은 저마다 비밀을 지닌 채로 살아간다고 믿는 판에, 그것이 아니라고 부정하자니 오래토록 신봉해 왔던 신념을 파기하는 듯해서 허무해지기도 한다. 범인들은 대화를 통해서 자신의 심중을 토로하고, 소설가들은 작품의 도처에 트라우마를 은닉하여 성장기의 아픔을 고백한다. 시인이라고 해서 예외가 아니다. 그 역시 시의 행간에 알 듯 모를 듯 자신의 내면에 켜켜이 쟁여 두었던 사연을 감춰두고 음험스럽게 미소한다. 그것들은 영락없이 영혼과 비밀의 연루상이다. 누가 뭐래도 사람들은 영혼마다 비밀을 간

『무주문학론』

직한 채 살아간다. 그곳은 미간이고, 증거가 주름이다.

　이선옥은 시집 『산 아래 달그림자』(두엄, 2020)에서 "살아남기, 슬퍼하지 않기, 절망하지 않기"(「서문」)가 삶의 목표라고 선언하고 있다. 살얼음판 위를 걸은 자만이 말할 수 있는 팽팽히 긴장한 발언이다. 셋을 곰곰이 꼬누노라면 "하얀 찹쌀풀같이 쫀덕쫀덕 살기 좋은 세상"(「내 안에 가시 하나」)보다는, "피 흘리듯 긴 강 조바심내며 걸어온 세월"(「바느질」)에서 길어진 좌우명처럼 보인다. 셋 다 자신의 운명을 사랑하자는 다짐으로 들린 탓이다. 무엇이 그녀를 슬픔과 절망 속에서도 생존하라고 강권한 것인지 모르나, 시집의 제목으로 삼은 '산 아래 달그림자'의 실루엣을 언표한 듯하여 소연해진다. 그녀가 말하는 '살아남기'는 "세상의 길 가장자리 끝에 바람처럼 매달린 목숨"(「너에게로 가는 길을 묻는다 1」)일지라도 기어코 만남의 관문을 뚫고 지나서 살아남겠다는 생의 의지이고, '슬퍼하지 않기'는 "가난도 고통도 모욕도 그것이/내가 살아 있기에 허락된 현상"(「너에게로 가는 길을 묻는다 8」)이라면 '삶이 그대를 속일지라도 슬퍼하거나 노하지 말라'듯이 고통의 순간마저 순순히 받아들여 마침내 넘어서고야 말겠다는 결의의 표명이며, '절망하지 않기'는 "외로움보다 더 무서운 막막함"(「너에게로 가는 길을 묻는다 6」) 속에서도 그 너머의 미래로 나아가겠다는 가열찬 다짐의 드러냄이다. 그 세 가지는 죄다 그리움이 파생한 것이다. 즉, 이선옥의 시집 『산 아래 달그림자』를 관통하는 키워드는 그리움이며, 시적 정서의 근저에는 그리움이 평퍼짐하게 자리잡고 있는 줄 알아야 시집의 문턱을 넘어설 수 있다. 이 점을 염두에 두고 그녀의 시집을 읽을 일이다.

「베임, 그리움의 상처 – 이선옥론」

2

 이선옥의 시 중에는 현재 거류하고 있는 포내리를 장소로 삼은 작품이 여럿이다. 그곳은 시집이 소재한 곳이자, 그녀가 나날을 영위하는 삶터이다. 고향이 아닌 타향이지만, 시의 배경으로 삼을 정도라면 그곳에 대한 애정이 여간 아닌 줄 알 수 있다. 그녀가 대구에서 태어나 "적상산 마을 아래 혼자이듯 산신령처럼 사는 이봉명 시인"(「너에게로 가는 길을 묻는다 3」)을 따라 포내리로 주소지를 옮기기까지, 숱하게 고민하느라고 밤을 새운 날이 허다했을 터이다. 도시의 편리하고 번화한 젊음을 포기하고, 불편하기 짝이 없는 오지에서 살아가다가 묻혀지는 "먼지 같은 쓸쓸함"(「적상산 1」)을 받아들인 뒤로도 그녀는 날마다 밤마다 자신을 엄습하는 "한 마리 큰 짐승이던 적상산"(「포내리 사람들 6」)의 무서운 어둠 때문에 까무라쳐야 했으리라. 어둠은 어둠을 불러 두께를 더하고 더께를 앉히는 속성을 지니고 있다. 더욱이 산 아랫마을을 포박하는 어둠이란 고밀도의 적요를 불러와서 사람들의 숨소리조차 거둬버린다. 이처럼 어둠이 사위를 포위하고 압박하면, 시인은 어둠 밖의 세상에 대한 그리움으로 온몸을 떨다가 날을 샌다. 이선옥의 그리움은 순전히 어둠으로부터 남상하여 도저한 까닭이다.
 그리움의 모양은 각양각색이다. 그리움은 대상의 부재로 인하여 생겨나기 때문에, 필히 지금-여기에 존재하지 않는 상대를 호출한다. 그리움마다 색이 달라지는 이유이다. 그 중에서도 그리움이 슬픔과 결합할 양이면 감정의 도움을 빌려 복받친다. 시간이 가고 농도가 짙어질수록 그리움은 슬픔을 범벅하여 양자를 구별하기조차 힘들게 엉겨버린다. 이선옥의 그리움이 "세속적인 쓸쓸함"(「적상산 13」)에서 발아하게 된 맥락이다. 이 정도로 그리움이 슬픔과 무리를 이루게 되면 고독조차 그리움으로 물든다. 그처럼 그리움은 전염성이 강하다. 그리움에 전염되고 나면 "아스피린분말 같은 눈발"(「적상산 13」)이라도 날리는 날이면 "안개 알갱이 같은 목소리"(「바람 속에 서 있다 2」)라도 들려올까봐 문밖에서 시끄럽게 울어대는 까치소리조차 반갑다.

>반가울 일도 찾아올 사람도 없는데
>아침 내내 까치 울어댑니다
>참 은근히 기다려집니다
>마당도 쓸어보고
>넘어진 나무도 일으켜 세우고
>세간살이 이것저것 정리하는 한나절이 지났는데
>올 사람 안 오고
>지나가는 바람
>낙엽 한 뭉텅이 툭 쏟아놓고 갑니다
>　―「펑계 1」 전문

　겉으로는 겨르로운 산촌의 풍경을 읊은 시인 듯한데, 속으로는 뭇 인생의 요약본으로 읽혀진다. 까치의 울음소리는 '반가울 일도 찾아올 사람도 없는' 시인을 설레게 한다. 까치가 길조란 말만 안 들었어도, 시끄러운 참새소리처럼 무심히 넘겼을 법하다. 하지만 사람의 발길이 귀한 궁지에 사노라면, 바깥세상이 궁금한 구멍 난 양말 속의 엄지발가락처럼 불쑥 머리를 내미는 기대감만 커진다. 까치소리가 울어대기라도 할 양이면, 속없이 '참 은근히' 기다려진다. 오래간만에 희소식이 올 것이란 기대심리는 '한나절'의 유효기간을 넘기자마자 언제나처럼 '올 사람 안 오고' 낙엽만 '한 뭉텅이' 쏟아놓고 가는 바람결에 무너져버린다. 낙엽은 '마당도 쓸어보고/넘어진 나무도 일으켜 세우고' "새앙쥐 볼가심할 것 없는 세간 살이"(「늙은 봄」)를 정리하는 한나절의 시간을 다시 불러와

「베임, 그리움의 상처―이선옥론」

서 '반가울 일도 찾아올 사람도 없는' 일상으로 돌아갈 것을 강요한다. 돌아가기 위해서는 핑계가 필요하다.

　제목이 「핑계」이다. 시인은 동일한 제목으로 3편을 더 썼다. 위의 시는 그 중에서 첫 편이다. 세 편은 제목만 같지 딱히 연관성을 띠지 않는다. 별 볼 일 없는 쓸거리를 핑계 삼아 시를 쓴 시인의 역량이 드러난 보기이다. 일상의 철학을 연구하여 탁월한 성과를 거둔 앙리 르페브르에 따르면, 일상은 마냥 우울할 것도 아니고 늘 기쁘게 영접할 것도 아니다. 일상은 타고난 완강하고 집요한 성깔을 부리며 주체에게 삶을 지속하라고 재촉한다. 주5일의 근무 후 단풍놀이를 다녀오기라도 할 양이면, 일상은 장갑을 끼고 일터로 나가라고 등을 떠민다. 그야말로 일상은 주체의 생애를 옭죄고 좌우한다. 그로 인하여 일상은 주체에게 절망을 가져다주기도 하고, 삶의 의지를 자극하기도 한다. 그것이 일상에 '핑계'가 필요한 이유이다. 핑계거리마저 없다면, 나날살이는 주체의 심신을 흉측한 몰골로 만들고도 남는다.

　"다 버리지 못한 핑계"(「나를 흔들면」)는 이선옥의 삶을 지탱해주는 위안거리이다. 살아보면 저절로 안다. 날마다 숨 쉬고 사는 일도 버겁고, "더위 무게로 짓누르는 건 팍팍한 살림살이"(「장마」)인 줄 알아서 괴롭다. 때로는 일어나고 자는 일도 귀찮고, 집 밖으로 나가거나 집안에 파묻혀 뒹구는 것도 힘들다. 일상이 여러 가지 모양으로 제 모습을 바꿔 가며 주체를 괴롭히기 때문이다. 공산주의자였던 르페브르가 일상의 중요성을 간파하고 연구판에 뛰어든 것만 봐도, 일상이 사람들을 얼마나 괴롭히는 줄 능히 짐작할 수 있다. 일상은 이선옥이 "붉은 상처를 감추고 있는 적상산"(「적상산 5」)의 아래에 위치한 마을로 거주지를 옮기고 나서부터 켜켜이 쌓아진 일상의 나이테가 핑계를 찾도록 만들었

『무주문학론』

다. 그처럼 핑계는 그녀의 팍팍한 삶을 위로해주는 친구로서, "우리창 너머 포도밭이 보이고 포도밭 너머 삼각형 산이 두 개 겹쳐 보이고 그 산 너머……"(「너에게로 가는 길을 묻는다 1」)의 존재에 대한 그리움을 데려온다. 존재는 말줄임표의 점을 찍는 수효만큼이나 멀리 떨어져 있다. 그 너머는 마침표가 없으므로 보이지도 않고 있는지조차 모른다. 이처럼 불확실한 존재는 이선옥에게 "아픔을 감당하는 것은 언제나 혼자"(「적상산 3」)인 줄 확인시킨다. 그녀의 아픔이 외롭고, 그리움이 고독한 까닭이다.

존재는 "손사래 치며 질겁하던 어머니"(핑계 2」)이기도 하고, "오늘 내가 만난 어르신"(「백년 살았다」)이기도 하며, "사랑하는 아들"(「바람 속에 서 있다 3」)이기도 하다. 그러나 셋 모두 '그 산 너머……'에 있다. 어머니는 산록으로 이주한지 오래이며, 어르신은 "그리움이 치매를 밀어내"(「그리운 기억」)며 연명하는 중이고, 금덩이같이 애지중지 키운 아들은 수백 리나 떨어져 산다. 셋을 생각하는 것은 "오래된 그리움"(「새벽에 7」)을 오늘에 되살리는 것이나 다름없이 무용한 도로이다. 그처럼 그리움이 일상화되면 팍팍한 피로감만 안겨준다. 일상이 되풀이되면서 적층하는 무료한 피로야말로 주체의 나날을 힘겹게 만드는 요인이다. 그 때문에 주체는 "자꾸 초라해지는 생각"(「점심」)에 하루살이가 힘들어진다. 이선옥의 시편에 "속물적인 이 슬픔들"(「바람 속에 서 있다 2」)이 미만하게 된 연유이다.

    슬프다
    어디에도 없는 길을 묻고 있는 걸까
    어디에도 없는 것들을 그리워하고 있는 걸까

「베임, 그리움의 상처-이선옥론」

나 홀로 마루에 앉아 배고픔을 잊으려
빵조각 몇 개 뜯어 먹는 아침

외로움보다 더 무서운 막막함
이승에서 더는 살아갈 수 없는
이
절
망
　　―「너에게로 가는 길을 묻는다 6」 전문

　이선옥은 그리움이 슬픔과 외로움을 양쪽에 거느리고 당당한 걸음걸이로 일상을 침범할 적마다 "살아남기, 슬퍼하지 않기, 절망하지 않기"(「눈물 나는 삶이 있다」)로 다짐한다. 그녀의 결의는 "집으로 돌아가는 쓸쓸한 뒷모습 감출 것/누군가 그리워 울먹일 마음 감출 것"(「너에게로 가는 길을 묻는다 5」)의 연장선에 놓여 있다. 그녀가 다짐한 세 가지는 "너의 이름 속에 얼마나 많은 그리움"(「너에게로 가는 길을 묻는다 7」)과 "누군가를 향하여 피워 올린 오랜 날의 그리움"(「너에게로 가는 길을 묻는다 4」)에서 보듯이, '너'로 말미암아 생겨난 고질이다. 그 슬픔은 '어디에도 없는 길을 묻고', '어디에도 없는 것들을 그리워하고 있는 걸'로 생겨난다. 그녀가 거듭 '어디에도 없고'라고 말하는 것은 이미 '있고'의 상태를 인식하고 있다는 증명이면서, 동시에 '없고'의 상태가 해체되기를 바라는 바람의 발현이기도 하다. 그와 같은 모순감정이 '외로움보다 더 무서운 막막함'을 낳고 그녀를 외줄기 '절/망'으로 이끈다. 그녀는 절과 망 사이에 바리케이트를 쳐서 희망이 끊어지는 격렬한 아픔과 가슴을 베어내는 심통(心痛)을 시각화하였다. 그만큼 외로움과 슬픔을 동반한 그리움은 그녀의 속살에 지워지지 않는 생채기를 낸다.

『무주문학론』

슬픔은 '나 홀로 마루에 앉아 배고픔을 잊으려' 뜯어 먹는 '빵조각 몇 개'로 치유되지 않는다. 슬픔은 물질적 기아 상태가 아니라, 어디에도 없는 '길'과 '것'의 부재로 발생한 정서적 '막막함'이다. '어디에도' 없다는 절망감은 "사는 일이 가시 같아서"(「내 안에 가시 하나」) 비롯된 것이다. '가시'는 그녀의 시에 여러 번 등장하여 상처를 낸다. 그러나 상처가 잦아지면 감각은 무뎌지고, 가시도 굿다 보면 닳아지는 법이다. 그 사이에 이선옥은 속절없이 "피 흘리지 않아도 좋은 나이"(「적상산 12」)에 이르렀다. 그쯤이면 그녀에게 "피 흘리며 슬금슬금 돌아다니는 것"(「나를 흔들면」)을 유심히 관찰할만한 마음의 거리까지 생긴다. 그녀가 자신의 젊은 날을 괴롭히던 상처의 본모습을 통찰할 수 있는 언덕에 올라서게 된 것이다. 그녀의 시에 드러난 상처에 관심을 쏟는다면, 제대로 읽을 수 있으리라는 희망이 솟는다.

어설픈 것은 언제나 깊게 상처를 낸다

칼질을 하다 실수로 둘째손가락 마디를 벴다
뼈까지 보일 정도로 깊게

상처가 상처를 베어
가슴에 맺힌 것들이 갑자기 후두둑, 피로 쏟아낸다
한번 쏟기 시작한 피 멈출 기세가 아니다
살아온 내 날들이 상처가 깊었구나
뼈까지 훤히 보이도록
치부의 상처를 다 드러내라
이리저리 어설프게 싸매어 온 시간 사이로
자꾸만 피가 흘러내린다

인생 한 오십 스윽 베이고 나니

「베임, 그리움의 상처―이선옥론」

> 더러는 잊어졌던 기억
> 더러 잊어가는 기억
> 스멀스멀 배어 나온다
> 붉게 피 흘리던 세월
> 조금씩 아물어 간다
> ―「칼」 전문

생신하게 인생을 '칼'에 비유했다. 이선옥이 말하기를 '인생 한 오십 스윽 베이고 나니' 그 동안 '더러는 잊어졌던 기억'과 '잊어가는 기억'이 스멀스멀 배어 나와 '붉게 피 흘리던 세월'을 보여준단다. 앞에서 살펴 봤듯이, 그녀는 일상에서 갖은 '핑계'를 찾아내고 '너에게로 가는 길을 묻는다'더니, 이 시작품에 다다라 '기억'마저 행간에 넣어 멀리는 여유가 생겼다. '치부의 상처'로 딱지진 기억은 햇빛을 받으면 금세 건조되는 법을 이선옥은 오십년을 살다가 깨달은 것이다. 마치 인생을 달통한 듯, 그녀는 이 시편에서 "슬픔도 추억도 한 생애의 아픔도"(「새벽에 8」) 베이고 난 '기억'의 편린을 담담히 술회하고 있다. 더욱이 불과 5줄의 시간이 흐르자 '조금씩 아물어 간다'고 말할 정도니, 그녀의 "푸른 배추속대 같은 젊은 날"(「엄마의 요강」)이 여간한 베임으로 점철된 줄 쉬 짐작할 수 있다. 그것을 시인은 '어설픈 것은 언제나 깊게 상처를 낸다'고 시적 아포리즘으로 돌려 말한다. 마치 상처 없는 영혼이 어디 있으랴는 랭보식의 잠언이다. 몸에 난 베임의 상흔을 볼 줄 아는 나이에 접어들어서야 시인은 '살아온 내 날들이 상처가 깊'은 줄 알고, '이리저리 어설프게 싸매어 온 시간'의 '사이'에 남아 있는 베임의 흔적을 발견한다. 공자가 나이 오십이 되면 천명을 알아들을 수 있다고 말한 맥락의 연장선이다.

사람들은 너나 할 것 없이 오십 줄에 이르면 "백년도 못 사는 인생"

『무주문학론』

(「백년 살았다」)의 반절을 산 생을 돌아본다. 그들은 "설익어 아팠던 사랑 절반/다 헤어지지 못한 이별 한쪽/넉넉하게 나누지 못한 욕심 몇몇/헤프게 다 웃어버린 텅 빈 웃음"(「살다가」) 등을 죄다 꺼내어 햇볕에 말리는 동안, "미움도 슬픔도 함께 늙어간다"(「엄마의 요강」)는 사실을 깨닫고 "나이 먹는 일이 이렇게 편한 것"(「핑계 3」)인 줄 온몸으로 체감한다. 그러자 "엊그제 같은 날들이 호랭이가 다 물어갔다"(「김장」)는 '텅 빈 웃음'이 그녀에게 찾아온다. 바야흐로 일상에서 그녀를 괴롭히던 '세월'이 세월의 도움을 받아 '웃음'으로 돌아오게 되면서 상처는 아물어진다. 일상의 진리를 깨우친 이선옥은 "누군가의 가슴에 생애가 되고/누군가의 가슴에 기쁨이 되고"(「새벽이슬 4」) 마는 시를 쓰기로 마음먹는다. 그녀의 소박하고 담아한 결심이 결과할 작품들에 기대가 높아지는 즈음이다.

3

위에서 알아본 바와 같이, 이선옥의 시에는 "한 생애를 맴돌던 슬픔"(「늙은 봄」)이 행간에 가득하다. 그것은 "어둠에 갇혀 있는 한 마리 짐승처럼 보이던 산"(「적상산 1」)을 마주보며 사는 동안에 얻어진 절망감에서 비롯되었으나, "붉은 상처를 감추고 있는 적상산"(「적상산 5」)의 본면목을 발견하고부터는 "아름다움 뒤에 숨겨진 아픔과 슬픔"(「적상산 4」)을 보려고 노력하는 중이다. 그녀의 사유가 원융해지고 시안이 원숙해지자 따분한 일상을 선물한 사랑이 "때로는 예리한 비수가 되어 영혼을 피 흘리게 하는 것"(「사랑이 1」)에서 "아픈 만큼 아파하는 사람만이 사랑에 건강해질 수 있다"(「사랑이 2」)는 믿음의 대상으로 바뀌었다. 더 이상 그녀는 '비수'에 베임을 당하고 연연하지 않을 것이며, 베어 생긴 '아픔'과 '슬픔'조차 '아름다움'으로 인식할 것이다.

  나아가 이선옥은 어차피 "하나씩 무너져 갈 저 아름다움들"(「그 쓸쓸한 기다림의 풍경」)이라면, 그것이 '무너져' 가기 전에 "그리움의 발바닥"(「적상산 10」)까지 보겠다고 다짐한다. 그리움이 발바닥에 숨겨둔 은근한 자국마저 보게 된 마당에, 그녀가 그리움으로 가슴을 벨 리 만무하다. 에움길을 돌아오느라 힘들었던 청년기에 가슴을 날카롭게 베던 그리움이었지만, 지금은 그리움의 뒤태와 지문까지 보고 '하나씩 무너져 갈' 것들을 연민할 정도로 그리움과 화해한 그녀이다. 그렇다면 이선옥이 최근 들어 관심을 잔뜩 쏟고 있는 '포내리 사람들'과 '적상산'의 '아름다움'이 앞으로의 시에서 어떤 형상으로 혼효될지 궁금하지 않을 수 없다.

『무주문학론』

제4부 시집평

'타자'를 향한 '순교'의식
—차주일 시집 『냄새의 소유권』평

1

1961년 "전라북도 무주군 안성면 덕신리 상산마을"(「어머니의 금줄」)에서 태어난 차주일이 첫 시집을 내었다. 이름하여 『냄새의 소유권』(천년의시작, 2010)이다. 2003년 『현대문학』을 통해서 시단에 나온 그이고 보면, 시집의 출간이 늦은 편에 속한다. 빠르게 시집을 내려는 성급한 시인들이 있는가 하면, 이런저런 사정 때문에 예상보다 늦게 내는 이들도 있다. 또 늦은 이들 중에는 과작의 시인이 많다. 어느 쪽을 가릴 것은 아니다. 다들 저만의 사연이 있을 터이고, 한두 해 늦었다고 문단 생활하는 데 큰 결점도 아니니, 각 시인들의 선택을 존중하기로 하자.

시집을 읽어본 이라면 금세 수긍할 텐데, 차주일의 시편은 단시형이 아니다. 그것은 그가 서사에 상응할만한 사건이나 이야기거리를 작품의 소재로 애용하여 생겨난 것이다. 그의 시가 추구하는 서사지향적 경향은 백석에게서 예를 찾아볼 수 있거니와, 그것보다는 차주일이 시집의 들머리에서 "내 미소와 웃음소리는 타자의 슬픔과 목숨으로 존재한다"(「시인의 말」)고 공표한 맥락을 추궁하는 것이 급선무로 보인다. 그의 발언은 '타자'의 '슬픔'과 '목숨'을 의식하면서 시작하고 있다는 일종의 고백이다. 타자의 희생 덕분에 '미소'할 수 있고, '웃음소리'를 낼 수 있다면, 그의 시편들은 '타자'의 목소리에 다름 아니다. 시집에 배어 있는 '타자'의 정체를 규명하지 않으면 안 되는 이유이다.

2

차주일은 가족사를 시 안에 과감히 끌어들여서 존재론적 기원을 곧잘 드러낸다. 가령, 그는 "치매 들어 묵언을 이룬 내 할아버지"(「잔상이 건너오는 동안」), "먼 훗날, 병실에서 아버지 손을 잡고 있었다"(「검지가 누운 각도」), "할머니를 염습할 때 보았다,"(「체와 씨앗」) "내가 엄마란 말 다음으로 많이 쓴 말은 삼촌이란 말이다."(「삼촌」) 등을 통해서 그가 가족에게 갖고 있는 감정의 편린들을 구경할 수 있다. 그는 가족들과 얽힌 기억을 회상하여 서사의 골격을 구상한다. 가족들이 그의 시편들에 군데군데 배치되게 된 사정이다. 그 중에서도 차주일은 아래에서 확인 가능하듯이 "나의 모음인 엄마"(「완전한 상형문자」)에 대한 애정이 각별하다. 그 이유인즉, 엄마가 "자음과 모음을 분간하지 못해 소리 나는 대로 받아쓰기하던 나"(「일향의 어원을 찾아서」)에게 "유아치 같은 자음"(「나에게 불러주는 자장가」) 대신, '모음'을 선사해준 당사자이기 때문일 것이다.

"어머니는 아직도 마루에서 주무신다"(「오래된 마루는 나이테가 없다」)
"탯줄 묶는 어머니 손이 설핏설핏 사라진다."(「새벽촛불」)
"어둠이 어머니를 착색하는 일이 잦습니다."(「빛을 갚다」)
"나는 어머니의 동공에 남은 스케치를 바라보았다"(「目筆畵 개인전」)
"어머니가 숟가락무덤 밖에 서 있다"(「숟가락무덤」)

"어머니의 눈을 쓸어 덮는다"(「인피제본책(人皮製本策)」)
"해 지난 뜨개옷을 내 양손에 쥐게 한 어머니가 말미에서 푼 실을 되감았다."(「어머니의 실패」)
"내가 오래 전 벗어놓은 어머니의 몸"(「빛으로 만든 새장」)
"그림자 가위가 내게서 어머니의 몸을 가세가세 오려낸다"(「빛으로 만든 새장」)

차주일의 시세계를 온전히 이해하기 위해서는 다음에 인용한 시를 자세히 읽어야 한다. 이 작품을 읽고 나서 "아이가 도화지에 처음 그린 얼굴"(「얼굴」)을 찾아볼 수 있다면, 도입부에서 궁금하게 여겼던 '타자'의 정체를 밝힐 수 있을 터이다.

> 편지봉투를 보면 성황당 앞처럼 자세 곧추게 된다. 어머님 전 상서로 시작하는 공손함을 접어넣고, 좌하라는 극진함으로 한 시절을 밀봉하던, 아현(阿峴)발 상산(常山)착 편지 봉투를 바라본다. 서울시 마포구 아현동 596-377번지 한 줄과 전라북도 무주군 안성면 덕산리 상산마을 한 줄이 성황당 금줄처럼 편지봉투를 에워싸고 있다. 돌탑에 신돌 하나 올려놓듯, 돌쐐기를 끼워 괴듯, 자음과 모음을 또박또박 꼬아 쓴 금줄……

어머니가 금줄 하나 달랑 쥐고 아들집 찾아오셨다
언덕과 고개만 보시고도 쉬 찾아오시던 阿峴을 찾지 못해
고갯마루에 돌탑처럼 솟은 집 찾지 못해
한나절 헤매시다 울먹임을 뚬벅뚬벅 수화기에 쌓으신다
땀에 젖어 해진 편지봉투를 건네받는다
금줄 끊긴 곳으로 허물어진 탑신이 몇 개일까
래미안 힐스테이트타운 에클라트하이페리온아트빌 B동 A라인……
주소가 외래어로 길어지고 있다
"뭔 놈에 주소가 요로코롬 요상시런 말로 길어져버렸다냐"

『무주문학론』

"요즘은 아파트 이름만 양놈말로 바꿔도 몇 천만 원이나 뛰어요"
"그랑께 요 앞 떡집도 베이커리라고 간판 바꿔버렸구먼"
"떡이 카스테라보담 찰지다!"
어머니의 금줄을 쓰레기통에 버린다
어머니가 생일 케이크를 식탁에 올려놓으신다
손자가 촛불을 끄고 케이크를 해체한다
모두 잠든 밤, 주문 외는 소리 들려온다
어머니가 내가 버린 금줄을 주워다 읽고 또 읽는다
(래미안 힐스테이트타운 에클라트하이페리온아트빌 삐동 에이라인)
반야심경을 외듯 금줄을 외우시는데
(아제아제 바라아제 바라승아제 모지 사바하)
산스크리트어를 듣는 듯 아득해지는데
(가떼 가떼 바라가떼 바라삼 가떼 보디 스바하)
밤새 금줄 한 줄 못 외우시고 돌아가시는 어머니
언덕 위를 자꾸만 돌아보신다
(가자 가자 언덕으로 건너가자 저 언덕에서 깨달음을 얻으리라)
　　-「어머니의 금줄」 전문

　어느 날, 어머니가 무주에서 아들을 보러 상경하였다. 웬일인지 어머니는 '언덕과 고개만 보시고도 쉬 찾아오시던 阿峴을 찾지 못해' 한나절을 헤매었다. 아들네 집 앞의 떡집이 간판을 베이커리로 바꿔 다는 통에 어머니는 길을 잃고 만 것이다. 아들이 보내준 편지봉투에 적힌 주소는 분명히 '서울시 마포구 아현동 596-377번지'건만, '래미안 힐스테이트타운 에클라트하이페리온아트빌 B동 A라인'이라는 외국어로 표기되어 시골 노파로 하여금 폭폭한 심정에 '뚬벅뚬벅' 울먹이도록 만들었다. 여기까지가 어머니가 상경하여 벌어진 해프닝이라면, 다음 부분은 어머니가 낙향하는 장면이다. 어머니는 '반야심경을 외듯' 아들의 집주소를 외우다가 미처 다 못 외운 채 무주로 내려가면서 '고갯마루에 돌

「타자」를 향한 '순교'의식-차주일 시집평

탑처럼 솟은 집'을 확인하고 재확인하느라고 '언덕'으로 고개를 돌린다. 그 찰나, 시인은 『반야심경』의 맨끝 부분을 암송하여 어머니의 귀가가 '저 언덕'으로 건너가는 행위로 동일시한다.

『반야심경』은 260자로 된 불교 경전으로, 본명이 『반야바라밀다심경』이다. 대승불교의 가르침을 집약하고 있어서 한국인들에게 널리 사랑받고 있다. 시인이 이탤릭체로 표기한 '*아제아제 바라아제 바라승아제 모지 사바하/가떼 가떼 바라가떼 바라삼 가떼 보디 스바하/가자 가자 언덕으로 건너가자 저 언덕에서 깨달음을 얻으리라*'는 언어가 다른 같은 뜻이다. 차주일은 「반야심경」의 끝에 나오는 위 대목을 괄호 안에 차용하여 어머니와의 별리를 장만한다. 손자의 생일을 맞아 어렵사리 서울로 올라온 어머니의 몸 상태가 예전 같지 않다는 지레짐작이 시인으로 하여금 『반야심경』의 결구를 끌어오게 만들었을 터이다.

3

차주일은 "타자의 한순간을 위해 순교해야만 하는 의무가 있다"(「시인의 말」)는 각오로 시작에 임한다. 그가 '타자'에 대한 봉사를 '의무'의 일환이라고 인식한다면, '순교'하는 자세로 시업에 종사하고 있다는 사실을 알 수 있다. 그만큼 그는 "추호 흐트러짐 없이 一步一劃"(「경전을 독해하다」)을 쓴다. 그렇다면 그에게 타자에 대한 의무를 가르쳐준 이는 누구였을지, 위에서 언급한 바를 떠올리면 자연스럽게 어머니인 줄 밝혀진다. 어머니는 아들이 시를 쓰는 데 필요한 '모음'을 가르쳐준 인물이다. 그러나 그 어머니는 혈연으로 이어진 어머니라기보다는, 한 걸음 더 나아가 "인류 최초의 단어 "엄마""(「완전한 상형문자」)가 '모음'

『무주문학론』

으로 구성되었다는 점에 착목하여 보편적 어머니로 봐야 그럴 듯해진다. 곧, 차주일이 시를 써서 '순교'하려는 '타자'는 어머니가 선사한 '모음'으로 이루어져 있다. 이 평을 쓰는 도중에 상재된 그의 둘째 시집명이 『어떤 새는 모음으로만 운다』(포지션, 2017)란 점이 공교하다.

'활인지방'의 '공양'
— 이이진 시집 『산당귀와 호박잎』 평

1

　이이진은 무주군 안성면 금평리에서 태어났다. 지금은 옛날의 영예를 탕진하고 퇴색한 기운이 평퍼짐하게 퍼진 안성에서 그녀는 장차 시에서 이룩할 세계의 밑천을 갖고 전주로 나왔다. 전북대학교 한약자원학과를 졸업한 그녀는 2000년 『순수문학』 신인상을 받고 데뷔하였다. 그녀는 물경 20년 만에 "빚진 인연들에게 고마움을 전하며"(「시인의 말」) 첫 시집 『산당귀와 호박잎』(바람꽃, 2020)을 펴내는 산고를 겪었다. 남들은 등단하자마자 작품집을 내느라고 혈안인 세상에서, 남과 달리 이이진은 솔찬히 늦게야 시집을 상재한 셈이다. 그녀가 시집을 오랜만에 상재하게 된 사정이 있을 테지만, 생업에 종사하느라고 시업에 전념하기가 힘들어서 그랬으리라고 진단하지는 말자. 적어도 그녀가 시인이므로, 시적 표현을 차용하여 앞으로의 시업이 윤택해지기를 바라기로 한다.
　이이진에게 시는 "펼쳐놓은 공양"이자 "먹고 살 수 없는 것들의 무지개"(「공양」)이다. 시가 '먹고 살 수 없는 것들'인 것은 예로부터 공인된

『무주문학론』

바이니 논의거리에서 제외하자. 또 이 말은 생업 운운과 흡사하므로 시적이지 못하다. 남아 있는 '공양'이라고 해야 제법 시적 표현다워진다. 공양은 흔히 향, 등, 꽃, 차, 쌀, 과일의 여섯 가지의 공양물로 대표되나, 참된 의미는 육바라밀 중에서 보시바라밀과 관련이 깊다고 봐야 제격이다. 보시는 남에게 무엇인가를 베푸는 행위로, 재물을 베푸는 재시를 비롯하여 여섯 가지의 종류가 있다. 그 뜻을 연장할 수 있다면, 이이진의 '공양'은 언시(言施) 쯤에 해당할 터이다. 말 못하는 이들에게 말을 베풀어주고, 그들을 대리하여 시어로 언표하는 일이야말로 그녀가 시집에 '펼쳐놓은 공양'으로 볼만하다. 게다가 "자고로 사람이 한 생명을 구하려면 모름지기 활인지방(活人之方)을 타고 나야 하는 거"(「연탄불」)라면, 그 방을 받지 못하고 "망할 놈의 세상"(「태풍」)에 나온 생명들에게 이이진의 '공양'이 펼쳐진 것이다. 그녀의 시집에 사람들이 사는 얘기가 부쩍 많은 것도 따지고 보면 '공양'할 대상이 그만치 많다는 증거일 테다.

2

이이진의 시집에는 여럿이 살고 있다. 그 사람들은 "허리의 꽃잎이 하나씩 오므라들 듯 속옷을 올리고 몸빼를 올린 노파"(「외계(外界)」), "푸성귀를 팔던 아낙"(「카메라」), "볼 때마다 인사 잘하는 할마씨"(「풀내음」), "못 된 지지배"(「감나무」), "한잔 걸친 사내"(「구름의 서쪽 2」), "모지란 여사"(「모지란(母地卵) 여사」), "키가 크고 눈이 말똥말똥한 김쵸키 선생님"(「출렁이는 나침반」), "자투리 헝겊에 밥풀을 발라 배접하던 촌부"(「삼월, 남부시장」), "노가다 최 씨"(「노가다 최 씨」) 등이다.

「활인지방」의 '공양' – 이이진 시집평

죄다 이웃에서 자주 볼 수 있는 평범한 군상으로, 시인의 관심사가 삶터에서 동떨어지지 않은 줄 짐작하게 해준다. 물론 "서른을 훌쩍 넘기도록 직장을 구하지 못한 나"(「20200101, 구름」)도 나오지만, 그 '나'조차 취업난 속에서 힘겹게 살아가는 주변의 젊은이라서 예외라 볼 수 없다. 또 이이진은 "마당에 내려앉은 새떼를 보고 계시던 아버지"(「가시」), "식구들 몰래 물캐진 걸 먹는 엄마"(「물캐진 복숭아」) 등을 호명하여 부모의 손아귀에서 벗어나지 못하는 한국시인의 범주에 속한 줄 알려준다.

시인의 관심대는 보편적으로 시집을 낸 횟수에 따라 넓어지는 추세를 보인다. 그것은 새로운 현상에 대한 찰나적 호기심을 발동하느라 바쁜 시인들이 새것을 편애하는 탓에서 기인한다. 이 점에서 시인은 입이 짧은 축에 들고, 지구력이 소설가에게 뒤지는 대신에 순발력이 뛰어나다. 이이진도 신인답게 시집을 낼 적마다 관심의 대상들을 확대하면서 시세계의 영지를 확장해 갈 것이다. 이번에 낸 시집에서 그녀는 앞에 열거한 다양한 군의 사람들을 불러와서 '공양'하는 모습을 선보였다. 그것은 "아이들의 구멍 난 양말을 깁는 아낙"(「구름의 서쪽」)의 형상이다. "식구들 몰래 물캐진 걸 먹는 엄마를 보면"(「물캐진 복숭아」) "엄마처럼은 절대 안 살거야"라고 "강보에 싸인 아기였고, 천둥이었고 빗방울이었던 복숭아"가 '물캐진 복숭아'가 된 연후에야 "스스로 메우지 못한 구멍"(「이팝나무꽃 핀 사이로 날아간 새」)을 봉합한다. 이처럼 이이진의 시편에는 시간의 흐름에 편승한 순환론적 세계관이 짙게 배어 있다. 아래에 든 예시는 그것이 변형된 보기이다.

    내 이마를 적시는 서늘한 눈발 한 잎,

『무주문학론』

이것은 때로
찬 이슬 먹고 살다간 풀꽃의 후생이었다가
밤이면 불을 못 켜서 바느질도 못하는
순이네 집 처마 끝에 등불을 달아주는 달빛이었다가
다닥다닥 매달린 어린 것들에게 햇살 밥을 먹이느라
뻘뻘 흘리는 사내의 땀방울이었다가
추운 겨울 학교 가는 아이의 목에 둘러주던 목도리였다가
파란 이파리에 떨어지는 탱글탱글 빗방울이었다가
꿈속으로 도착하는 소년의 풀내음이었다가
사막을 건너는 유목민의 눈에 비친 신기루였다가

넘어질 듯 자빠질 듯 횡단보도를 건너
저만치 새순 돋아난 은행나무 사이로 잘숙잘숙 사라지던
어떤 젊은이의 뒷모습이었다가
딸내미 먹여 보내려고 고기 한 근 끊어 뛰어오다 넘어진
친정아버지 무릎에서 배어 나오던 핏방울이었다가
소금우물 찾아가는 나시족 아낙들의 보이차 한 모금이었다가
갓난아기 배냇짓이었다가
기도였다가, 우레였다가
    —「실종」 전문

김종삼이 시「북치는 소년」에서 시연한 작법을 연상케 하는 작품이다. 시인이 첫 행에 '눈발'이라고 전제하지 않았다면, 끝행에 다가갈 때까지 종잡을 수 없을 뻔했다. 즉, 인용작은 '눈발'이 '찬 이슬 먹고 살다간 풀꽃의 후생'이었다가, '순이네 집 처마 끝에 등불을 달아주는 달빛'이었다가, '뻘뻘 흘리는 사내의 땀방울'이었다가, '추운 겨울 학교 가는 아이의 목에 둘러주던 목도리'였다가, '파란 이파리에 떨어지는 탱글탱글 빗방울'이었다가, '꿈속으로 도착하는 소년의 풀내음'이었다가, '사막을 건너는 유목민의 눈에 비친 신기루'였다가, '어떤 젊은이의 뒷모습'이

「활인지방」의 '공양'—이이진 시집평

었다가, '친정아버지 무릎에서 베어 나오던 핏방울'이었다가, '소금우물 찾아가는 나시족 아낙들의 보이차 한 모금'이었다가, '갓난아기 배냇짓'이었다가, '기도'였다가, '우레'로 변모하는 환생을 다루고 있다.

    시인은 끝에 가서 '우레였다가'로 행을 마감하면서도 마침표를 찍지 않았다. 또 '기도였다가, 우레였다가'로 적었다. 이것은 두 가지의 주목할 점을 남겼다. 하나는 '기도'와 '우레'의 앞에 그것을 제한하는 어절을 생략해버린 점이다. 그로 인해서 기도는 누가 하는 줄 모르고, 우레는 무슨 소리인지 불명확해졌다. 다른 하나는 기도와 우레 사이에 ','를 사용했다는 점이다. 1연에 찍은 쉼표가 2연과 3연에서 '펼쳐놓은 공양'을 나열하기에 앞서 숨을 고르는 시늉을 예비한 것이라면, 기도 다음의 쉼표는 숨을 가쁘게 몰아버린다. 쉼표가 쉼의 표지라는 본분을 망각하고 '기도였다가, 우레였다가'로 표기되면서 숨을 몰아가도록 부추기는 것이다. 그 덕에 힘입어 첫 행을 읽으며 염두에 두었던 '눈 발 한 잎'이 '실종'되어버린다. 그것은 시인이 2행으로 나누었어야 할 것을 하나로 처리하면서 얻어진 과외소득이다.

    "청산에서 온 흰 나비가 눈송이 몇 잎을 건넸다"(「눈송이 몇 잎이」)는 표현을 데불고 오면, 이이진이 '눈발 한 잎'의 본모습을 '실종'으로 처리한 이유를 알만하다. 세상의 모든 현상은 항상 '실종'될 운명을 갖고 생겨난다. 아니, 실종되므로 생겨나는 것이 아니라 본래의 모습을 바꾸어 다시 출현할 뿐이다. 이것이야말로 그녀가 행의 말미에 '~였다가' 형을 붙여둔 속뜻이다. 이 세상에 존재하는 온갖 실상은 고정된 게 아니다. 실상은 형을 바꾸어가며 다른 상으로 나타나므로 겉으로 보기에는 "사라지는 아름다움"(「안개」)처럼 보인다. 제법무상이다. 그런 줄 알면서도 사람들은 실상을 볼 수 있다고 믿어 의심치 않는다. 그것은 "속

『무주문학론』

에서 기를 혀끝으로 밀어주지 못해서 생긴 병"(「선물」)이다. 이이진이 시쓰기를 통하여 사람들의 가슴속에서 발화하려고 안달난 '기'를 혀끝으로 밀어주려고 안간힘을 쓰는 이유로, 그녀가 이승에 다니러 와서 베풀 수 있는 언시이다.

3

위에서 알아본 바와 같이, 이이진은 "손가락 사이로 빠져나가는 달빛을 줍는 여자"(「달그림자」)이다. 그만치 그녀는 섬세한 시안으로 봄이 되면 "마른 풀숲 어디선가 아기새와 어미새 세상문 여는 소리"(「입춘」)를 듣는다. 그녀의 시가 생활주변에서 크게 벗어나지 않는 이유이기도 하다. 그녀는 삶의 현장에 튼튼히 발을 딛고 서서 '달빛'을 줍고 '소리'를 듣는다. 이야말로 그녀의 시쓰기가 공감각적으로 이루어지는 현장이다. 그것은 "구름이 내려앉아 울까말까 망설이는 숲"(「시선 너머」)에서 '시선 너머'의 세계를 꿈꾸는 그녀가 구현할 장면에 궁금증을 갖도록 견인한다.

'서사시의 시간'에서 들리는 '소리'
—장만호 시집 『무서운 속도』평

1

　서정시가 시간의 장르란 사실은 주지하는 바와 같다. 시간이야말로 시의 서정성을 가르는 변별적 준거인 셈이다. 시인들은 시간에 의지하여 존재의 본모습을 드러내는가 하면, 장차 당도하게 될 미래의 모습을 선보인다. 이런 태도는 시간의 속살을 볼 수 있는 시인들에게서 두드러지게 나타나는 경향이다. 가령, "물들은 일어나 한 그루 나무가 된다"(「벚나무 아래서」)고 말할 때, '물'이 '나무'가 될 때까지 빨아올린 시간은 셀 수 없을 정도로 두껍다. 시간의 도움으로 이 표현이 길어질 수 있었다면, 시인은 오랜 시간에 걸쳐 관찰과 사유를 단행했을 터이다. 이 점만 봐도 시간이야말로 시인의 원초적 사유가 자아낸 의미역을 찾아 나서기에 마땅한 논의거리라고 말할 수 있다.
　첫 시집에서부터 시간의 문제를 고민한 시인으로 장만호를 들 수 있다. 그는 1970년 무주읍내에서 태어났다. 그는 고려대학교를 나와 지금은 경남 진주에 소재한 경상대학교 국어국문학과 교수로 재직 중인 시인이다. 2001년 『세계일보』 신춘문예에 시 「수유리에서」가 당선되어 시단에 데뷔한 그가 시집 『무서운 속도』(랜덤하우스, 2008)를 상재하였다. 그의 시집에서 시간이 함의하는 바를 논구하는 일은 서정시의 본령을 거론하는 것이나 진배없다. 그의 시집에서 시간은 소리를 도반인 양 동반하고 있어서 동시에 그 의미를 알아보지 않으면 안 된다. 이 점은 소리가 비물질적 속성으로 말미암아 신비한 특질을 지닌다고 믿는 낭만주의의 영향일 테지만, 장만호가 시의 본질적 국면에 충실한 시인이란 사실을 승인케 한다. 그의 시집에서 시간과 소리를 암냥하여 읽어내야 하는 이유이다.

2

장만호는 "서사시의 시간 속에 사는 자"(「지하 신전」)이다. 그가 자청한 '서사시의 시간'은 '서사시'와 '시간'이라는 두 축이 앞으로의 시세계를 지탱하게 될 것이란 예언이나 다름없다. 먼저 서사시는 서사의 시이다. 그러므로 서사시 안에는 시의 작자가 압축한 '서사'가 들어가 있다. 그가 발표하는 시편들을 꼬누어 읽어서 서사를 채집하지 않으면 안 되는 까닭이다. 그의 시에 안치된 서사는 근본적으로 '요람에서 무덤까지'의 시간을 반영하여 성립한다. 그러므로 '서사시의 시간'을 끌어안고 '사는 자'에게서 서사와 시간을 함께 검토하지 않으면 안 된다.

장만호에게 시간은 "해마다 생겨나는 그리움의 나이테"(「사기」) 같다. 그의 시에서 시간은 '그리움'이 그의 몸에 새겨진 '나이테'처럼 육화되어 있어서 시간의 흔적을 찾아내는 일은 그리움을 발굴하는 일로 치환된다. 그리움을 '발굴'할 양이면, 작업에 필요한 도구를 장만하고 나서 찬찬히 탐사하여 천천히 찾아내야 한다. 그리움은 "내 부재의 실금"(「독」)

「서사시의 시간」에서 들리는 '소리' – 장만호 시집평

같아서 건성으로 보면 눈에 띄지 않는다. 마치 "노을에 밀리는 물결"(「비석」)처럼, '실'은 물의 '결'인 양 겉으로 드러나지만 '금'은 물 아래 잠겨서 수면 위의 시선을 따돌린다. 장만호는 '부재'하는 그리움을 그리움의 '부재'로 도치한다. 그의 그리움이 포괄하는 영역이 광대해지는 연원이다. 예를 들자면, 그의 시에는 "울음으로 빠져나오지 못한 슬픔"(「울고 잇는 사내」) 때문에 "오랫동안 부글거렸거나 얼고 녹았을 내장(內藏)의 시간들"(「독」)이 흐른다. 그 시간은 "제대로 삭지 않은 것은 부끄럽다"(「거미」)에서 짐작 가능하듯 삭은 시간의 표지이다.

터미널 앞 가정식 백반집 벽거울에
지금, 제 늦은 저녁을 반추(反芻)하고 있는 사내
습관적인 자책의 얼굴로
건너편의 제나를 씹고 있다

빈볼의 유혹을 참기 위해
질겅질겅 껌을 씹는 8회 말의 투수처럼
애긋은 마운드를 다지고 있는 것처럼
초식의 식능(食能)이란
흔들리는 내면을 수없이 되씹고 다지는 것

뿔은 그렇게 피어난다

날카로운 뿔,
씹히고 씹힌 내면이
저도 모르게 밀어 올린 풀

한 치의 뿔이
한 들판의 풀인 것처럼
한 구릉의 풀을 씹고

『무주문학론』

터미널의 사내는 또 다른 구릉의 저편으로 이동하고 있다
　　―「뿔」 전문」

　　터미널 앞에 위치한 가정식 백반집의 벽거울에 '제 늦은 저녁을 반추하고 있는 사내'가 있다. 그는 "표정 없는 사람처럼"(「비석」) '습관적인 자책의 얼굴'로 거울 속에 비친 '제나'를 '씹고' 있다. 가리키는 바가 맞다면, 제나는 제 것으로서의 자신을 뜻하는 순우리말이다. 그의 표정을 보노라니 '빈볼의 유혹'을 참느라고 '질겅질겅 껌을 씹는 8회 말의 투수' 모습이다. 빈볼은 고의로 타자의 몸을 맞추려는 볼이므로, 투수는 승부를 결정짓는 마지막 회를 탈없이 넘기려고 '애굿은 마운드를 다지고 있는 것'이다. 오자인지, 아니면 투수가 껌을 씹으며 글자를 씹은 탓인지 '애꿎은'이 '애굿은'으로 식립되었다. 그 덕에 투수를 닮은 사내의 표정에 부드러운 빛이 감돈다.
　　사내는 '초식의 식능'을 지닌 초식성 동물이므로, 투수'처럼' 빈볼의 유혹을 이기느라고 '흔들리는 내면을 수없이 되씹고 다지는 것'이다. 그와 같이 그는 "해묵은 방죽의 내심을 찬찬히 들여다보"(「잠자는 수련을 두고」)듯이 '제나'를 씹는다. 초식을 마친 그가 되새김하자 '씹히고 씹힌 내면'에서 '날카로운 뿔'이 돋아난다. 그의 식능에 따라 '한 치의 뿔'은 '한 들판의 풀'로 변하고, 사내는 '한 구릉의 풀을 씹고'나자 '또 다른 구릉의 저편으로 이동'하고 있다. 그는 아직도 "생의 푸른 이면"(「나무로 돌아가네」)을 보기 위한 여정 위에서 이동 중이다.
　　사내가 '저편'으로 이동한 것은 그리움의 부재 때문이다. 벽의 거울 속에 비친 자신의 모습을 보고 사내는 '습관적'으로 자책한다. 그는 거울에서 '부재'하는 그리움을 찾지 못하자 스스로를 힐책하지만, '내면'이 흔들리는 탓에 '내심'으로 진입하지 못한다. 왜냐하면 그는 "저 먼 우주

「서사시의 시간」에서 들리는 '소리'-장만호 시집평」

의 외심(外心)을 향해 아득히 풀려나는 나선의 은하와 같이//다시는 돌아보지는 않겠다는 듯이, 내심(內心)을 향해 조용히 제 집으로 돌아 들어가는"(「못」) 길 위에서 방황하고 있기 때문이다. 외심은 시전적으로 딴마음을 가리킨다. 딴맘을 먹고 있는데 내심으로 들어갈 리 만무하다. 그것은 사내의 '반추'가 '습관적'이라서 생긴 불가능성이다. 그와 같이 장만호는 부재하는 그리움과 그리움의 부재 사이를 "시시로"(「시시때때」) 오간다. 마치 "변심(變心)과/작심(作心) 사이에서"(「백일홍」) "서성이던 자리"(「별이 빛나는 밤에」)를 남긴다.

시제가 「뿔」이다. 뿔은 초식동물에게 허여된 유일한 무기인 동시에, 연약한 줄 안팎에 공표하는 정체성의 표식이다. 애초부터 사내는 풀을 씹어 먹는 초식동물로 설정되어 있었던 셈이다. 사내는 장만호의 시에서 "나는 잠들지 못하는 푸른 잠(蠶)"(「불면증」)으로 몸을 바꾼다. 초식성을 유지할 수 있다면 사내가 누에 말고 다른 동물로 바뀐들 대수롭지 않다. 장만호가 길에서 "오래도록 되새김질하는 길의 허기"(「태백행」)를 보고, 누이더러 "누구나 제가 삭여야 할 세월은 있어"(「거미」)라고 말하는 장면을 떠올리면, 되새김질이나 삭임으로 환치되는 초식성에 터한 상상력을 주특기로 삼은 줄 간취할 수 있다.

3

사람의 감각 중에서 시간은 청각과 관련되고, 공간은 시각과 관련된다. 근대가 시각혁명에 편승하여 천하를 시각화하자, 청각은 원시적 감각인 양 뒤로 밀려나고 말았다. 과학기술이 발달하면서 시각은 공간을 장악하고 존재하지 않는 것조차 실재하는 양 인공물을 도처에 전시하

『무주문학론』

고 있다. 가히 시뮬라크르의 시대이다. 실제보다 더 실제적인 모조실제가 판치는 세상에서 소리로 대표되는 청각은 관심권에서 멀어진다. 그러나 시각이 주체에게 외면을 보여준다면, 청각은 내면을 울린다. 또 청각은 객관적인 시각에 비하여 주관적이어서 시인에게 각별히 취급된다. 시인은 사위에서 들려오는 소리를 채집하여 작품에 은닉한다. 그런 전차로 시에 배열된 행과 행의 사이에서 울리는 소리에 귀를 기울이지 않으면 시를 온전히 이해할 수 없다. 당초에 시가 노래였던 것은 시가 곧 소리란 사실을 입증한다. 시인들이 소리에 민감하게 반응하는 이유이다. 오래 전 중동에서 시인이라는 어휘에 소리를 듣는 사람의 뜻을 부여한 사실을 떠올리면, 지금이나 예나 시인들이 소리에 집착하는 족속인 줄 어렵지 않게 유추할 수 있다.

　장만호도 소리에 매우 민감하다. 그는 소리 감별사처럼 귀에 들려오는 각종 소리들을 포획하여 이리저리 살펴보고 모양과 상태에 따라 분류한다. 그의 감별에 따라 소리들은 "죽순처럼 삐져나온 얼굴"(「장대비」)처럼 내는 소리값에 상응하는 제자리를 찾아간다. 그에게 포착된 소리만 해도 "나무들이 울리는 푸른 풍금의 소리"(「원정(園丁)」), "푸른 소리들이 머무는 그곳"(「바람 소리를 듣다」), "음계의 끝에서 자진(自盡)하는 소리"(「귀」), "탁, 탁, 장작 타는 소리"(「별이 빛나는 밤에」), "다북쑥 마른 잎 지는 빗소리"(「폐가(廢家)의 사랑」), "저 높은 심연에서 던지는 두레박 소리"(「우물」) 등, 다종다양하다. 아래에 따다 놓은 시작품은 그가 소리에 대한 관심이 집요한 줄 예증하며, 나아가서 그가 빚어낸 소리 심상의 양상을 엿볼 수 있도록 도와준다.

　　고향집 함석지붕에
　　비 내리는 소리

누이들이 듣는 라디오 소리

텃밭에 감 떨어지는 소리
쿵, 쿵, 하나씩
터져나가던 대지의,
한 해 치의 붉은 심장 소리

그러고는,
모과나무에 빗발 듣는 냄새를
약으로 들으시던
할머니의 기침 소리와

젖은 정지에서 밥을 지으시는
어머니의 딸그락거리는 소리를,
네 귀를 들고 듣던
옛집의 침 넘기는 소리
    —「소리들」 전문

인용시에서 장만호는 소리를 여러 가지 심상으로 보여주고 있다. 1연에서는 함석지붕에 비 내리는 소리를 '누이들이 듣는 라디오 소리'로 공감각화하였고, 3연에서도 모과나무에 비가 떨어지며 나는 냄새를 '듣는'으로 표현하여 '듣다'와 '떨어지다'의 이중적 의미와 함께 말놀이 효과까지 노렸다. 또 모과나무 냄새를 '약으로 들으시는'이라고 적어서 예로부터 천식 해소에 특효하다고 소문난 모과나무를 '냄새를 맡다'라는 뜻을 지닌 전북 방언의 '듣다'와 약효가 있다는 뜻을 지닌 '듣다'의 중의성을 활용하여 '할머니의 기침 소리'를 들릴 수 있는 효과를 거두었다. 아울러 3연에 쓰인 '듣는'과 '들고 듣던'에 출연한 'ㄷ'음은 앞선 연에 출현한 거센소리 'ㅌ', 'ㅋ'과 된소리 'ㄸ'이 주는 강한 거슬림을 누그러뜨리는

『무주문학론』

데 기여하고 있다. 2연에서는 '텃밭'에 감 '떨어지는' 소리를 '쿵, 쿵'처럼 '쿵'자를 떼어 적고 중간에 쉼표를 찍어서 감이 '하나씩' '터져나가던' 모습을 형상화하였다. 또 이 표기는 '한 해 치의 붉은 심장 소리'가 생동감있게 들리는 모양을 보여준다.

  장만호의 소리에 관한 호기심은 "탕진할 것 하나 없는 시절"(「수유리에서」)부터 장착된 듯하다. 여느 시인들도 소리에 관심하지만, 그의 소리사랑은 유별나다. 그는 위에서 보았듯이 소리 현상을 심상화하는 능력이 탁월하다. 이 점은 그가 언어의 속성을 익히 알고 있다는 사실로부터 유래될 텐데, 시어가 내장하고 있는 소리성을 효과적으로 살리는 데 유용하다. 시 「소리들」은 장만호의 내면에 튼튼히 자리한 그리움의 '소리들'이다. 그 근거는 그가 호명한 누이, 할머니, 어머니가 빚은 소리에서 찾아진다. 그것을 구체적으로 적시하면, 라디오를 듣는 누이들과 기침하는 할머니, 부엌에서 밥 짓는 어머니의 모습이다. 그리운 사람들의 모습을 보고 싶은 마음에 그는 그네들이 내던 소리를 찾아나선 것이다. 그와 같이 그의 시간이 그리움의 시간이었듯이, 소리 또한 그리움의 소리였다.

4

  위에서 살핀 것처럼, 장만호는 "멀미처럼 흔들리는 세상"(「청평호에서」)에서 남다른 시간의식으로 시작에 임한다. 그의 시간은 되새김과 삭임에 입각한 초식의 상상력과 어우러지면서 그리움을 낳는 원천으로 작용하였다. 예컨대, 그의 "장맛처럼 짜디짠 여자의 일생"(「독」)이라는 표현은 '장맛'을 내는 시골과 '짜디짠' 맛이 들 때까지 흐르는 시간 속에 감추어진 '여자의 일생'이 삭여져 그리움으로 혼화되는 과정에서 획득한 것이다.

그와 함께 장만호는 "모든 빛이 한 점으로 좁혀져 내가 어둠의 주머니에/갇혀가는 것 같던 그 순간"(「무서운 속도」)까지 소리를 모으느라고 귀를 쫑긋한다. 그만치 절박하게 청취된 소리는 절절한 '외심'에서 '내심'으로 진입한 결과물로, "빈 것들 속에 가만히 들어가 앉는 마음"(「못」)을 지녀야 얻어지는 법이다. 그런 마음이라야 "나무를 문지르고 간 바람"(「백일홍」)이 그리움의 소리인 줄 안다.

『무주문학론』

'논리적이지 않은 침묵'으로 쓴 사모곡
—이병수 시집 『달을 보니 별이 그립다』평

1

무주군 안성면에는 문맥이 흐르나 보다. 그곳에서는 충남과 대전문학계에서 선구자로 추앙받고 있는 시조시인 정훈을 시작으로 무주문학의 개척자이자 전라북도 아동문학계의 원로인 서재균을 선두로 시인 차주일, 이이진과 이일우 남매, 그리고 수필가 이연희 등이 태어났다. 이병수도 1953년 안성에서 출신한 시인이다. 하기야 안성은 무주군에서 가장 넓은 평야가 펼쳐져 물산이 풍부하고, 안성분지를 사방으로 둘러싼 높은 산들은 인걸을 품어 기르기에 천혜의 조건을 갖추었다. 이런 환경을 갖고 있으므로 이곳저곳에서 다수 인물이 나와 안성이라는 이름을 빛낼만하다. 문인 외에도 대일항쟁기에는 대구사범학교에 재학 중이던 안성 태생의 최성면이 에스페란토운동에 가담하여 식민체제의 전복을 꾀하여 영어의 몸이 되기도 하였다.

시집 『달을 보니 별이 그립다』(두엄, 2019)는 이병수의 두 번째 시집이다. 그는 『순수문학』으로 등단한 뒤, 첫 시집 『뜨겁게 익은 하늘을 향해 얼마나 달려가야 정점은 올까』를 펴내었다. 그 뒤로 고향을 지키면서 한국작가회의 무주지부장을 역임하고, 무주문학의 발전을 도모하며 살아가고 있다. 농촌시인으로 사는 동안, 이병수는 농민들의 곤고한 삶을 거짓없이 시화해 왔다. 이 시집도 그의 신념이 결정화된 흔적이다. 이에 그의 시집을 찬찬히 읽어서 그가 수확한 시업을 단평하고, 앞으로 나아갈 바를 밝히고자 한다.

2

논의 대상으로 삼은 시집 『달을 보니 별이 그립다』의 「서문」에서 "시를 쓰는 것보다/흙과 함께 하는 날들이/나의 시가 될 것 같다"고 적은 것으로 보건대, 이병수는 앞으로도 흙의 시를 추구할 심산인가 보다. 그가 표방하는 흙시란 무엇인가. 그것은 결국 앞선 시인들이 제출했던 농민시일 테고, 더 거슬러 올라가면 농요에 닿을 것이다. 이병수가 시집의 머리에서 표백한 결의도 예서 크게 빗나가지 않을 터. 그렇다면 그가 썼거나 쓸 시의 면목은 요연(窈然/瞭然)해진다. 앞은 '시를 쓰는 것보다/흙과 함께 하는 날들'의 의미충돌로 벌어질 장면이고, 뒤는 농촌에 사는 시인으로서의 정체성을 유지하겠다는 의지의 표출이다. 시인의 포즈가 둘 사이에서 긴장되고, 양자가 길항하며 자아내는 모순의 지양이 혼재될 시편에 궁금증이 더해진다.

이병수의 시집에는 '흙과 함께 하는 날들'의 노골적인 기록이 산재한다. 그것은 그가 안성땅에서 농사를 짓는 농부'들'의 목소리를 대신하였기 때문이다. 예를 들자면, "FTA, TPP에 대문이 열려 외국 농산물이 물밀 듯이 밀려"(「행운의 고구마꽃」), "오늘도 FTA에 서러워 울고"(「가을 들녘」), "FTA에 분노로 집결되어"(「나락 수매」) 등에서 보듯이, 그

『무주문학론』

는 농사짓는 이'들'의 '분노'를 시행에 뚜렷이 장치한다. 이와 같은 직설적 전달 방식은 농부들이 처한 상황을 곧이곧대로 전하여 사실성을 높여준다는 장점이 있다. 하지만 그 반대쪽에서는 심미적 성취를 저해한다고 불평한다. 양자 중에서 뒤엣치 주장에 동의하는 이들이 많다는 점은 시인이 유념할 점이다. 아래의 예시는 앞선 시들보다는 관찰자의 시선으로 묘사에 치중하고 있어서 읽기 사납지 않다.

> 빗장 걸은 가뭄의 문을 열고 나와
> 두문리 개금평 뜰에 햇살과 승부차기에서
> 한 골 넣고 기세등등한 단비
> 논과 밭에 촉촉이 내려
> 어린모는 실눈 뜨며 튼실하게 가라난다
> 파란 이파리에
> 눈물 나도록 고마워
> 그윽한 눈에 정이 쏟아지고
> 구슬땀방울은 내 등 가슴에
> 실타래 풀 듯 일기를 써 내려간다
> ―「일기장」 부분

'일기장'이야 시인의 농사일기요, 전기일 터이다. 그가 살아낸 "허기진 세월"(「제비」)이 행간에서 고개를 삐죽 내밀고 시절을 증언한다. '승부차기'니 '기세등등' 따위가 시상의 자연스러운 연결을 훼방하는 게 사실이지만, 농부시인다운 서사가 곡진하다. 이 정도가 이르면 "사랑 미움 기쁨 슬픔 희망 절망 성공 실패"(「동지 2」)도 "세상사 살고 보니까 바람 같더라"(「인생살이」)고 능칠만한 여유가 생겨난다. 그렇게 마련한 여유는 현상을 멀찍이서 응시하고, 사태를 제삼자의 눈으로 관망하도록 이끄는 원동력으로 작용한다. 인용작에서 어린모가 '실눈'을 뜨는 광경을 포착할 수 있었던 시안이야말로 전적으로 여유에서 비롯된 예이며, '구슬땀방울'이 등과 가슴에 '일기'를 써 내려가고 있는 줄 포착해내는 인식안이다.

"돌아다보니 육십 환갑이 내일 모레"(「집을 지으며」)라서 그런지, 이병수의 시집에는 사모의 정이 그윽한 작품들이 상당하다. 아예 「모정의 눈물」처럼 표제로 삼은 작품이 있는가 하면, 다음에 따라 논 것처럼 '어머니'를 그리워하는 자식의 안타까움이 드러난 대목이 즐비하다. 대개 이런 경향의 시를 쓰는 시인들의 공통된 특성은 "지울 수도 없는 주름진 나이"(「인생살이」)에 진입한 데서 찾아진다. 말하자면, 그가 "한 발 건너 저승 문이"(「오늘 2」) 보이는 나이에 접어든 것이다. 그럴 즈음에 접어든 이들은 주위의 눈치를 의식하지 않고 스스럼없이 "열두 대문을 활짝 열어"(「새해 첫날」) 사모하는 정을 드러낸다. 그들을 대표하기라도 한 양, 이병수의 시에서 어머니를 연모하는 대목을 뽑아 보면 다음처럼 같이 즐비하다.

"어머니가 털어 놓은 비밀"(「달을 보니 별이 그립다」)
"어머니가 주고 가신 선물"(「별 하나」)
"어머니의 체온이"(「바람아!」)
"어머니가 빚은 동동주 한 잔을 마셔"(「봄비 오는 날」)
"신이 살고 있는 어머니"(「길 따라」)
"어머니 손마디 마디가"(「국화꽃」)
"보릿고개 오르는 어머니의 쌀독"(「봄날은」)
"뻐꾹새만 엄마가 그리운 듯 울고 있다"(「여름 가뭄」)
"뻐꾸기가 엄마를 찾고"(「덕유산 운해」)
"고통 속에 기쁨으로 피는 어머니 미소같이"(「뽕나무가 환생하는 낙화놀이」)
"어머니는/출산의 멍에를 벗어나지 못하고"(「가을 강가에서」)

『무주문학론』

"어머니 탯줄로 보약이 되고"(「농부의 혼불」)
"어머니는 뽑을 수 없는 정을"(「고삐」)
"천둥이 치면 엄마가 아기를 포옹하듯이"(「가을의 삶」)

  고려가요 「사모곡」에서 보듯, 어머니는 예로부터 여럿에게 숱하게 칭송되어 왔다. 어머니란 존재가 예나 지금이나 자식들에게 끼친 영향력은 막강하다. 또 생명이라면 누구나 어머니로부터 태어난다는 유전학적 사실이 자식들로 하여금 어머니에 대한 혈연적 그리움을 망각하지 못하도록 제어해 왔다. 이 말인즉, 어머니는 편재적인 고로 특수하지 못하면 시화의 대상으로 삼기를 꺼리라고 충언한다. 사람이라면 누구나 자기 어머니를 지선한 존재로 예우하는 까닭에, 웬만한 경험으로는 독자의 동의를 구하기 힘들다는 말이다. 그럼에도 불구하고 세상의 자식들은 김초혜의 시집 『어머니』처럼 아예 온통 어머니를 예찬하는 작품으로 채우거나, 어머니를 단편이나 연작 형식을 빌려 노래하기를 그치지 않는다. 한국처럼 효를 권장하는 사회일수록 사모곡의 발표가 줄을 잇기 마련이다.
  이병수의 사모곡도 이 범주에 들어 있다. 위에 나열한 예를 보면 짐작할 수 있듯이, 그와 어머니의 관계는 세인들이 상상하는 범위를 넘지 않는다. 그래도 어머니는 그에게 각별하여 시를 쓰도록 추동한다. 그만치 어머니는 모든 시인들에게 관습화된 소재이다. 자식들은 "내일을 넘어 전하지 못한 그리움"(「둥지 1」)으로 말미암아 나날을 살아가는 도중에 어머니의 품을 벗어나지 못한다. 어머니의 자장이 워낙 강한 탓이리라. 이병수가 "환갑이 지난 사내"(「별 하나」)란 물리적 사실은 부재하는 어머니에 대한 그리움이 사무치도록 견인한다. 젊은 시절에 어머니의 속을 무던히 썩이던 자식은 연치가 더해지면서 불효한 행동을 반성한다. 지난날에 대한 반추 속에서 그의 회오는 무수히 반복된다. 그 횟수에 편승하여 그는 지난날의 허물을 덜어내는 것이다. 이와 같은 행위가 시 속으로 들어오면, 시편의 분위기를 단번에 지배하여 "눈부시게 빛나는 샛별 하나/아홉 살에 헤어지면서/어머니가 주고 가신 선물"(「별 하나」)로 인식하게 된다. 이병수가 시집의 제목을 '달을 보니 별이 그립다'고 정한 소이도 여기에 있다. 또 그것은 그의 시를 사모곡이라고 명명하게 된 배경이다. 그가 시집에 붙인 제목을 발리자면, 어머니는 '별'이 되어 아들을 굽어보고, 아들-시인은 '발을 보니 별이 그립다.'

3

위처럼 농촌시인을 자처하는 이병수의 시에는 "풀 베는 농부의 땀방울"(「모르고」)이 흥건하다. 그것은 현실에 단단히 뿌리를 내리고 자신의 삶을 우직하게 형상화하겠다는 단호한 결심에서 우러난 것이기에 소중하다. 현실에 터한 상상력일수록 공허하지 않고 관념유희로 떨어지지 않는 법이기에 이병수가 표명한 결심은 시작에서 유효하다. 그렇지만 서정시는 "은행잎 떨어지는 적상산 길"(「길」)을 걸으며 얻어진 갖가지 느낌을 현재적 정서로 변주시킨 때, 연명하기 수해지고하고 오래도록 인구에 회자된다. 산책하며 수득한 것들도 현실 속에서 구해진 소재이므로, 시인의 발길이 허방에 빠지지 않도록 만류해주기는 마찬가지이다. 농투산이의 일상을 솔직하게 드러내는 감정보다는, "아침마다 땅을 치며 흘린 눈물"(「고드름 2」)의 속살을 은근히 보여주려는 농부시인의 "논리적이지 않은 침묵"(「서문」)이 값진 것이다.

이미 이병수는 "햇살의 가시"(「시방」)와 "버림받은 여자의 비수"(「고

『무주문학론』

드름 1」)를 본 경험이 있다. 전자보다는 후자가 윗길인 이유인즉, 그것이 현실에서 획득할 수 있는 표현이기 때문이다. 그 연장선에서 이병수는 "단간방에 홀로 남은 옆집 할머니/해진 옷 사이로/뼈 속 깊이 서리가 파고든다"(「덕유산 운해」)는 탁월한 서술을 보여준 바 있다. 무주 사람들이 가슴속에 모시고 사는 덕유산의 '운해'와 '서리'의 절묘한 접합 속에서 이병수의 시는 나아갈 방향을 얻었다. 그 길로 곧장 걷노라면 "붉게 시어버린 산 앵두"(「산 앵두」)가 그를 반길 터이다. 이후에 발간될 그의 시집에 기대가 커진다.

'숨은 그리움'의 시학
─석경자 시집 『봄빛, 나비 날다』평

1

1958년 태어난 석경자는 2003년 『서울문학』 신인상에 시가 당선되어 문단에 나왔다. 그녀는 등단한 뒤로 한참 시간이 흐른 2019년 한여름에야 "나만의 시를 이제 세상 밖으로 꺼내놓으려니 와락 겁이 난다"(「시인의 말」)는 겸사를 얹어 첫 시집 『봄빛, 나비 날다』(이랑과이삭)를 펴냈다. 그녀가 진중히 내놓은 시집을 읽어볼 양이면, 시제들이 거의 자연물이다. 그것들을 열거하자면, 꽃과 나무가 주를 이루고 그 뒤를 반딧불이와 강이 뒤따르고 있다. 이러고 보면, 앞서거니 뒤서거니 늘어선 소재들의 경중을 따질 게 아니다. 그저 자연을 구성하는 물상들이 석경자의 시안에 포착되었다는 사실이 중요하다. 즉, 그녀의 시집은 살고 있는 무주처럼 오염되지 않은 순결한 소재가 일색이다. 그녀가 무주의 자연환경에 맞게 순수 서정을 시화하게 된 이면에는 하얀 그리움이 자리하고 있다. 그리움이야말로 그녀의 시를 지탱해주는 서정적 자질이며 시적 요소이고 심미적 등급이다.

시집 『봄빛, 나비 날다』를 읽어본 이라면, 석경자가 흥건한 그리움에

『무주문학론』

젖어 사는 시인인 줄 단박에 알아차릴 수 있다. 이 시집 안에는 시인이 "내 안에 발아하는 소리들"(「가을이 부르는 노래」)을 모으느라고 밤새 뜬눈으로 고생한 흔적이 도처에서 산견된다. 그녀의 폐부에서 '발아하는 소리'들은 대부분 그리움의 독 안에서 시간을 숙주삼아 숙성된 소리들이다. 그녀의 시집을 장식한 그리움이 소란하거나 거들먹거리지 않고 얌전한 모습으로 단정한 소리를 내는 것만 봐도 그리움의 급수가 다른 줄 짐작할 수 있다. 그렇다면 그녀의 시세계를 도포한 그리움의 근원을 찾는 일이 중요해진다.

2

　석경자의 시집은 그리움으로 빼곡하다. 그녀가 시의 제목을 삼은 것만 해도 「그리운 사랑」, 「그리움을 찾아서」, 「또 다른 그리움」, 「그리움 머무는 곳」 등이다. 이 말고 「그리움 1」과 「그리움 3」이 시집에 수록된 걸로 봐서는 그녀가 그리움을 소재로 연작시를 쓰고 있는 줄 짐작할 수 있다. 사실 사람마다 그리움을 안고 사는 것이 다반사이지만, 그녀처럼 그리움을 문자로 표나게 내세우지는 않는다. 대개 그리움은 마음속에 이는 물결 같아서 어떤 계기를 만나야 일어나는 게 보통이다. 말하자면 그리우려고 그리움을 일부러 불러내지는 않는다. 그리움은 그처럼 억지로 일어나는 감정이 아닐뿐더러, 인생사가 한가히 그리움과 놀아라고 틈을 내주지도 않는다.
　무릇 그리움은 대상의 부재로 인해 발생한다. 그리움은 필연적으로 어떤 사람이나 대상이 없어서 생겨난다. 그리움은 결코 막연히 생겨나는 법이 없다. 그리움은 필히 무엇 혹은 누구의 없음에서 비롯되므로,

원상회복이 되면 사라지리라고 기대한다. 하지만 그리움은 그처럼 시시하지 않다. 그리움은 뿌리 깊은 나무이고 샘이 깊은 물이라서 좀체 실체를 드러내지 않는다. 그것은 차라리 애초부터 결여된 상태에서 또 다른 그리움을 양성한다. 그런 까닭에 그리움은 영영 채워질 수 없다. 그리움이 그리움을 낳는 법이다. 채울 수 없으니 허전하고, 허전하니 그리워진다. 세상의 그리움마다 헛헛하고 허허로운 것은 그 때문이다. 석경자는 그것을 "그리운 눈빛만 쓸쓸하다"(「그리운 사랑」)고 말한다. 그녀의 쓸쓸한 눈빛은 아래에 든 예시처럼 그리움으로 채워져 있다.

"꽃놀이 그리움이 섦다"(「몰포나비」)
"층층이 눈부시던 그리움"(「꽃과 여자」)
"별무리도 그리움이 너무 버거워 가라앉았다"(「강물에 잠긴 별」)
"그리움을 빛으로 여는 길"(「반딧불이」)
"바닷바람에 밀려오는 그리움"(「또 다른 그리움」)
"넝쿨진 그리움이 깊게 드리운 숨결"(「능소화 2」)
"백년을 못 채우고 남은 터만큼은 온전한 그리움이다"(「그곳에는」)
"다시 허물 벗는 그리움"(「여름날 푸른 소리」)
"바다만큼 열리는 그리움"(「그리운 날에는」)
"그리움 매만지는 낯익은 저 별"(「그리움 3」)
"오랜 그리움 수줍게 손짓하던"(「여운」)
"숨은 그리움"(「치자꽃 피던 날」)
"내 안에 남아 있던 그리움"(「산수유」)
"오래 전에 먼저 떠난 어머니 콧노래도 그립다"(「벚꽃 속으로」)
"그리운 마음"(「가을이 부르는 노래」)
"그리운 얼굴로 묻힌다"(「그리움 머무는 곳」)
"먼 훗날 그리워 뿌리까지"(「눈꽃」)
"떠나가도 그리워지는 사람"(「물꽃 피다」)

위를 보면, 석경자를 가히 '그리움의 시인'이라고 부른다손 과언이 아

『무주문학론』

닐 듯하다. 무엇이 그녀로 하여금 그리움을 집요하게 파고들도록 권면한지 모를 일이다. 하지만 분명한 것은 그녀의 내면에 "사랑을 풀어내지 못한 아쉬움"(「홍시」)과 "옹이진 속울음"(「병실 306호」)이 만만치 않게 쟁여 있다는 사실이다. 그녀는 오랜 시간에 걸쳐 내면에 켜켜이 쌓아둔 '사랑'과 '속울음'을 그리움으로 변주하여 시화하고 있다. 그녀는 속 깊이 쌓아 둔 그리움을 남들에게 들키고 싶지 않아서 시집의 출판을 미뤘을 공산이 크다. 자기만의 비밀을 들켜버린 '여류'시인의 부끄러움이란 '숨은 그리움'처럼 내밀한 구석에 박혀 있어서 좀처럼 민낯을 드러내지 않는데, 시편의 행간에 그리움의 잔영이 제법 남아 있어서 음영을 구경할 수 있다.

먼저 석경자의 그리움은 부모를 향한다. 그녀가 그리움을 부모에게 바친 것은 자식된 도리일 것이다. 무릇 한국의 자식들은 유교적 덕목으로 단련되어 있다. 그것은 부모를 향한 칭송으로 일관하는 경향이고, 체면을 중시하라는 가르침대로 부모의 허물을 가리느라고 분주하다. 한국 시인들의 부모를 향한 그리움은 마치 『부모은중경』의 한 장면을 떠올리도록 만든다. 그런 이유로 부모를 향한 효심의 발로로서의 시는 무엇보다도 순백의 성정으로 빚어졌는가를 따져봐야 한다. 이런 류의 시편들은 유교의 훈육이 몸에 배어 있는 자식들에게 편재적인 현상이므로, 필히 시인의 진지한 태도가 심급으로 작동하지 않으면 안 된다. 그렇지 않으면 효도시는 별다른 감흥을 가져오지 못하고 산화하게 된다. 이 점에서 육친을 그리워하는 석경자의 선택은 여간 그립지 않으면 시적 효과를 거양하기 힘들다.

석경자가 아버지를 표제로 삼은 시는 「아버지의 꽃밭」이다. 그러나 그녀는 "병상에 계신 구순의 아버지"(「벚꽃 속으로」), "아버지의 흙바람

일으키는 산모퉁이"(「명아주」), "그 작은 몸뚱이를 어루만지던 아버지"(「고욤나무」)를 통해서 아버지에 대한 그리움을 곳곳에 늘어놓고 있다. 그렇다면 석경자가 아버지에 대한 그리움을 갖게 된 배후가 쉬 간취된다. 노년에 병든 아버지를 대하면서 든 불효심이 그녀로 하여금 아버지를 그리워하도록 인도했을 터이다. 그처럼 석경자의 그리움은 소박하다. 인륜에서 우러난 단순한 소박미는 질박하여 읽는 이를 공감케 한다. 그녀의 시편들은 '흙바람'이 덕지덕지 묻어서 담박하다. 그녀는 "은빛 바다를 낚아 올린 노인의 손길"(「바다 이야기」) 덕분에, 지금까지 "한결같은 사랑으로 오랜 세월 품어준 시어들"(「시인의 말」)을 건질 수 있었다. 그만큼 그리움은 힘이 세다.

> 모내기가 끝나고 나면 새벽부터 논두렁에
> 한결같이 웅크리고 계셨던 아버지
> 누군가 아버지 별명을 뜸북이라고 했다.
>
> 뜸북이가 휘젓고 다니는 논에서는 간간히
> 뜸북뜸북 연둣빛 소리가 들렸다
>
> 뜸북이 울음소리 그리워지던 날
> 앙상한 아버지 몸에서 뜸북뜸북 소리가 났다
>
> 빛바랜 천장에서도, 젊은 날의 사진 속에서도
> 뜸북이는 밤새도록 푸덕푸덕 날았다
> ―「뜸북새」 전문

아버지는 딸의 추념 속에서 "내 마음속에 내려앉은 나비 한 마리"(「봄빛, 나비 날다」)로 환생한다. 그는 "흙가루 닮은 생"(「모과 속 벌레」)

『무주문학론』

의 주인공이었으나, 딸의 호명에 '나비'로 물화한다. 아버지는 더 이상 "고독한 그림자"(「그리움을 찾아서」)가 아니다. 그는 살아서 처자식을 먹여 살리느라고 갖은 애를 썼지만, 그에 합당한 대우를 받지 못하고 운명하였다. 그의 굴곡진 생애를 익히 알고 있는 딸이기에 시를 써서 그간의 노고를 위로한다. 그러기까지 그녀는 아버지가 먹은 나이를 따라 먹었다. 그제서야 딸은 '뜸북이 울음소리 그리워지던 날', 새벽부터 물코를 보느라고 잠을 설쳤을 아버지의 은공에 눈물지으며 사부곡을 부른다.

지금은 볼 수 없는 아버지를 향한 그리움이 북받치자, 고생한 어머니의 모습이 절로 떠오른다. 석경자가 이 시집에서 "바람길 꽃이 되셨던 어머니"(「가을이 부르는 노래」)에 대한 그리움을 여기저기서 표백하게 된 이면이다. 그녀의 사모곡은 범상하다. 세상의 모든 딸들은 어머니를 생각하면 눈물이 절로 흐르고, 마음속에는 애틋한 그리움이 가득하다. 그만치 딸이자 시인으로서 부르는 사모곡은 편재적인 소재로 인해 감동을 획득하기 힘들다. 하지만 석경자는 "엄마의 속앓이"(「수선화」)를 독자적인 여과과정을 거쳐 되살린 후 자신의 목소리로 재현한다. 이 점이 그녀의 사모곡을 여느 시인의 것과 달라지게 만든 원동력이다.

『봄빛, 나비 날다』에는 어머니를 표제로 삼은 시가 「어머니의 강」과 「어머니의 봄」이다. 하지만 두 편이라고 해서 석경자가 어머니를 그리워하는 마음이 그처럼 소략한 것은 결코 아니다. 그녀는 "여전히 청춘을 피워낸 어머니"(「화장」), "어머니 세월도 타오른다"(「달집 태우기」), "발자국 숨죽인 어머니 그리운 땅"(「그리움 3」), "어머니의 숨결도 덮인다"(「잔물결은 지고」)처럼, 시편의 여러 곳에서 어머니를 불러서 그리움을 고백한다. 그뿐 아니다. 석경자는 여러 시편에서 어머니가 탯줄로 물려준 모성애를 재연하여 행련을 그윽하게 조성한다.

　　한 여인의 삶이 저렇듯
　　꺼질 듯 꺼지지 않는
　　찬란한 슬픔으로 타올라
　　고뇌의 자욱마저 붉었으리

　　그대의 여인이 저렇듯 가녀린
　　몸짓으로 둥지를 껴안고
　　빛과 소금이 되어
　　타닥타닥 아픔이 타들어가던 날

　　아이들의 어미는 흘러가는 강물
　　가슴아린 사랑도
　　불꽃같은 삶도
　　모든 걸 품어 안고 흘러갔으리라.
　　　　　―「낙화 놀이」 전문

　군데군데 눈에 들어오는 관용적 표현이 눈에 거슬린다. 하지만 "청사초롱 밝힌 앞마당에서 수줍어하던"(「족두리꽃」) 딸의 허물은 "그리운 얼굴로 묻힌다"(「그리움 머무는 곳」). 딸은 낙화현상을 보고 어머니를 떠올린다. 어머니는 그녀에게 "이팝꽃"(「화장」)이고, "빠알간 사르비아 꽃"(「아버지의 꽃밭」)이며, "누름꽃"(「누름꽃」)이고, "동박새 자분대는 속삭임이 처연한 붉은 꽃"(「동백」)이며, "외갓집 옛 토담처럼 물기 머금은 꽃"(「수선화」)이다. 사방에 피어나고 어디서나 볼 수 있는 꽃은 편재하는 어머니의 상관물이다. 그러므로 꽃을 보고 "층층히 눈부시던 그리움"(「꽃과 여자」)을 떠올리는 시인의 연상법은 자연스럽다.

　인용시는 딸의 사모곡이다. 어느덧 장성한 딸은 어머니가 되어 "어머니의 눈빛으로 나는/봄맞이"(「어머니의 봄」)하는 줄 발견한다. 이 즈음이면 시인의 나이를 묻지 않아도 알 성싶다. 시인으로서의 어머니가 '아이들의 어머니'가 되어 '어머니의 눈빛'으로 봄을 맞으며 "지는 꽃도 곱다던 아득한 그 눈길"(「어머니의 봄」)의 어머니와 겹쳐진다. 어머니는 '아이들의 어미'가 되어 '그대의 여인'이 되고 만다. 딸 역시 '한 여인'이 될 테지만, 결코 '그대의 여인'은 되지 못한다. 그처럼 어머니의 자리는 누구도 대체하지 못하는 법. 그것을 알기에 딸의 어머니를 향한 "그리운 마음"(「가을이 부르는 노래」)은 배가된다. 그렇지만 어머니의 '불꽃같은 삶'은 "감나무"(「그곳에는」)가 되어 어미가 된 딸의 방문을 굽어볼 뿐이다. 어머니를 찾아가는 딸의 발길이 "그리움을 빛으로 여는 길"(「반딧불이」) 위에서 서성이게 된 사정이다.

3

위에서 살핀 바와 같이, 석경자가 처음으로 상재한 시집 『봄빛, 아니 날다』는 "허물 벗는 그리움"(「여름 날 푸른 소리」)으로 채색되어 있다. 그녀는 이불 홑청을 볕에 말리듯이 가슴속에 묻어두었던 그리움을 조브장한 시집 속에 고이 펼쳐보였다. 그녀에게 그리움은 부모에 대한 불효심의 표현기제였다. 그녀는 부모를 그리워하는 마음을 시편에 늘비하게 진열하여 세인들에게 자신의 불효를 낱낱이 직고한 셈이다. 그런 점에서 석경자의 시집 속에 드러난 그리움은 "여미지 못해 드러난 속살"(「치자꽃 피던 날」)이나 진배없다. 그만치 진솔하다. 그녀의 진지함이 외려 시의 분위기를 억누를까 염려될 정도이다.

앞으로 석경자는 소망한 대로 "색깔 고운 시"(「난초」)를 쓰리라 기대한다. 그러기 위해서는 그리움의 폭이 넓어지고 깊어져야 할 터이다. 그리움은 도처에서 무시로 발아하여 시나브로 만연한다. 부모에 대한 그리움이 이웃과 물상으로 향하게 된다면, 시의 행간에 은닉된 "물밑으로 흐르던 옛이야기"(「여름날의 노래」)가 성공적으로 변주될 터이다. 그것은 "외갓집 옛 토담처럼 물기 머금은 꽃잎"(「수선화」)보다는 "석류도 아닌 떫은 모과"(모과 속 벌레)나, "워낭소리 은혜롭던 외양간"(「그곳에는」)보다는 "선홍빛 함성들"(「여정 1」)에 있다. 그녀의 능력으로 봐서는 소리의 빛깔을 능히 묘사하고도 남을 것이기에, 훗날 발표될 시작품에 담겨질 원숙미의 결을 고대한다.

『무주문학론』

'불효막심한 딸아이'의 '비망록'
─이현정 시집 『가을비망록』평

1

　이현정은 "아름다운 마음과 소박한 인심"(「만남」)으로 유명한 무주의 시인이다. 무주사람들은 저마다 두 가지를 생의 덕목으로 갖고 태어난다. 그런 이유로 행여 그들과 만날 양이면 긴장의 끈을 풀어놓고 고향사람을 만나듯이 천하태평한 자세만 갖추고 나가면 된다. 그들은 한사코 잇속을 챙기지 않으며, 사람의 귀천이나 빈부 그리고 출신지마저 재지 않는다. 단지 사람이면 그만이다. 그런 고장에 탯줄을 묻고서 1958년에 출생한 이현정은 2005년 『한올문학』을 통해 시단에 나왔다. 갓난 시인은 타고난 부끄러움을 감추지 못하고 소심히 문단에서 활동하며 간간이 작품을 발표해 왔다.
　그로부터 한참 시간이 흐른 뒤, 이현정은 첫 시집 『가을비망록』(이랑과이삭, 2019)을 펴냈다. 그녀가 「시인의 말」에서 밝힌 바에 따르면, 시를 쓰기 시작한지가 '십여 년'이라고 하니, 시집을 내기까지 여간한 내공을 쌓은 것이 아닐 터이다. 따라서 그녀의 시력(詩歷)에 상응한 시력(詩力)인지 검토할 만하다. 세상의 모든 일이 그렇듯이, '첫'이라는 관형

사가 들어간 시집이 함의한 바는 각별하다. 시인에게는 단순히 '첫' 시집이 아니다. 시집은 시인이 시단이나 문단의 구성원으로서 감당하지 않으면 안 되는 의무행위일뿐더러, 평단의 평가를 기다리는 권리 행사이기도 하다. 이런 점에서 이현정의 시집에 대한 세밀한 분석이 요청된다. 하물며 "빈 잔에 비친 내 얼굴"(「맛」)이 궁금한 나이에 이르러 내놓은 시집인 바에야 두말할 나위 없다.

2

  한국은 21세기에도 유교의 영향에서 벗어나지 못하고 있다. 유교의 가르침이 서구가 주도한 근대의 덕목으로 마땅치 않은 대목이 하나둘이 아니건만, 한국인들은 여전히 조상의 교훈을 오늘도 되뇌면서 살아간다. 그 중에서도 가족주의야말로 한국 사회를 지탱하는 최고 덕목일 것이다. 그러다 보니 지금도 어버이에 대한 효도를 강조한다. 부모 중에서도 어머니는 효도의 최우선 대상이다. 어버이의 범주에서 아버지가 열외되는 일은 문학사적으로 오래되었다. 고려가요 「사모곡」이 말하듯, 아버지도 어버이지만 어머니와는 격이 다르다. 특히 딸의 어머니 사랑은 예나 지금이나 돈독하다. 아들들이 말로는 효도를 떠벌이면서도 건성으로 어머니를 대하는 것과 달리, 딸은 동성의 이유로 어머니와 끈끈하게 연결되어 있다. 딸을 보려면 어머니를 보라는 말이 있듯이, 어머니의 하는 바를 보고 배운 딸이기에 자신의 운명이 어머니로부터 이어지고 있다고 철석같이 믿는다.
  이현정도 예외가 아니다. 그녀는 맏딸답게 "밥 한 톨도 입에 넣지 않는 엄마"(「엄마의 봄」)와 "풀짐을 풀썩 부리시곤 물 한 바가지 숨도 안

쉬고 들이키는 아버지"(「등목욕」)를 추억하며 시를 쓴다. 부모에 대한 그녀의 그리움은 그처럼 곡진하다. 부모자식은 죽음으로 이별하는 법. 그런 이유로 "불효막심한 딸아이"(「성묘」)의 부모를 향한 그리움은 부모와 사별한 뒤에 극심해진다. 그래서 딸은 불효녀가 되고, 후회는 행할 수 없는 효심을 낳는다. 딸은 시재를 발휘하여 시작으로 불효를 보상한다. 그 노력이 결정화된 시집이라서 편편이 부모를 향한 그리움으로 일관하는 것은 자연스러운 결과이다.

김밥을 싸려고 쌀을 씻다가
어제 본 이팝나무 가로수꽃이 떠올랐다.

아지랑이 흔들흔들 봄볕을 어지럽히면
멀미가 났다. 차를 타지 않아도

쌀독은 설 쇠고 바로 바닥이 보였고
빈 독에 보리쌀이 가득 찰 때까지는
나의 봄날은 언제나 하늘이 노랬다
퉁가리의 고구마도 말라 비틀어져
바닥에 뒹굴고, 엄마의 한숨이 길어졌다
받아먹어도 또 받아먹어도 어지러운
　　　—「엄마의 봄」 부분

대처로의 꿈을 두엄 무더기에 묻고
지푸라기 서너 개 집어 손바닥에 대고 비비면
마술처럼 쪽 고른 새끼줄이 한발 두발
아버지의 두 발바닥 사이로 흘러 나와
큰 타래가 되어 쌓였다

먼 산봉우리 늦봄 흰 눈처럼

「'불효막심한 딸아이'의 비망록—이현정 시집평」

아버지 머리에 갑자기 흰서리 덮이시더니
메아리 산 쩌렁 울리시던 소 으르던 소리
저녁이면 사랑방을 데우시던 새끼 꼬던 소리
　　—「아버지의 봄」 부분

　이현정의 부모에 대한 그리움은 다소 편차를 보인다. 뒤편의 시가 더 구체적이다. 그 단서를 시 「외로움 또는 그리움」에서 찾아볼 수 있다. 이 시에는 "포근하고 단내나는 엄마 옆자리는 멀고도 멀었다/엄마 옆은 여섯 동생들이 막내부터 순서대로 차지하고/내 잠자리는 차가운 벽이 내 언니였다"는 딸 화자의 술회로 채워져 있다. 그녀의 내밀한 고백을 통해서 이현정의 시가 다소 서사적인 줄 느끼게 된다. 그런 경향은 '대처로의 꿈을 두엄 무더기에 묻고' 만 아버지가 "처자식 손을 잡고 돌아오신 산골"(「눈내」)에서 '마술처럼 쪽 고른 새끼줄'을 꼰 모습을 회상하는 장면에서 다시 확인할 수 있다.
　읽으면서 알 수 있듯이, 두 편은 가난한 날의 삽화이다. 그 시절에는 다 그랬다는 노인들의 증언을 데려오지 않아도, 두 시에는 반 세기 전만 해도 이 나라에 만연했던 가난의 모습이 노골적으로 묘사되어 있다. 더욱이 궁벽한 무주골에서 나고 자란 이현정의 체험이니 만치, 시편을 관통하는 가난 속에서 자식들을 건사하기 위해 분투하는 부모의 고단한 생이 사실적으로 전해진다. 그 시절의 아린 이야기가 공감을 얻을 수 있는 배경이다. 그처럼 이현정의 시는 소박하다. 그녀는 자신의 경험에서 우러난 바를 곧이곧대로 표현하는 정직한 시인이다. 하지만 지나친 가난타령은 금세 식상해지고, 시인의 상상력을 휘발시킨다. 이 점을 알아차린 이현정은 "여린 속살 감추려 더욱 단단해지는 겉살"(「죽(竹)」) 같은 시선을 아래에서 보여준다.

『무주문학론』

    목욕탕 수납장 안에
    차곡차곡 접혀 깔끔하게 쌓여서
    한 장 한 장
    차례를 기다리는 수건들을 봤다
    오래 된 책장 속의 책들처럼
    체육대회, 동창회, 경로잔치 등등
    기념행사도 색깔도 가지각색 얼굴이다

    손에 들린 걸레,
    이것도 저 틈새에 끼여 있었을 터인데
    그 중에서도 손이 자주 닿는 수건이
    먼저 걸레가 된 것

    그래도 수건은 쓰임새를 잘 아는지라
    수납장에 쌓여 잊힌 저것들보다는
    사람 가까이서 닳아지는 살이 좋다고
    수건걸레는 한 바가지 물을 온몸에 적셔
    집안 떳물을 닦아내 준다.
        ―「걸레를 빨다가」 전문

 인용작은 "풀 먹은 옥양목 홑청을 다림질한 듯"(「문득」)하다. 연과 연 사이에는 시간의 더께를 견디며 전신공양하는 '수건걸레'의 "무표정함 속에 뜨겁게 흘러내리는 속눈물"(「산의 기도」)이 가득하다. 걸레라도 다 같은 걸레가 아니다. 모름지기 걸레도 품격이 있다. 시의 소재로 선택된 걸레는 '체육대회, 동창회, 경로잔치' 등에 참가한 기념으로 받아온 것이므로 답례품이다. 몸의 구석에 박힌 진한 글씨로 저마다 다른 출처를 자랑했을 수건이다. 비록 '손이 자주 닿는 수건'이라서 '먼저 걸레가 된 것' 뿐, 수건걸레도 한때는 '오래 된 책장 속의 책'처럼 수납장에 한 자리를 잡고 '깔끔하게 쌓여서' 풍채를 자랑했을 터이다. 그러다가 여느 수건과는 달리 '사람 가까이서 닳아지는 살이 좋다'고 '집안 땟물을 닦아내'는 걸레가 되어 수건걸레라는 이름을 새로 갖게 되었다. 이만하면 위의 시편은 수건이 걸레가 되기까지의 운명을 시간순으로 적은 전기라고 할만하다.

이현정은 수건걸레를 통하여 "묵은 때처럼 얼룩져 엉겨 붙은 영혼"(「숨바꼭질」)의 속살을 만진다. 그녀의 예민한 촉수는 옛글 「조침문」을 연상시킨다. 바늘이나 걸레나 주부의 살림살이에서 빠져서는 안 될 필수품이다. 그것들이 사내의 손을 애써 마다하고 여류시인의 눈에 포착되어 눈부신 글감이 되는 것만 봐도, 이현정이 갖고 있는 "가슴 열려야 느낄 수 있는 사랑의 눈빛"(「마임」)의 따뜻함을 느낄 수 있다. 그것은 그녀가 "바람 알싸한 강"(「새벽」)에서 "만삭이 된 강물"(「옛 나루터에서」)의 움직임을 발견하면서 갖게 된 시안이다. 무릇 세상의 모든 움직임은 고유한 사연을 품고 발걸음을 옮긴다. 깊은 강일수록 고요하며, 위대한 강일수록 구불거리며 나아가는 것은 결국 수건이 걸레가 되는 사정처럼 각자 지닌 사연의 결이 다르기 때문이다. 그것을 시세계로 가를 수 있다면, 이현정이 '첫' 시집에서 선보인 사연은 앞으로의 변화를 기대하게 만든다.

3

위에서 살핀 바와 같이, 이현정의 시는 "빈 둥지 같이 가벼운 아버지"(「아카시아」)와 "끙끙 앓으며 익은 어머니"(「봄비 오는 날은」)에 대한 그리움에서 남상하였다. 이 모습은 그녀가 느지막이 시단에 나온 줄 증명한다. 그런 까닭에 그녀의 시집을 관통하는 정서는 "굽은 울림통에

『무주문학론』

갇혀 살던 하늘"(「해마와 색소폰」)의 주름이 가득하다. 그것이 그녀의 시편에 삼투되어 공감대를 형성하도록 도와준 원동력이다. 이 점에서 그녀의 시집은 "늙은 소년"(「밤 폭포」)을 주 독자로 삼는다. 처음으로 내는 시집이 독자층을 단번에 구획하는 것은 다분히 목적적이다. 시집 명 '가을 비망록'에 내포된 '가을'이라는 시간과 '비망록'이라는 공간의 의미를 존중하더라도, 그것이 시의 진폭을 억제해버린다는 점에서 시인의 재고가 필요하다.

그런 이유로 뒤이어 나올 이현정의 시집에는 "그리움과 슬픔에 붉게 충혈된 눈동자"(「월식」)가 거두어지기를 희원한다. 더 구체적으로 말하자면, "옛 꿈에 잠겨 이명을 앓는 모루"(「모루」)의 적요보다는, "어둠을 찢고 달려온 아침 햇살"(「해맞이」)이 빚어내는 빛무리와 빛소리를 찾아내기를 바란다. 그것은 "일주일에 한번씩 전주 길을 허락해준 남편과 엄마의 글쓰는 것을 자랑스러워하고 응원해 준 두 아들"(「시인의 말」)의 아낌없는 성원으로 앞당겨질 터이다. 세 남자의 든든한 바람벽이야말로 "화문석 무늬 같은 시"(「시인의 마을」)를 쓰고 싶은 이현정의 꿈을 이루어줄 튼튼한 버팀목이라고 믿어 의심치 않는다.

잔잔한 회억의 서사
— 이기종 시집 『건빵에 난 두 구멍』평

1

사람은 나이가 들어갈수록 말이 많아진다. 그것을 잔소리, 즉 작은소리라고 뜻매김하지만, 잔소리일수록 진실하다. 그는 지나온 시절에 보고 듣고 겪은 자잘한 얘깃거리를 늘어놓으면서 돌아갈 수 없는 시간 속으로 들어간다. 작은 이야기를 일컬어 소설이라고 칭하는 것만 봐도, 이야기의 규모나 장단이 중요한 것은 아닌 줄 알게 된다. 또 큰 이야기는 문학의 범주에 포섭되지 않고 제외되는 줄 음험하게 알려준다. 문학, 특히 시의 서사는 장르의 특성 때문에도 자꾸 작아져야 하는 것이다. 작은 것이 아름답다는 말은 시에 통한다.

이기종이 등단 후 처음으로 펴낸 시집 『건빵에 난 두 구멍』(천년의시작, 2022)은 여기에 딱 들어맞는다. 그는 작은 물상, 사소한 이야기, 하찮은 사연, 범상한 사건, 자디잔 세상의 모습을 자근자근 시화한다. 그의 시집 속에는 거대서사의 회오리바람은 전혀 없으며, 미시서사의 산들거리는 조용한 바람이 행간을 굴러다닐 뿐이다. 마치 그를 낳아준 무주군 부남면의 소박한 풍경처럼 시편마다 "움푹한 꼭지 둘레에 고였던

『무주문학론』

가을비 한 종지"(「첫서리 내리고 사흘이 지나도록」) 같은 이야기가 들려 있다. 그의 어린 시절을 증명하는 '가을비 한 종지'는 세월의 무게에도 살아남아 시로 활자화되었거니와, 추억이 기억보다 오래 간다는 사례를 증빙하면서 시의 서사를 그때로 거슬러가라고 부추긴다.

2

이기종은 2014년 『창조문예』, 2019년 『문예연구』를 통해 거푸 등단했다. 한 번만 거쳐도 될 시인의 문을 두 번이나 두드린 것을 보면, 그는 집념이 강한 듯하다. 아마 이런 끈기는 산들이 가로막고 살아갈 방도를 찾으라고 윽박지르는 산촌에서 자라며 몸에 밴 슬기일 것이다. 이기종은 무주의 산골이 키운 어린이로, 커서는 목사로 생활하며 시를 쓴다. 언뜻 어울릴 것 같지 않은 목사와 시인의 조합이 시집을 상재한 밑천이다. 그러므로 후딱 읽으면 이 시집이 기독교적 발상에 터한 목사의 강론쯤으로 들릴 법하다. 하지만 시집의 초두에 앉혀둔 「시인의 말」을 듣노라면 짐작은 금세 빗나가서 무안해진다. 그가 이처럼 시를 대접하는 태도는 바람직하다. 시를 특정 종교 안에 가두어버리면 그것은 이미 시의 위상을 잃어버린다. 더욱이 목사라는 직업의식이 삼투된 시편이라면 더욱 그렇다. 이기종은 겸손한 마음가짐으로 아래처럼 시를 극진히 여긴다. 이 점이 그의 시집에 손때를 묻히게 하는 힘이다.

첫 시집을 보내드릴 분들을 손꼽아봅니다. 자식의 시를 눈 비비며 읽으시는 나의 첫째 독자 노모에게, 군에 간 자식이 시를 쓰도록 원고지 뒷면에다 안부편지를 써 보내주셨던 아버지께, 고 1 시절 내 시의 스승이 되셨던 작문 선생님(임윤자), 물리 선생님(김진성)께 첫 시집을 올려드립니

「잔잔한 회억의 서사—이기종 시집평」

다. 시는 무기보다 강했고 강합니다. 군대 화장실에서 몰래 수첩을 꺼내 시를 썼던 시절, 신문에 난 내 시를 기뻐하며 병사들 앞에서 낭독하게 했던 인텔리 중대장에게, 군인이 정치에 관여할 수 없다고 설파하던 의로웠던 중대장에게 첫 시집을 올립니다. 지금은 어디에서 살고 있는지 나의 진심어린 독자에게 첫 시집을 올려드립니다. 나에게 시인이라는 이름표를 붙여주신 분들께 첫 시집을 올려드립니다. 내 부족함 때문에 내게 시라는 평생 교사를 붙여주신 그분께 마침내 첫 시집을 올려드립니다.

인용문을 읽자면, 시인은 부끄럼 타는 사람이다. 늦깎이로 등단한 그이고 보면, '첫' 시집을 내는 감회가 남다를 터. 막 나온 시집을 책상에 놓고 보내줄 사람들을 떠올리는 시인의 설렘이 머리말로 환해졌다. 그들을 손꼽아보면서 시인은 아들로, 고등학생으로, 군인으로 돌아가서 당해 인물과 조우하며 삼삼한 그리움을 표백한다. 그 중에는 "진안 안천 시골에서 보낸 고교 1학년 봄 학기 작문 시간에 교단에 오르는 선생님"(「작문 선생님」)과 "『채털리부인의 사랑』을 해설해줄 수 있는 독서가"(「책상 밑 금서」), 즉 '작문 선생님(임윤자), 물리 선생님(김진성)'이 있다. 두 사람의 문학수업과 눈감아줌은 여드름 난 고등학생을 시인으로 만들었다. 이기종은 이 '험한 세상에 다리'가 되어준 두 교사에 대한 고마움을 실명으로 불러서 표할 정도로 예의바르다. 그가 고마움과 결의를 내외에 고백하자 비로소 시인이 되었다. 시인은 그처럼 적어도 시 앞에서 겸손해야 마땅하다.

이기종의 시집에 수록된 작품들은 다들 고만고만하다. 시의 전통적 문법으로부터 일탈한 작품도 없고, 놀라울 만치 참신한 상상력을 발휘한 작품도 드물다. 아마 그가 늦은 나이에 등단하고, 목사로 살고 있어서 비롯된 여파일 테다. 시집의 전편을 지배하는 정조는 그리움이다. 그는 무주에서 "오줌보 축구공"(「오줌보 축구공」)을 차며 놀던 소년 시

『무주문학론』

절, 이웃한 진안의 안천으로 유학한 학창 시절, 시인될 꿈을 잃지 않으려고 『전우신문』에 투고하면서 보았던 "훈련소의 포플러나무들"(「훈련소의 포플러나무」)이 전해주고 적립해준 경험을 간직하여 시화한다. 이기종의 시에 그리움을 채워주는 잔상들이다. 그는 세 가지를 통해서 기억을 추억으로 변이시킨다. 기억과 추억의 사이에 회상이 자리잡고 그의 시에 고유한 자질을 확보해준다. 그와 달리 아래 시편에서는 사유의 폭을 보여주고 있어서 이채롭다.

　　가게 주인은 어디에 갔을까

　　의자 팔걸이에 읽던 책을 걸쳐 놓고
　　어디에 갔을까

　　이야기가 푹신하게 내려앉은
　　펑퍼짐한 빈자리를
　　물끄러미 쳐다본다

　　읽다만 이야기를 떠올리며
　　가게로 돌아오고 있을
　　미소 띤 얼굴을 그려 본다
　　　　-「빈자리」부분

여운이 가득하다. 대부분 빈자리라고 하면, 누군가 떠나간 쓸쓸한 자리를 떠올린다. 그만큼 '빈'이 주는 반향은 오래가고 묵직하며 여음으로 가득하다. 그러나 이 시인이 포착한 빈자리는 상투적으로 연상되는 빈자리가 아니다. 가게에 들어갔다가 주인이 '의자 팔걸이에 읽던 책을 걸쳐 놓고' 비운 줄 알게 된 어느 날, 시인은 '이야기가 푹신하게 내려앉은' 주인의 빈자리를 본다. 이쯤 되면 주인의 '펑퍼짐한 빈자리'는 빈 자리가 아니다. 책을 읽다가 의자에 놓아두고 나가서 생긴 빈자리지만, 그 자리에는 이미 '이야기'가 충만하다. 자리마저 '펑퍼짐'하게 퍼질 정도로 이야기가 의자를 온통 차지한 것이다. 시인은 거기서 더 나아가 '읽다만 이야기를 떠올리며' 돌아올 주인을 생각한다. 분명히 주인은 이야기의 전개가 궁금하여 잰걸음을 취할 것이고, 읽은 대목이 떠올라 '미소 띤 얼굴'로 돌아올 것이다. 시인은 옆으로 물러나 주인이 돌아와 빈자리가 채워지기를 기대한다.

이 시편을 눈여겨봐야 할 이유는 "내내 남아 있는 손길"(「손길」) 같은 기존의 시작법과 다르다는 점에 있다. 이기종은 앞서 언급했듯, 익숙한 경험을 시화하느라 공력을 들였다. 그는 세 가지 경험을 시로 풀어내면서 회상의 모습을 보여주었다. 그러나 과거를 회상하는 방식은 시 쓰기에 권장할 것이 못 된다. 시가 지나간 시간에 억압받게 되면, 새로운 심상을 빚어내기도 힘들뿐더러 고식화의 위험성과 결별하기 쉽지 않다. 그런 점을 고려할 때, 위 시작품은 생경하여 주목할 만하다. 그것은 전술했던 것처럼, 그가 나이 먹은 티를 내지 않고 시의 진경으로 다가가고 있는 흔적을 보여주고 있다. 지금 그에게 필요한 것은 "깨금 머루 다래를 따 먹던 친구들"(「소풍날 보물찾기」)과의 어울림을 회상하는 것이 아니라, "때로는 되차이고 되밟혀 가며 피멍이 든 무릎"(「걸림돌」)을 남들에게 보여주는 것이다. 그 무릎이야말로 시인의 이력이고, 작품의 성취수준을 담보한다.

3

위에서 알아본 바와 같이, 이기종의 첫 시집은 과거를 회상하는 추억

『무주문학론』

담으로 볼 수 있다. 추억은 회상시제에 기대어 아늑한 정서를 동반한다. 하지만 이전 시기를 회상할수록 시인의 경험은 이야기로 화할 것이고, 물리적 연령이 만만치 않은 줄 입증하는 표지가 된다. 경험은 대략 보편적 속성을 지닌 탓에 공감을 얻기에 쉽다. 그렇지만 그 폭은 넓지 않으며 깊이도 깊지 않다. 더욱이 경험이 회상의 형식으로 이야기화되면 읽는 이들이 난감해진다.

이런 전차로 앞으로 이기종은 "시집 『먼 바다』를 샀던 날"(「『먼 바다』를 샀던 날」)의 아련한 아림이나 "<위대한 사랑> <러브 이즈 블루> <나자리노>"(「오수 시간과 폴 모리아」)를 듣던 추억과 메별하고, "새소리에 귀를 연 사람"(「계곡 해빙기」)이 되기를 바란다. 비록 그것이 "쭉정이를 비우지 못한 밤송이"(「나머지 한 톨」)의 몸부림에 그칠지라도, 앞날의 시적 영지를 개척하는 데 크게 도움을 줄 것이다. 미구네 출간될 제이 시집에서 위의 주문이 반영된다면, 이기종의 시세계는 시새움을 받을 정도로 진경에 진입하리라 기대한다.

「잔잔한 회억의 서사-이기종 시집평」

동정, 사람과 사람의 '사이'에서
—주평무 시집 『마리아의 입덧』평

1

주평무의 시집 『마리아의 입덧』(내일을여는책, 2016)을 평하기 전에, 「시인의 말」을 검색해보는 것으로 논의를 시작하자. 아랫글의 앞에다 시인은 2014년 4월 16일 발생한 세월호 참사를 언급하고 분노감을 표출하였다. 그날로부터 이 나라에는 '국가는 없다!'는 민중들의 절규가 온 나라를 뒤덮고 있던 중, 2022년 10월 29일 이태원에서 159명이 압사당하는 비극이 재발했다. 국민이 국가로부터 보호받지 못하는 어처구니없는 땅에서 사람들은 각자도생하며 자신의 운명을 보전하여야 하는 기막힌 상황이 벌어지고 있다. 그것도 정부조직법에 '행정"안전"부'라는 부서까지 두고 있는데 말이다. 두 사건에 대한 실체적 진실은 아직까지도 속 시원하게 밝혀지지 않은 채 날짜만 흘러가고 있어서 속 있는 사람들의 안타까움을 자아내고 있다. "국가의 이름으로 저질러진 죄악"(「국가가 저지른 죄」)을 목도한 주평무의 말은 피해자와 국민들과의 연대 의식에서 출발한다.

『무주문학론』

성서가 삶의 압축파일이라면
삶은 성서의 확장파일이다
나의 시작 활동은 이런 맥락에 자리하고 있다
詩가 詩가 되지 못하고 욕설이 되는 시대
함성과 구호
외마디 외침으로 몸 던져야 하는 극단의 시대를
괴로워하면서
금년 봄 나는
텃밭에 여린 모종을 심어 놓고 지주를 세워주었다
나의 서툰 노래가 그런 작대기 노릇이나 할까

 주평무가 시를 쓰는 이유를 어렵지 않게 짐작할 수 있다. 그가 '성서'와 '삶'을 오가며 시업에 종사하고 있다는 자술이다. 이런 시인들의 작품은 시세계를 즐거이 구속하는 경향을 보인다. 청록파로 알려진 박두진이 말기에 접어들수록 독실한 신앙심을 시화하여 젊은 날에 찬미했던 '해'로부터 멀어져버린 사례를 보면 쉬 수긍할 수 있다. '아주 작은 예배당 종지기 일'에 복무하는 주평무이므로 두 가지 중에서 어느 하나도 소홀히 취급할 수 없을 것이다. 그보다 그가 '詩가 詩가 되지 못하고 욕설이 되는 시대'라는 인식에 초점을 맞추는 게 논의의 효율화를 도모할 수 있을 듯하다.
 근자에 들어서 시의 위기를 경고하는 비평가, 시를 오독한다고 투덜거리는 시인, 시집이 안 팔린다고 엄살하는 출판업자의 목소리가 커지는 추세이다. 하지만 셋의 합작은 자본주의의 흥성이 야기한 담합에 가까운 일치 현상에 지나지 않는다. 시의 시대가 저물고 산문의 시대가 도래할 것이라고 예견한지는 이미 오래 전이었다. 산업혁명이 일어난 후 신흥부르주아들이 출현하면서부터 소설은 시운을 타고 문학의 주요 장르로 자리잡았다. 사회의 복잡다단한 양상과 자본이 충격하는 사회의

「동정, 사람과 사람의 '사이'에서 — 주평무 시집평」

다양한 변화 그리고 사회의 변화에 대응하는 사람들의 표정을 작품화하기에 "채소 같은 시"(「죄짓고 싶어라」)는 너무 여린 장르이다. 세 부류가 시의 생존 여부를 걱정하는 듯이 한목소리를 낼지라도, 시는 인류가 지구상에 출현한 뒤로 지금까지 질긴 생명력으로 살아남았듯이 앞으로도 의연히 살아서 시대를 증언하는 무기로 연명할 터이다.

주평무는 '극단의 시대'를 살아가는 고통 속에서 '작대기' 노릇에 충실하겠다고 언표한다. 말하자면, 여린 모종이 쓰러지지 않으라고 세워준 지주처럼, 자신의 시가 지주이자 작대기가 되어 '어린 모종'들이 넘어지지 않도록 도와주었으면 좋겠다는 바람이다. 지주와 작대기가 어린 모종의 쓰러짐을 방지해줄 수 있는 힘은 모진 바람에 맞서는 섬약한 갈대와 갈대의 연대에서 나온다. 연대는 '어린' 모종이 바르게 성장할 수 있도록 지켜주는 일을 천업으로 받아들인 지주의 동정에서 우러난다. 주평무가 꿈꾸는 연대는 '예배당 종지기'로서 종과 종지기의 무너짐없는 동지애에서 이월된 것이다. 그가 '성서'와 '삶'을 두 축으로 삼아 생을 구성한 것이 작대기론을 산출했다고 볼만하다.

2

주평무는 첫 시집에서 앞서 말한 연대감을 주조로 삼았다. 그것은 약자에 대한 동정심이 발동한 것으로, '종지기'라는 직업의식에서 절로 자라난 것이다. 안토니오 프레테는 명저 『동정에 대하여』에서 동정을 가리켜 '가장 인간적인 감정'이라고 극찬하였다. 동정은 사람들이 고통에 고개를 숙일 수밖에 없다는 자각에서 유래한다. 자신이 한없이 약한 동물에 불과한 줄 깨달은 연후에야 사람들은 동정심을 갖게 되는 것이다.

『무주문학론』

그 말은 타인의 고통을 모르거나 외면하는 사람들, 물량난 재력과 알량한 권력이 다른 이의 희생으로 획득된 줄 모르는 어리석은 사람들에게 동정은 한갓 거추장스러운 감정놀음에 불과하다는 것을 일러준다. 주평무가 시집의 맨 뒤에 붙인 「시인의 말」에서 세월호 참극에 대한 분노를 표출한 것은 바로 이 점 때문이었다. 그와 달리 남의 고통에 눈물 흘릴 줄 모르는 자들이 나라의 지도층에 포진한 형국이라면, 그 나라의 장래는 희망이 없다. 국민들이 국가가 없다고 자괴하는 이유가 거기에 있다.

약자에 대한 동정. 그것은 사람으로서 살아가는 데 가장 먼저 갖추어야 할 덕목이다. 이웃에 대한 배려나 공동체의식 그리고 국민으로서의 의무도 동정에서 발아한다. 동정의 표지는 눈물이다. 눈물은 고통당한 사람을 위로하는 언어가 무기력한지 증명하려고 흐른다. 감정은 언어로 표현되는 순간에 자칫 진실을 도포하는 도구로 전락하거나, 수용자에게 거짓 감정을 불러일으키기도 한다. 불가에서 선을 불립문자라고 명명한 까닭이다. 동정은 예술가들에게 창작의 동기로 작동하기도 한다. 브오나로티 미켈란젤로의 「바티칸 피에타」로 유명한 조각품을 예로 들어보자. 이탈리아어로 슬픔을 뜻하는 피에타는 14세기에 독일에서 처음으로 출현한 이후 여러 조각가와 화가에 의하여 작품화되었다. 예컨대, 젠틸레 벨리니의 「피에타」, 페루지노의 「우피치의 피에타」, 로렌초 로토의 「피에타」, 베첼리오 티치아노의 「피에타」, 엘 그레코의 「피에타」, 안니발레 카라치의 「두 천사와 함께 있는 피에타」, 다니엘 크레스피의 「피에타」, 외젠 들라크루아의 「피에타」, 빈센트 반 고흐의 「피에타」 등이 그 보기이다.

「피에타」는 다 알다시피, 예수를 무릎에 눕히고 비탄에 잠긴 마리아

「동정, 사람과 사람의 '사이'에서—주평무 시집평」

의 망연한 모습을 형상화한 것이다. 이 작품 앞에 선 사람들은 마리아가 비통에 잠긴 모습을 보고 동정심을 갖게 된다. 작가가 동정을 창작열로 승화하였다면, 감상자는 작품을 통해서 동정심을 이양받는 셈이다. 「피에타」를 통해 깨우칠 수 있는 바는, 작품을 감상하는 이로 하여금 타인의 고통에 대한 공감적 상상력을 재현한다는 측면에서 동정은 미학적 경험이기도 하다. 곧, 동정은 작가와 독자가 미학적 차원에서 조우하도록 견인한다. 「피에타」의 예에서 보듯이, 동정심은 슬픔을 목도하거나 흡사한 장면에서 자연스럽게 발로한다. 주평무가 시집에서 세월호를 문제삼고 "우리 교회 망구(望九) 할매씨들께"(「시인의 말」) 사의를 표명한 것은 동정심이 깃든 행위이다.

계속하여 주평무는 조선 왕조가 여성들에게 강권했던 정절을 시비한다. 아래에 든 시편은 그가 "과부의 덕목인 정절 수절"(「고행」)을 응시하는 시선을 보여준다. 조선은 자식들에게 효를 요구하고, 부녀자들에게는 열을 엄명하였다. 효와 열은 오롯이 가문을 지키는 수단이었으나, 나아가서는 가문의 수호를 빌미로 사직의 질서를 공고히 유지하려는 정치적 술책이었다. 이 중에서 여자에게 해당하는 열은 열녀문에서 볼 수 있는 것처럼, 죽음을 강요할 정도로 최악의 여성 정책이었다. 겉으로는 당자의 선택인 양 봉합했으나, 속을 뜯어보면 유교를 통치이념으로 선택하고 정치한 왕조와 그것의 유지에 이바지하여 제 잇속을 챙기는 유자들이 야합한 술수였다. 주평무는 이러한 정절 이데올로기의 이면을 앞으로 호출하여 정면에서 다루고 있다.

조선 오백년
여성에게 주어진 지독한 멍에는
정절 이데올로기였다

『무주문학론』

특히 난리통엔 그 진정성이 발휘되었다
　　　피난길 어린 몸종을 거느린 양반집 마나님
　　　숨차게 나루터 도달하고 보니
　　　만원 사람을 실은 배가 막 떠날 참이었다
　　　사공이 내민 손을 붙잡고 배에 올라 한참을 가노라니
　　　아뿔싸
　　　외간남자의 손이 내 몸에 닿았구나 싶은 생각이 불현듯 들었다
　　　소문이 돌면 살아도 사는 게 아니다 싶어
　　　그냥 물속으로 뛰어들었다
　　　뒤따라 어린 몸종마저 몸을 던졌다
　　　사람 죽이는 정절
　　　전쟁통 난리통보다 무서운 정절 이데올로기
　　　함부로 손잡을 아니다
　　　　　―「정절」 전문

　배에 오르고자 무심결에 잡은 사공의 손 때문에 죽음을 맞아야 했던 비운의 여인. 그녀가 물속으로 뛰어들어 더럽혀진 손에 묻은 외간남자의 때를 씻으려는 찰나, 손도 잡아보지 못한 어린 몸종도 뒤따라 몸을 던진다. 둘 다 살아서 "지난한 일상의 파란"(「장맛」)을 맞느니 죽음으로 '정절'을 지킨 것이다. 그녀 둘의 선택이 남긴 정절이란 무엇인가. 그것은 '여성에게 주어진 지독한 멍에' 외에 별의미를 갖지 못한다. 혹시 양반가의 규수를 위해 열녀문이 세워졌을지 모르나, 사후에 목숨과 맞바꾼 문이 무슨 소용 있으랴. 또 "뜬금없이 다가오는 불행이 사람의 일이라"(「피사리 2」)지만, 영문도 모른 채 주인을 따라 죽은 어린 몸종은 무슨 죄란 말인가. 정절이라는 형체도 알 수 없는 이데올로기에 포획되어 귀중한 생명을 포기한 두 여자는 읽는 이의 동정을 초래한다.

　이 대목에서 주평무의 시적 정서를 대변하는 동정심을 앞에 언급한 연장선상에서 다시 논할 필요가 있다. "사람이 사람을 낳는 일만큼 큰

「동정, 사람과 사람의 '사이'에서-주평무 시집평」

일이 또 어디 있으랴"(「낳고 낳고 낳고」)만, '큰일'을 치르고 낳은 "소중한 존재"(「어떤 생」)를 맹골수도에 수장한 부모의 심정은 「피에타」에 비견할 바이다. 그러나 지금도 반대 켠에서는 그것을 교통사고에 불과하다고 깎아내리는 것도 모자라, 갖가지 험담을 늘어놓으며 자식 잃은 부모의 가슴에 못질을 한다. 그처럼 "불행을 손가락질하며 야유하는 인간"(「시인의 말」)들에게는 동정심이 들어갈 틈이 없다. 왜냐하면 동정은 공감하는 능력이기 때문이다. 다른 이의 슬픔을 기꺼이 나눠 가지려는 마음이 동정심을 낳고, 동정심이 세상을 살만한 곳으로 뜻매김한다. 동정의 부재는 비인간화 현상을 야기하여 세상을 몹쓸 곳으로 자리매김하고, 그곳에 거주하는 사람들에게 삶의 의미를 저감시킨다. 현하 한국사회에 천륜을 범하는 사건이 빈발하고, 생명을 경시하는 풍조가 만연케 된 것은 동정심이 메마른 탓이다. 이 점에서 주평구의 시작품을 통해 동정이 사회를 지탱하는 '작대기'인 줄 발견한 것은 여간한 수확이 아니다.

3

"세상과의 불화를 조절하는 곳"(「부엌」)은 사람과 사람의 '사이'이다. 사람은 사람과의 사이에서만 인간으로 존재할 수 있다. 그 사이마저 부인하면 동정이 싹트지 않는다. 사람들이 동료나 이웃과 연대감을 느끼는 곳도 그 사이이다. 사이야말로 사람의 품격을 유지시켜주고, 동정이 움틀 수 있도록 기능한다. 맹자의 인이 측은지심에서 생겨난다는 것은 동정이 "한 가족의 습한 데를 훔쳐내는 일"(「행주」)이며, "인간답게 사는 길"(「유월절 식사」)인 줄 확인시켜준다. 그러므로 진정한 동정은 자

『무주문학론』

신의 한계를 인식하고 자신을 사람들의 사이에 위치시킬 때 비로소 발현된다. 주평무의 시집 『마리아의 입덧』은 동정을 바탕으로 사람과 사람의 사이에 연대감이 놓여야 하는 근거를 제공하고 있다.

「동정, 사람과 사람의 '사이'에서-주평무 시집평」

'허구재'에 오르는 시인
—이일우 시집 『여름밤의 눈사람』평

1

이일우는 1953년 무주군 안성면 금평마을에서 태어났다. 그는 서울로 올라가서 생활하던 중, 2016년 『문학청춘』으로 등단하여 시인이 되었다. 바쁜 중에도 그는 학업에 매진하여 가천대학교 대학원 국어국문학과에서 박사과정을 수료했다. 그가 첫 시집 『여름밤의 눈사람』(황금알, 2021)을 내고 평단의 관심을 요구하고 있다. 대충 이만한 약력 소개로는 그에 관하여 잘 알기 힘들다. 단지 그가 무주를 떠나 서울에 살면서 늦게나마 시를 써 무주 출신인 줄 알렸다는 점은 누구나 알만하다. 이에 그가 공들여 펴낸 시집을 어서 읽어볼 참이다.

2

고향이 무엇인지, 사람들은 고향 얘기만 나오면 가슴이 뭉클해진다. 사람들이 고향을 그리워하는 이유는 다종다양하다. 그 중에서 고향은 부모에 대한 그리움의 장소로 기억된다. 순전히 농경문화의 잔재이다.

『무주문학론』

지금이야 아이들의 고향이 병원 분만실로 같아져버렸지만, 예전에는 아이들마다 태어난 고향이 달랐다. 아이가 장성하여 어른이 되면 고향은 돌아갈 곳으로 다가선다. 물론 청년기의 고향은 부모에게 인사치레하러 가는 의례적 장소에 불과하다. 그러나 더 나이가 들어가면서 고향은 청년기에 돈을 벌어 가솔들을 건사하느라고 "근근이 버텨낸 나날들"(「달랑 감」)에 지친 심신의 안식처로 자리매김된다. 부모가 생존해 있으면 다행이지만, 아닌 경우에도 고향은 "화상 입은 기억들"(「노을」) 속에서도 돌아갈 만한 곳이다. 세상의 자식들이 오랜만에 고향을 방문할 적마다 부모의 흔적을 발견하려고 노력하는 이유인즉, 부모와 만나서 탯줄을 묻게 된 원초적 공간인 동시에, 부모가 있어야 자신이 어린 시절로 돌아갈 수 있기 때문이다. 부모가 수행할 역할은 한두 가지가 아니다. 그는 세상의 누구보다도 바쁘다.

    바람결인지
    허구재 가뿐히 올라서셨습니다.
    갓은 아니 쓰셨는데
    두루마기가 하얬습니다.
    펄펄 끓는 이마 짚어주던 서늘한 손이
    뜨거운 밤이었습니다
    어찌 그리 날랜지
    숨차게 달려도 따라갈 수 없었습니다.
    뒤 좀 돌아보시지…….

    문득 깼다
    다시 누워보았습니다.
        —「꿈결」 전문

이일우가 금평리 사람이라고 밝힌 작품이다. 허구재는 고향동네를 올라가는 고개이니, 그가 그곳에서 아버지와 조우하는 장면을 시화하고 있다. 내용으로 봐서는 어린 시절에 부자가 허구재를 넘었던 경험이 시의 토대를 이루었다. 그런데 이일우의 표현이 재미있다. 그는 바람결을 빌려 시상을 전개하고, 꿈결이라고 눙친다. 바람결은 아버지가 바람결에 허구재에 올라가는 모습이 '얼마나 날랜지' 몰랐던 유년기의 놀람과 함께, 바람결에 아버지 생각이 떠오른 장면을 겹쳐 표현하는 데 동원되었다. 꿈결은 잠을 자다가 꿈결에 아버지가 허구재를 올라서던 모습을 본 경험을 시화하는 데 쓰였다. 두 가지 다 부자의 만남을 주선하는 도구로 사용된 것이다.

위와 같은 시편을 쓸 정도의 시인이라면, 나이가 지긋이 먹은 사람인 줄 말하지 않아도 짐작할 수 있다. 젊은 아들들은 아버지 꿈을 거의 꾸지 않는다. 아버지는 장날 밤마다 술상 머리에 오남매를 병풍처럼 둘러앉혀 놓고 징용 간 얘기를 했으나, 철없던 아들은 아버지의 말을 듣는 둥 마는 둥하다가 "이야기 속에 설움이 배어 있음을 느낀 것은 고향을 떠나서였다"(「대동아유람담」)고 회억한다. 그에게 남은 "듬성듬성 남은 이빨"(「물은 그렇게 흐르고 싶었던가!」)처럼, 파편으로 떠오르는 유년기의 추억은 허구재를 가뿐히 넘던 아버지의 '펄펄 끓는 이마 짚어주던 서늘한 손'에 흐르던 온기를 다시 느껴보고 싶어서 '다시' 눕도록 이끈다. 그만치 이일우의 아버지에 대한 회상이 절절한 줄 알려주는 시편이다. 물론 "연탄불 꺼치지 마라~ 잉"(「감」)이라고 잔소리하는 어머니에 대한 그리움도 그에 못지않다.

위 인용시가 이일우의 고향사랑과 부모사랑에 대한 정도를 살필 수 있다면, 아래에 든 시편은 그의 시적 관심을 알려주는 예이다. 그는 거

『무주문학론』

미를 시로 썼다. 『그리스・로마 신화』에서 거미 아라크네(Arachne)는 염색의 명인 이드몬의 딸로서 베 짜는 솜씨가 뛰어났다. 그녀는 여신 아테나와 직조술을 경연하는 기회에 올림포스신들의 비행을 완벽하게 수놓았다. 이 모습을 본 여신은 분노와 질투에 사로잡혀 그녀의 천을 찢어버리고 자살조차 허용하지 않은 채 거미로 둔갑시켜버렸다. 아라크네는 우리나라의 직녀에 해당한다. 옥황상제의 딸 직녀의 베 짜는 솜씨는 천상에서 제일이었으며, 그녀의 베는 항상 천의무봉의 경지로 칭찬이 자자했다. 직녀의 솜씨를 흠모한 여성들은 칠석날에 베 솜씨가 진전되기를 바라는 마음으로 직녀를 우러러 걸교제(乞巧祭)를 올렸다. 또 당나라의 양귀비는 이날에 궁녀들을 모아서 베짜기 시합을 열고, 가장 가늘게 베를 짠 궁녀에게는 지주관(蜘蛛冠)을 하사하였다. 이러한 풍습은 직조술을 우대했던 농경사회의 모습을 고스란히 보여준다. 이일우가 거미를 소재로 선정하게 된 배후에는 무주에서 학습한 농경적 상상력이 발동한 것이다. 여기에 그는 '팔목팔족'의 거미에 대한 철학적 사유까지 첨가하였다.

    지문을 풀어 주역의 괘를 짚는다
    줄은 수시로 옹알이를 한다
    바람 숭숭 빠져나간 자리
    줄줄이 흔들리는 음운들
    해석은 푸는 것이 아니라 낳는 것

    불면의 밤이 오면
    기다림의 몸무게는 고작 일 그램
    황홀한 나방의 육두문자가 이마를 후려칠 때
    눈꺼풀 밖에서 번쩍 드러나는 허기

외롭다는 것은 한 우물을 파고 있다는 것
기다림이 길다는 것
난간과 난간을 건너가는 것

팔목팔족(八目八足)으로도 다 꿰뚫을 수 없는 음양의 어지럼증
수만 번 읽어 내려가도 미답인 지문
무릎 먼 곳에서 징소리 같은 중심이 몰려온다

어둠의 촉수들이 세계의 폐부를 건드릴 때
일신일국(一身一國), 꽤 한가운데 턱 버티고 서서
나는 놈만 제대로 손볼 줄 아는
줄 하나로 얻는 천하
　　　-「거미」 전문

  거미를 소재로 쓰인 시작품은 여럿이다. 전주 출신의 김해강은 「蜘蛛網」(『조선일보』, 1926. 2. 11)에서 기미독립만세운동 이후에 부쩍 강화된 일제의 감시망을 거미줄에 비유한 바 있다. 일제는 입으로는 문화정치를 표방했으나, 실은 만세운동이 벌어지기 직전 연도인 1918년에 751개소였던 경찰관서를 1920년에는 2,716개소로 증설하였다. 이 무렵에 1군 1경찰서, 1면 1주재소의 설치가 제도화되는 등, 외려 무단정치기보다 체계적인 감시체계를 구축하느라 혈안이었다. 일제가 '거미줄'처럼 조직한 감시망을 통해서 식민지민들을 억압하는 상황을 김해강은 '지주망'으로 묘사한 것이다. 1930년대에는 백석이 시「修羅」를 통해서 식민지 지식인이 당면한 삶의 국면을 중의적으로 표현하였다. 이 작품을 이어 해방 후에는 김수영이 시「거미」에서 설움을 토로한 바 있다.
  이처럼 거미는 여러 시인들에게 주목되었다. 외양이 징그럽고, 사람이 사는 집 안팎에 흰줄을 늘어놓아 거주와 통행을 훼방하는 거미인데

『무주문학론』

도 불구하고, 시인들은 즐겨 소재화한 것이다. 아라크네의 후손으로서 거미는 평생 동안 거미줄을 잣는 숙명을 지닌 동물이다. 이일우는 거미의 특성에 유의하여 위 시편을 빚어냈다. 그는 거미가 '한 우물을 파고 있다는 것'에 눈을 멈추었다. 그것이 '줄 하나로 얻는 천하'로 연장되어 결말을 부른다. 거미는 이일우의 시선을 빌려 고단한 삶을 사람들에게 알려준다. 거미가 놀라울 만큼 집중력이 강한 것을 두고 시인은 외로움으로 비유하였다. 집중할수록 시간과의 싸움인 줄 아는 이라면, 이일우가 거미의 생애를 외롭다고 비유한 줄 알 수 있으리라. 이처럼 하나의 대상은 시인을 잘 만나면 시의 영지로 들어와서 든든한 입지를 구축할 수 있다.

3

위에서 이일우의 첫 시집 『여름밤의 눈사람』을 건성으로 읽었다. 이제 처음으로 시집을 낸 그이지만, 물리적 연령은 상당하다. 그가 늦깎이로 문단에 나온 탓이 크다. 조금이라도 일찍 시집을 출판했더라면 그의 연륜이 쌓이는 만큼이나 시력도 상당했을 턴데, 이 나라의 문단이란 곳이 추천제도라는 절차를 지나치게 요구하는 통에 실력있는 이들의 진입을 가로막고 있다. 신인들도 그런 통과의례에 연연할 게 아닌 데도, 선배들이 걸어간 경로를 좇아가노라고 혁파할 기미조차 없다. 이일우의 시편들은 무주 출신답게 농경사회에서 배우고 익힌 경험을 토대 위에서 상상력을 가미하고 있다. 그의 작품들에서 느닷없는 비유를 찾아보기 힘들고, 날카로운 도회지에서 자란 시인들에게서 주로 나타나는 시멘트 냄새가 나지 않는 것만 봐도 그의 시세계가 '송파나루'가 아니라

「허구재」에 오르는 시인-이일우 시집평

'허구재'에서 발원한 줄 넉넉히 헤아릴 수 있다. 그가 좀 더 금평들에서 뛰어놀던 시간 속으로 들어가기를 희망한다.

『무주문학론』

제5부 아동문학가론

모성 부재의 가족 로망스
—서재균론

Ⅰ. 서론

　사람은 태어나면서부터 부모에게서 독립을 꿈꾼다. 그의 독립은 운명처럼 예정되어 있어서 시기가 문제이지, 필히 단행하지 않으면 안 되는 필생의 사업이다. 그는 세상으로 나아가기 위해서 아비를 부정한다. 그가 거부하는 것은 비단 아비의 권위뿐만 아니며, 아비가 만든 사회의 질서를 포함한다. 그렇지만 그가 아비를 부정하는 것은 자신이 아비가 되기 위한 통과의례에 지나지 않는다. 그 역시 다음 세대의 아들에게 부정되어야 할 구시대적 질서이며 한 집안의 가장이다. 이처럼 역사는 아비를 부정하는 일련의 과정을 한데 모아 놓은 것이다. 근대의 초입에서 대한제국의 선각자들도 구시대와의 단절을 공개적으로 선언하며, 후세대들에게 구국의 희망을 노골적으로 표했다. 그들은 나라를 존망의 위기 국면으로 추락시킨 죄과를 범한 선세대였던 아비를 수구세력으로 단죄하고 자신들의 지표를 설정하느라 부산하였다. 이때 그들은 못난

『무주문학론』

아비의 흔적을 지우기 위해서라면 어떤 일도 서슴지 않았다. 당시의 언론에서 제국주의자들의 침략 논리인 진화론을 거론하고, 자국의 이익을 대변하는 숱한 외국인을 거명한 것이 그에 속한다. 자신의 입지를 다지기 위해서 아비를 부정하는 자식들의 움직임을 일컬어 '가족 로망스'라고 부른다.

본래 가족 로망스는 자신이 낮게 평가하던 부모로부터 자유로워지고, 그 자리를 더 높은 사회적 지위를 가진 부모로 대체하려는 신경증환자의 심리적 성향을 가리킨 프로이트의 용어였다. 그것은 개인의 내면 깊숙이 자리하고 있으며, 특히 소년들이 기존 사회질서에 대해 환상을 품는 방식이다. 그러므로 "개인의 심리는 가족의 이미지들과 가족 내부의 갈등을 통해 사회 질서와 연결된다"[1]는 점에서, 가족은 "역사적 현상으로서 사회총체와 분리할 수 없는 사회 전체 현상으로 고려되어야"[2] 한다. 고아는 '사회 질서'와 '역사적 현상'을 관찰하기에 유용한 사회적 지표인 셈이다. 고아란 가족, 사회, 국가가 안고 있는 문제를 온몸에 각인한 존재라고 말할 수 있다. 고아는 기성세대로서의 아비와 기존 질서로서의 사회나 국가를 부정해버렸으므로, 늘 '나는 누구인가?'라는 존재론적 의문에 시달리게 된다. 가족로망스가 사회적 위기 국면이나 질서의 해체 순간에 출현하는 것을 보면, 위 문제에 대한 고아의 번민이 얼마나 큰지 짐작 가능하다.

아비를 부정한 고아가 나아갈 길은 팍팍하고 외롭다. 그에게는 가족을 건사하면서 형극을 개제할 책무가 놓여 있다. 그는 구시대의 질서를 혁파한 대신에, 새시대에 알맞은 질서를 구축해야 한다. 그는 자의를 앞

---

1) Lynn Hunt, 조한욱 옮김, 『프랑스혁명의 가족 로망스』, 새물결, 2000, 10쪽.
2) Andrée Michel, 변화순·김현주 옮김, 『가족과 결혼의 사회학』, 도서출판 한울, 2007, 11쪽.

세워 과거와 단절한 세대이기에, 온갖 비난과 임무를 감당하지 않으면 안 된다. 그것은 고아가 감당해야 할 역사적 업보이며 사회적 숙명이다. 그런 이유로 고아에게 고도의 정치의식이 요구된다. 하지만 역사에 나타난 고아들은 대부분 정치적 무의식으로 무장한 무리들이어서 자신이 부정한 아비의 모습을 스스로 재현하기를 주저하지 않았다. 한국의 근대문학사에서 이광수가 저지른 소설사적 과오는 전적으로 고아의 정치적 무의식이 예정한 결과였다.3) 그런 성향은 그를 부일의 길로 이끌기도 했다. 이처럼 가족 로망스는 끊임없이 개인의 삶에 개입한다. 민족의 안위를 걱정하는 것도 이광수였고, 제국의 국민된 도리를 다하고자 창씨개명하여 신명을 바친 것도 이광수였다. 그는 당초에는 전자에 매달렸으나, 나중에는 후자를 고양하기 위해서 전자를 강조하지 않으면 안 되는 모순에 빠지고 말았다. 이처럼 그의 고아의식을 조종하고 조절한 배후에는 가족 로망스가 있다. 그것은 결코 되받아쓰기를 중단하지 않는다.

 동화에서 가족 로망스는 거의 논의되지 않았다. 아직은 토대 연구조차 부실한 아동문학연구니만치 여백이 상당하여 착수되지 못한 실정이다. 그러나 가족 로망스는 '소년'을 주체로 내걸고 쓰이는 서사란 점에 주목해야 한다. 그런 까닭에 이것에 대한 아동문학 연구자들의 관심은 제고되어야 맞다. 더욱이 한국의 근대아동문학은 일제라는 절대적 타자를 의식하며 태동한 것이 부정할 수 없는 사실이다. 일제는 한국의 근대아동문학이 발아하여 제도로 형성되는 단계에서 변수가 아니라 상수로 취급되어야 한다. 그 시기의 기성세대가 소년운동에 애정을 표하거

---

3) 이광수의 소년소설에 나타난 고아의식에 관해서는 최명표, 「'소년'의 고백과 '교사'의 변명—이광수론」, 『한국근대소년소설작가론』, 한국학술정보, 2009, 20-48쪽 참조.

『무주문학론』

나4), 소년들의 문예운동을 지원해주거나5), 기성작가들이 '아동'문학에 관심을 기울인 것들은 모두 고아의식을 공유하면서, 소년으로 하여금 새로운 모습의 아비가 되어주기를 바랐던 희망의 몸부림이었다. 그와 같은 원망이 이루어지고 말고는 나중 문제이다. 그 시절은 외세에 의한 강점기였으므로, 기성세대는 미래세대에게 탕감받지 못할 업죄를 진 상태였다. 그들의 몸부림은 소년에게 거는 기대와 자신들의 죄과에 대한 후회가 혼착된 흔적이므로, 그 자체로 새로운 변혁세력에 대한 갈급한 바람을 싣고도 남았다.

  이런 문제의식을 갖고 동화작품에서 고아 서사를 집중적으로 형상화한 작가가 서재균이다. 그는 1935년에 전라북도 무주군 안성면에서 태어났다. 그는 국민학교 시절에 만난 담임교사와의 인연으로 문학에 관심을 두게 되었다. 1956년 대전사범학교를 졸업한 그는 도내의 국민학교에 근무하면서 당시에 유행하던 글짓기교육에 매달렸다. 스스로 문학에 뜻을 두고 있던 그였던지라, 아이들의 글쓰기 지도에 진력한 것은 자연스러운 귀결이었다. 1964년 일군의 교사들과 전라북도글짓기지도회를 창립하고 정력적인 활동을 하던 중, 그는 1968년 언론계에 투신하였다. 그는 전북일보사에 재직하는 동안에 전라북도아동문학회를 창설하고 도내 아동문단을 견인하여 아동문학의 발전에 큰 공을 세웠다. 나중에 그는 한국아동문학회 부회장, 전북문인협회장 등을 지내며 문단 활동에도 힘을 썼다. 또 서재균은 무주 출신의 예술주의 비평가 김환태를 기리는 사업이 벌어질 수 있도록 터를 닦았다. 그의 헌신적인 노고에 힘입어 김환태는 무주를 대표하는 인물로 현양되어 각종 김환태문학관

---

4) 최명표, 『한국근대소년운동사』, 도서출판 선인, 2011.
5) 최명표, 『한국근대소년문예운동사』, 도서출판 경진, 2012.

의 건립과 김환태평론문학상의 시상 사업 등이 이뤄지고 있다. 서재균의 행적을 따라가면, 다른 이들보다 앞서 판을 벌이고 나아간 줄 알게 된다. 당시의 열악한 조건들이 그를 본업이 아닌 조직운동에 힘을 쏟도록 강권했을 터이나, 그런 일을 담당할 선배들을 갖지 못한 그가 감당하지 않으면 안 될 형편이었다. 본의 아니게 그는 고아였던 셈이다.

그런 사정 때문인지 서재균의 동화집 『할아버지의 옛날이야기』(아동문예사, 2001)에 수록된 23편들은 거의 고아가 등장한다. 고아가 아니라 해도 부모는 후경화되어 있어서 존재가 도드라지지 않는다. 특히 어머니는 대부분 가출한 상태로 그려져 있어 주인공 소년들에게 상실감을 안겨준다. 또 과반이 넘는 주인공들이 각종 질병에 감염되어 허약하다. 이런 사실은 그가 고아 서사에 관심을 표하는 이유를 탐색하도록 유혹한다. 앞서 살핀 바와 같이, 고아 서사는 한국 근대문학의 출범과 불가분의 관계를 맺고 있다. 그것은 요즘에도 가족 서사로 탈바꿈하여 거듭 출현한다. 물론 현하에 발표되는 가족 서사의 범람현상은 가족의 위기와 붕괴라는 사회적 문제와 즉결된 결과이다. 그런 상황적 요인을 감안할 양이면, 서재균의 고아 서사는 도리어 부각되어야 한다. 왜냐하면 아동문학은 고아가 사회적 환경에 적응하여 온전한 성인으로 자라가도록 정서적 밑자리를 제공해주어야 할 장르적 소임을 내함하고 있기 때문이다. 나아가 서재균이 집착하는 고아 모티프가 사회의 변화에 편승하여 급속도로 진행되고 있는 가족 해체의 선제적 징후로 진단될 수도 있다. 이에 그의 동화집에 수록된 고아 서사에 함의된 바를 치밀하게 살펴볼 필요성이 제기된다.

『무주문학론』

II. 무책임한 부모와 책임감 있는 고아

1. 동화, 고독한 산책자의 몽상

한국에서는 작가의 탄생 배경에 관해서 깊이 연구된 바가 없다. 작가들은 자신을 특집으로 다루는 잡지의 지면을 빌거나, 늘그막에 쓰는 회고록에 작가가 되기로 결심한 동기들을 토로하는 데 그친다. 그것은 아마 한국의 독특한 등단 제도, 곧 추천이라는 통과의례가 낳은 폐일 수 있다. 예컨대, 작가들은 등단하는 과정에서 소감문에 자신이 작품을 쓰게 된 사연을 빠짐없이 기술한다. 그 후로 작가가 글쓰기에 나서게 된 전후사정을 털어놓는 곳은 독자와의 만남 따위의 특별한 기회로 국한된다. 게다가 한국문학 연구자들은 아직까지 평전의 중요성을 인식하지 못하고 있는 실정이다. 레온 에델이 작가 전기의 필요성을 주장하는 자리에서 "인간의 정신 그 자체만큼이나 변화무쌍하고 유려한 그 무엇에 대한, 즉 기질과 심정으로 꽉 짜여진 그 무엇에 대한 기록"[6]이라고 말한 의도는 작가의 전기에 대한 가능성을 설파할 목적이었다. 이처럼 한 작가의 '그 무엇에 대한 기록'은 그의 작품을 관통하는 주제의식의 추출과 상보적으로 이루어져야 할 작업이다. 주제는 작품마다 산재된 작가의 의식적 구현 양상이므로, 당해 작가의 작품에서 자주 검출되는 모티프가 자연스럽게 주제의식을 형성한다. 서재균이 고아를 잦게 등장시킨 사례도 그에 속한다.

동화에서 고아 서사는 새롭지 않다. 안데르센의 「성냥팔이 소녀」를 비롯한 숱한 작품들은 고아를 등장시켜 기성세대의 몰인정을 폭로하고,

---

6) Leon Edel, 김윤식 옮김, 『작가론의 방법』, 삼영사, 1988, 17쪽.

후세대인 어린이들에게 동정심을 갖도록 호소해 왔다. 그들의 이야기는 선악의 이분법에 익숙한 어린이들의 도덕성 발달 단계를 좇아서 그들로 하여금 선한 사회의 구성원으로 자라기를 바라는 기성세대의 가치관을 내면화시키는 데 효과적이었다. 어른들은 선이 우선되고 악이 축출되는 동화적 질서를 통해서 기존 사회를 견고하게 유지하는 법의식의 형성을 도모한 것이다. 더욱이 옛 동화에서 고아들은 대개 가난한 신분으로 설정되었다. 예를 들어서 영국 작가 찰스 디킨슨이 발표한 『올리버 트위스트』(1938)의 경우를 보면, 고아는 당대로부터 버림을 받았으면서도 결국 죽은 아버지의 유산을 찾고 양자가 되어 훌륭한 청년으로 성장한다. 이 작품이 출간되자 자신의 양화공 체험을 바탕으로 산업화시대로 진입하는 영국 사회의 이면을 날카롭게 묘파한 작가에게 고평이 쏟아졌다. 그렇지만 이 작품에서 고아가 청년이 되는 과정은 기성 사회의 질서체제에 철저히 편입되어야 '훌륭한 청년'이 될 수 있다는 전통적인 도덕률의 실천과 진배없다. 고아 트위스트는 도둑질을 하는 등의 일탈행위로 아버지가 만들어 놓은 기존 질서에 도전하나, 나중에는 아버지의 유산을 물려받는 행위를 통해서 스스로 아버지가 되어 자신의 반항행위를 부정해버린다. 이와 같이 가족 로망스의 진실은 "현실의 부모를 부정하는 것처럼 보이지만 사실은 아버지를 제거하려는 것이 아니라 높이려 한다"7)는 점에 있다.

서재균은 군에 입대했다가 아동문학에 관심을 갖게 되었다. 그전까지 소설가가 되겠다고 노력하던 그는 한 소녀가 보내준 위문편지에 답장을 쓰는 동안에 "비로소 문인이 되어야겠다고 생각했던 내 마음속으로 천둥 같은 소리가 들리고 있음을 깨닫고 있었다"8)고 한다. 물론 사범학

---

7) 권명아, 『가족이야기는 어떻게 만들어지는가』, 책세상, 2006, 27쪽.

『무주문학론』

교를 나온 그의 학력도 장르 선택에 영향을 끼쳤을 것이다. 서재균을 동화작가로 존재하도록 이끈 것은 예전에 각급 학교마다 연말이면 연례행사처럼 강제되던 '국군장병에게 위문편지쓰기' 행사였다. 이 나라의 위정자들은 학생들의 희생을 담보로 실현되는 것인 줄 번연히 알면서도, 군사정권에서 녹을 먹는 관료답게 해마다 당연하다는 듯이 아이들에게 국군 장병들을 위문할 것을 요구하였다. 왜 다 큰 군인이 아이들에게 '위문'을 받아야 하는지 영문도 모르면서, 어린 학생들은 '쓰라니까 쓰기는 하지만 할 말이 별로 없'는 편지를 얼굴도 성명도 모르는 군인 '아저씨'에게 쓰지 않으면 안 되었다. 교육관료들은 버릇처럼 '교육상 필요'를 들먹였으나, 애초부터 기계적이고 건조한 편지쓰기가 아이들의 글쓰기 능력을 향상시키거나 애국심을 고취시키리라고 기대하지는 않았을 터이다. 한마디로 위문편지쓰기는 군사정권에게 아이들을 저당잡히고 자신들의 안녕을 도모한 교육관료들의 비교육적 처사에 불과했다.

> "군인아저씨, 군생활이 퍽 힘드시지요? 그래도 우리보다는 괜찮을 거예요. 우리는 부모없는 고아들이니까요. 그런데도 선생님은 우리들에게 고생하고 계시는 군인아저씨들에게 편지를 쓰래요. 아무튼 쓰라니까 쓰기는 하지만 할 말이 별로 없어요. 꼭 해야 할 말이 있다면 우리 주위엔 전쟁고아들이 많이 있다는 얘기지요. 이 전쟁의 고아들이야말로 군인아저씨들에게 할 말이 많을 거예요. 군인아저씨들이 나라를 잘못 지켰기 때문에 고통을 겪어야 하는 어린이들이니까요. 다시는 이런 일이 없도록 나를 잘 지켜주세요. 그럼 안녕."9)

서재균이 수필집에 따로 묶을 정도로, 인용문은 군에 있는 동안 그에

---

8) 서재균, 「빨간 장미꽃 한 송이를……」, 『할아버지의 옛날이야기』, 아동문예사, 2001.
9) 서재균, 「빨간 장미꽃 한 송이를……」, 『할아버지의 옛날이야기』.

게 상당한 충격을 안겨준 듯하다.10) 그를 '천둥 같은 소리'로 꾸짖어 작가의 길로 나아가게 최촉한 소녀는 '부모없는 고아'이다. 소녀는 서재균의 군생활이 자신보다 '괜찮을 거'라고 단언한다. 아이의 말치고는 당돌하기 짝이 없다. 주위에 전쟁고아들이 생겨나게 된 이유가 '군인아저씨들이 나라를 잘못 지켰기 때문'이란다. 그러고 보면 이 나라에서 군인들은 한번도 자신의 과오를 회개한 적이 없다. 군인들은 무수한 전쟁영웅을 만들어내며 분단 상태를 유지한 점에 강조점을 두고 있을 뿐, 동일민족끼리 수많은 인명을 사상시킨 점에 대해서는 북한의 남침을 강조하며 침묵한다. 북한에 의한 남침의 죄과는 한민족이 멸하기까지 수시로 거론되어도 씻어지지 않을 대죄이다. 하지만 군인의 존재 이유는 전쟁을 막아서 나라를 수호하고 국민을 지키는 것이듯, 국방의 의무를 다하지 못한 시대적 책임은 당시의 군인이 영원히 질머져야 한다. 그들이 책임을 제대로 이행하지 못한 점을 아이는 정확하게 지적하고 있다. 그것이 자신이 고아이면서도 전쟁고아들에게 초점을 이동시킨 아이의 의도이다. 아이의 채근은 서재균에게 본유한 존재론적 고독과 합해져 고아에 대한 관심이 깊게 만들었다. 그 징후는 다음의 시편에서 단박에 확인 가능하다.

> 목 길게 빼고
> 외롭게 걸어가는
> 가을.
> 　　―「낙엽」11) 부분

> 스산한 거리를

---

10) 서재균, 「어느 소녀의 추억」, 『게으른 자화상』, 신아출판사, 2005, 15-19쪽.
11) 서재균, 「삶의 길목에서」, 『게으른 자화상』, 39쪽.

『무주문학론』

> 그림자 혼자
> 터덜터덜 길을 간다.
> ―「눈 오는 밤」12) 부분

위 시들은 감상적이다. 전문시인이 아닌 동화작가 서재균이 수필집에 수록한 것으로 미루건대, 어느 날에 느꼈던 감정을 시화한 듯하다. 17세기에 프랑스철학에서 나타나기 시작한 감정은 사람들이 현실과 만나는 직접적이고도 자연스러운 시선의 다른 이름이다. 감정이 없다면 이성적으로 논리화되는 온갖 현상들을 만날 수 없다. 감정의 속살에 속하는 직관은 이성이 포착할 수 없는 사물의 내부로 진입하여 단숨에 고갱이를 획득한다. 직관이 대상과의 소통인 동시에 공감행위인 이유이다. 이처럼 감정은 직관의 도움을 빌어 사물의 본질을 드러내어 주체의 인식과정을 충격한다. 계절적 변화에 움직이는 미묘한 감정의 파문을 단조하게 형상화한 이 작품에서 행간을 '외롭게' '터덜터덜' 걸어가고 있는 서재균의 뒷모습을 구경하게 된 것은 순전히 감정의 도움에 힘입은 것이다. 그는 계절의 도움을 빌려 찾아낸 실존적 고독 때문에 외롭다. 그가 고독한 상태를 악화시키고자 '가을'과 '눈 오는 밤'을 배경으로 설정한 것은 감정의 여린 면을 드러내고 있으며, 주체와 화합하지 못한 그림자가 '혼자' 걸어가며 체현한 '스산한 거리'의 풍경은 고독의 무게를 가중시킨다.

그처럼 풍경은 사람이 표상화한 자연의 인위적 모습이다. 따라서 당자의 의지에 의지하여 풍경은 실체적 모습이 변하게 된다. 그가 풍경의 안에 있느냐 밖에 있느냐에 따라 장면이 포획하는 의미가 달라진다. 풍경의 이런 모습은 작가가 표상한 '자연'의 실체를 다양하게 해석하도록

---

12) 서재균, 「삶의 길목에서」, 『게으른 자화상』, 42쪽.

권유한다. 인공의 자연이 천연의 자연과 가장 흡사해질 수 있는 장르가 동화이다. 동화는 사람을 에워싼 자연이 원시적 모습으로 재현되기를 당연시한다. 사람들이 동화에서 상처난 감정을 치유하여 최초의 상태를 회복하게 되는 것은 순전히 자연이 수행하는 순기능 덕분이다. 서재균도 동화를 통해서 존재의 고독을 위로받는다. 그의 작품에 나오는 고아들이 부정적인 처지에서도 믿음직한 존재로 자라나기를 포기하지 않는 것도, 결국 태생적으로 고독한 사람의 조건과 고아의 처지를 동일시한 작가적 신념에 힘입은 것이다. 이런 점만 보더라도 동화는 서재균이 이상과 현실의 간극 속에서 당면하는 갖가지 갈등 사태로부터 슬기롭게 벗어나도록 고무하고 견인하는 줄 짐작하게 된다. 앞의 시편에서 고독감을 고백한 태도로 볼 때, 그에게 동화는 '고독한 산책자의 몽상'이라고 할 수 있다.

2. 아버지, 부성 상실의 무력자

오랜 옛날부터 어머니는 물질과 친근한 존재였다. 단어 '어머니(mother)'와 '물질(matter)'은 'mater'와 'materia'라는 같은 어원을 갖고 있다. 그에 반해 아버지는 제의나 신화 등에서 보는 바와 같이 비물질적인 정신적 존재였다. 그런 탓에 "아버지라 불리는 신의 형상은 그리스가 세워놓은 부성의 신화를 압도적으로 흡수하는 것이었고, 지상에서의 삶뿐만이 아니라 영혼의 삶까지 장악하는 것"13)이었다. 따라서 물질성을 가진 어머니는 모성의 권위를 잃더라도 어머니로 존재하는데 비해, 아버지는 권위를 상실하고 나면 존재의 의의조차 찾아보기 힘들다.

---

13) Luigi Zoja, 이은정 옮김, 『아버지란 무엇인가』, 르네상스, 2009, 218쪽.

『무주문학론』

예로부터 아버지들이 몸에 맞지 않을 정도로 무거운 갑옷을 입고 장신구를 착용했던 사연도 따지고 보면 자신의 나약한 정체를 은폐하기 위한 은유적 조치였다. 아버지는 자식들 앞에서 위엄과 권위를 과시하기 위해 하루도 빠지지 않고 부속물을 수집하고, 그것을 내외에 과시하지 않으면 안 되었다. 아버지들은 남의 것을 앗아서 자신의 약점을 은폐하기 위해 호전성을 단련시켜 나갔던 것이다.

세상의 모든 전쟁은 살육을 목적한다. 겉으로는 땅을 빼앗거나 상대방을 무력화하거나 해방시킨다는 명분을 내걸지만, 그것은 전쟁을 일으킨 편에서 주장하는 일방적인 미화이다. 전쟁의 속성은 나 대신 상대의 목숨을 요구하는데 있다. 제 나라의 군대를 남의 나라에서 벌어지는 전쟁에 파견하는 것은 정치적 결단의 결과일 테지만, 전장이 바뀐 것 외에 전쟁의 수행 사실은 바뀌지 않는다. 국군의 월남 파병은 1964년 9월부터 1973년 3월까지 군사정권이 국민의 동의를 구하지 않은 채 일방적으로 계속하였다. 정치적 출발의 불법성을 경제 건설에 매진하여 만회하려는 군사정권의 파병정책은 미국의 세계 전략과 부합되어 시작되었으나, 한국의 경제 발전에 이바지한 공도 무시하지 못한다. 하지만 당시의 파병으로 인해 지금까지도 한국인들은 베트남에 대하여 죄의식을 느끼고 있는 게 사실이다. 또한 참전군인들 중에는 전쟁에 참가했다가 얻은 병으로 인해 오랜 기간 고통을 받고 있다.

서재균의 동화 「아버지 그림자」는 월남전에 갔다가 상이군인으로 귀국한 부적응 아버지의 모습을 그린 작품이다. 알다시피, 1957년 『한국일보』 신춘문예에 당선된 하근찬의 대표작 「수난이대」는 한국의 전후소설사에서 최고의 문제작으로 평가받고 있다. 이대에 걸쳐 전란에 동원된 부자가 겪는 참상은 그대로 한국인들의 세대적 고통이었다. 서재균

「모성 부재의 가족 로망스-서재균론」

은 고엽제 후유증을 가진 상이군인으로서의 아버지가 처한 비극적 현실을 아이의 시선으로 그려내었다. 이 작품은 그의 동화에 두루 나타나는 아버지의 무능으로 인해 봉착한 가족의 위기 상황을 여실히 보여준다. 아버지는 "근처 공원이나 뒷동산에도 올라가 맑은 공기를 들어 마시고 먼 산을 바라보며 지나온 옛날을 그리워하기도"(28쪽) 해보지만, 이미 훼손당한 몸을 되돌릴 수 없어서 절망에 사로잡힌다. 그가 할 수 있는 짓이란 이웃들과 마찰을 일으키거나, 스스로 몸을 학대하여 주위에 존재를 증명하는 것뿐이다.

> 결국 견디다 못한 아버지는 자꾸만 술을 마시기 시작했습니다. 처음엔 술을 마시고 들어온 날이면 아버지는 노래도 부르고 춤도 추었습니다. 신바람이 난 사람처럼 즐거워하는 것같이 보였습니다.
> 그러나 그것은 한낱 슬픔을 견디어내기 위한 몸짓이라는 것을 나는 뒤늦게야 깨달았습니다. 아버지의 노래와 춤은 결국 욕설과 폭력으로 변하기 시작한 것입니다.
> "그래, 나는 병신이다. 병신이 되어 돌아온 나에게 너희들이 무엇을 해주었길래 나를 무시하고 깔보고 업신여기는 거야."
> 아버지는 끝내 폭력을 쓰기 시작했습니다. 폭력이라야 서로 치고 받고 하는 싸움이 아니라 일방적으로 두들겨 맞거나 집단 따돌림을 당하는 일이었습니다.
> 아버지는 그 분풀이로 남의 집에 들어가 물건을 부수어버리거나 짓밟아버리고 악을 썼습니다.14)

진희는 아버지를 원망하지 않는다. 그보다는 몸을 다치기 전의 온전한 아버지상을 훼손하지 않으려고 애쓴다. 진희의 노력은 현실의 아버지를 부정하고 상상적인 아버지를 꿈꾸는 허위의식의 소산이다. 그것은

---

14) 서재균, 「아버지 그림자」, 『할아버지 옛날이야기』, 30-31쪽.

『무주문학론』

할아버지나 이웃들에게 제대로 대접받을만한 조건을 갖춘 아버지를 호출하여 주위의 논총으로부터 초월하려는 간절한 시위이기도 하다. 진희는 아버지의 주정이 '슬픔을 건디기 위한 몸짓'인 줄 알고 있을 정도로 어른스럽다. 아버지의 심정을 헤아리는 딸로 인해 앞으로의 서사가 긍정적인 방향으로 나아갈 것을 예시해준다. 아버지의 사회적 부적응은 순전히 신체적 불구로 인해 초래된 것이다. 그처럼 "개인의 경험과 함께 발생하는 감정유형은 관계와 상황의 변화에 따라 변형되고 변화하며 또다른 감정을 자극한다"15)는 점에서 가족과의 관계가 우선적으로 정상화되어야 한다. 그러나 어머니는 목발을 쓰는 아버지가 싫다며 집을 나갔고, 친구들도 진희의 곁을 하나 둘 떠나버렸다. 아버지의 곁에는 어린 진희만 남아서 끝까지 포용하고 용서해준다. 어른 고아가 어린 고아에게 위로받는 형국이다.

"아버지, 힘내세요. 난 절대로 슬퍼하지 않을래요. 아버지는 훌륭한 분이니까요. 나라를 위해 싸우다가 다리를 잃은 것은 부끄러움이 아니라 자랑스런 일이잖아요. 아버지는 전쟁터에서 용감하게 싸워 당당하게 영웅이 되어서 돌아온 거예요. 아버지가 저에게는 영웅이에요."16)

진희는 '전쟁터에서 용감하게 싸워 당당하게 영웅이 되어서 돌아온' 아버지에게 영웅 칭호를 부여한다. 그녀의 시도는 가족과 이웃들로부터 인정받지 못한 채 무력하게 죽어가는 현재적 아버지상을 망각하고 이상적 아버지상을 조형하고 싶은 욕망의 표출이다. 앞으로 어머니도 없이 고아로 살아야 할 진희로서는 아버지의 마지막 모습을 우상화하여

---

15) J. M. Barbalet, 박형신·정수남 옮김,『감정의 거시사회학』, 일신사, 2007, 51쪽.
16) 서재균,「아버지 그림자」,『할아버지 옛날이야기』, 33쪽.

길이 기리고자 한다. 그러나 그녀의 바람은 주위는커녕 할아버지와 할머니로부터도 호응을 얻지 못할 만치 독단적이다. 사실 두 노인은 베트남에서 돌아온 아들에게 호강을 받으며 행복한 노년을 맞을 기대에 부풀어 있었다. 그러나 아들은 몸을 전장에 저당잡히고 '병신'이 되어 돌아온 뒤, 몸이 온전치 못하다는 이유로 취직하지 못하여 부모의 기대를 거스른 것도 모자라 이웃들에게 눈치까지 받는 신세로 전락하고 말았다. 진희 아버지에 대한 주위의 평가는 온전히 몸에 근거를 두고 있다. 따라서 몸의 온전성을 훼상당한 아버지는 영웅이 될 만한 자격을 갖추지 못했다. 몸이야말로 당자에게 현재적 지위를 부여해주는 준거인 셈이다.

근자에 각광받고 있는 '현대의 근육질 인간(Homo Masculinus Modernus)'에서 보듯이, 시대가 요구하는 남성상은 변천을 거듭하고 있다. 이런 남성은 예전에 사례가 없었다. 남성들의 선망이었던 마초이즘은 전쟁 등의 위기 국면마다 돌출하여 부분적으로나마 존재 가치를 인정받지만, 근육으로 자신의 실존을 증명하는 이런 부류의 남성들은 자신의 몸을 쇼핑하도록 권유하여 스스로 존재 가치를 저감시킨다. 그는 고래로 전해오는 수컷의 기능을 거부하고, 자신의 몸을 상품화하여 자본주의적 질서에 편입시켜서 재화의 수입을 겨냥하는 것이다. 겉으로 보면 그의 선택이 주체적 행위인 듯하지만, 속으로는 언론 매체가 조성한 선정적인 상업주의 전략에 부응한 비행에 불과하다. 자신이 제 몸을 물상인 양 취급하는 마당에 상대가 그것을 온전한 시각으로 볼 리 만무하다. 이러한 경향은 신자유주의화가 진행될수록 거세질 것이고, 유행은 새로운 소비층을 생산하며 사람들을 계급화시키고 격리할 것이다.

몸이 재화 축적의 신도구로 활보하는 세상에서 성차의 구별은 소용

『무주문학론』

없다. 남성들은 여성들이 먼저 개척한 상품화한 몸의 길을 답습한다. 남녀가 몸의 자본화를 도모하게 되자, 각자의 성에 내장되어 있던 고유한 성역할은 축소될 수밖에 없다. 진화론적 시각으로 보면 "포유류 수컷 중 5%만이 아비의 보살핌을 베푼다"17)고 하니, 역사가 진행될수록 남성들은 자식들에 대한 보호 본능의 폐기를 시도할지도 모른다. 이 점에서 인류사는 과장하여 말하면 남성의 퇴화보고서이다.18) 남성들은 여성의 권리가 신장되기 시작한 순간부터 육아에 대한 책임량을 늘려 왔다. 그러나 지금은 경제적 형편을 이유로 가능하면 남녀 공히 육아의 의무를 지지 않으려고 힘쓴다. 남녀는 자신들에게 짐 지워진 후속세대의 양성이라는 인류사적 책임을 고루한 전통이라고 외면하는 한편, 동시대를 주도하는 현세대의 쾌락은 전유하려고 애쓰는 실정이다. 이런 추세가 계속된다면, 아이들은 근대의 총아로서 고아들이 겪었던 방황을 되풀이할 수도 있다.

  서재균의 동화에서 아버지는 자식들을 제대로 거느리지 못한다. 아버지가 무능하면 어머니라도 아이들을 건사하며 억척어멈 노릇을 하여야 당연하건만, 서재균의 동화에서는 어머니들이 대개 가출해버린다. 그로 인해 아이들은 무력한 아버지 밑에서 고아처럼 살아간다. 동화 「아버지 눈물」에서 주정뱅이 아버지는 일과를 술로 채워 넣고, 자식들에게는 관심을 갖지 않는다. 자신을 둘러싼 상황이 개선될 기미를 보이지 않자, 폐렴을 앓고 있는 딸은 어머니의 사랑을 떠올리며 순간의 비참한 상황을 극복하려고 노력한다. 그렇지만 상상으로 이루어지는 모녀간의 상봉이 현실적 국면을 타개해줄 리 없다. 그저 현재의 고통을 절감하려는

---

17) Peter B. Gray · Kermyt G. Anderson, 한상연 옮김, 『아버지의 탄생』, 초록물고기, 2011, 11쪽.
18) Peter Mcallister, 이은정 옮김, 『남성퇴화보고서』, 21세기북스, 2012.

일시적인 도피일 뿐이다. 어머니와의 해후가 이루어질 수 없는 줄 알 만큼 웃자란 딸은 중학교 진학을 거절하며 "지금까지 남의 집 심부름으로 겨우겨우 먹고 살았지만 다른 여러 가지 장사라도 해서 성민이와 성호에게 예쁜 옷도 사다 주고, 또 저금도 많이 하여 내년에는 꼭 중학교엘 가겠다고 마음속으로 다짐"(163쪽)한다.

"혜영아, 이젠 너도 중학교엘 갈 수 있게 됐다."
나중에야 안 일이지만 오래 전에 가입한 혜영이의 학자금보험통장이 나왔기 때문입니다.
오래 된 일이라 아버진 까맣게 잊어버렸던 것입니다.
"하느님, 고맙습니다."
혜영이는 돈보다도 기뻐하는 아버지를 볼 때 더욱 가슴 뭉클했습니다.
'이 얼마나 고마운 하느님의 선물인가?'
혜영이도 그때야 몰래 숨겨둔 저금통장을 아버지 앞에 내어놓았습니다.
"아니, 네가 언제 이렇게 많은 돈을 저축을 했지……. 정말 꿈같은 일이구나."
아버지는 눈물까지 흘렸습니다.
혜영이에게 이날처럼 즐거운 때는 없습니다.19)

아버지는 직장에서 쫓겨난 실직가장이다. 그가 직장을 잃게 되자 슬하에는 국군장교가 되고 싶은 성민이, 의사가 꿈인 성호, 병든 혜영이가 남게 된다. 가정부라도 하겠다고 삼남매를 두고 가출한 어머니는 집을 나가서 소식이 없다. 그녀는 작품이 끝날 때까지 돌아오지 않을뿐더러, 혜영이의 등록금조차 보내오지 않는다. 여느 어머니들도 비슷하다. 그녀들은 남편은커녕 자식들조차 돌보지 않은 채 서사의 문밖으로 종적을 감추어버린다. 어머니의 퇴장으로 가뜩이나 단출한 가정은 초라해지

---

19) 서재균, 「아버지 눈물」, 『할아버지 옛날이야기』, 163-164쪽.

『무주문학론』

고, 상대적으로 아버지의 무능력은 도드라진다. 서사의 구성원이 줄어듦으로써 고아 자식의 운신폭이 넓어지고 행동반경이 커진다. 그에 반해 부모로부터 보호받지 못하는 자식들은 어른을 가르칠 만큼 성숙한 가치관을 지니고 있다.

서재균의 그런 작법은 이 작품에서도 예외가 아니다. 아버지는 농 속에서 나온 학자금통장과 혜영의 저금통장을 보고 삶의 자세를 바로잡는다. 아버지는 하루를 술로 지새우던 버릇을 버리고 미래를 계획하기 시작한다. 그와 같이 희망은 숭고하지 않고 키가 작다. 사람들이 갖게 된 희망에서 우월감을 찾아볼 수 없는 까닭이다. 그것은 "겸손하고 '아무 것도 아닌 듯한 작은 소망'일 뿐"20)이다. 희망은 자잘한 세목을 충격하여 자아에게 심리적 여유를 안겨줌으로써, 온갖 것들에 포진되어 있는 긴장감을 서서히 이완시킨다. 희망이 긴장을 해소하는 과정에서 사람들은 즉각적인 욕구의 충족을 바라던 종래의 자세를 기각하게 된다. 그 대신에 그는 희망에 힘입어 자존감을 고양하고 자신과 주변의 이웃에게 선의를 선사한다. 그처럼 희망은 무능하기 그지없는 아버지마저 지난날을 반성하고 앞날을 준비하게 만드는 힘이 있다.

"혜영아, 난 지금까지 바보같이 살았단다. 직장을 구하려고 했던 것이 얼마나 바보냐. 네가 나에게 일할 수 있는 힘을 주었구나. 오늘부터 군고구마 장사라도 하여 너에게 부끄럽지 않은 아버지가 돼야겠다."
"아버지, 창피하게 무슨 고구마 장사예요. 안 돼요."
"아니란다, 일에 귀하고 천한 것이 어디 있겠느냐?"21)

본래 물물교환의 대체물에 지나지 않았던 돈에 주권을 하사한 것은

---

20) Jean Maisonneuve, 김용민 옮김, 『감정』, 한길사, 1999, 158쪽.
21) 서재균, 「아버지 눈물」, 『할아버지 옛날이야기』, 164쪽.

국가였다. 국가는 돈에 정당성을 부여하고, 자신의 이름으로 법률적 가치를 추가하는 조치를 취했다. 그로서 돈의 주권 개념은 "근대적인 주권 이론의 탄생과 긴밀히 연관"22)되기 시작한 것이다. 돈이 없는 사람은 국가의 주권을 갖지 못한 국민에 불과해졌다. 스스로 권리를 확보하지 못한 그이므로 국가의 갖은 정책에 참여할 수 없다. 이 점에서 돈은 유무에 따라 구성원을 구분하고 제척하며 끌어들이는 계급적 속성을 함유한 사회제도의 일종이다. 근대에 와서 돈은 물건의 교환을 매개하고 계산하는 단위에 그치는 것이 아니라, 소유자에게 일정한 권력을 행사할 수 있는 권리를 보장해주기에 이르렀다. 두 개의 통장이 발견되어 혜영이를 중학교에 입학시킬 수 있게 되자 아버지는 일하기로 결심한다. 아직 현금화되지 않았으나, 돈이 주정뱅이 그를 움직여 일판으로 나아가게 만든 셈이다. 그와 같이 돈은 "정신적 세계의 전범위와 밀접하게 연결되어 있으면서 이것을 담지하고 이것에 의해 담지될 뿐만 아니라, 이 세계의 본질적인 운동형식의 상징"23)으로 나타난다. 돈의 운동성이 서사의 방향에 개입한 셈이다.

혜영의 아버지가 하루아침에 술꾼에서 일꾼으로 변모하기로 결심하게 된 계기는 통장의 발견이었다. 그는 통장 속에 저축된 돈을 보고 '이 세계의 본질적인 운동'권으로 편입하기를 자청한다. 돈은 돈을 낳고, 소유자에게 새로운 가치를 체감하도록 돕는다. 그와 같이 돈을 지녔다는 것은 "그토록 자유로운 범위, 저항 없는 매체를 통한 그토록 불길한 자기 확장, (현실을 부정하지도 현실에 폭력을 가하지도 않는) 모든 가능성들에 대한 그토록 전폭적인 자기몰입 등, 모든 심미적 즐거움의 일부

---

22) 고병권, 『화폐, 마법의 사중주』, 그린비, 2012, 115쪽.
23) 김덕영, 『게오르그 짐멜의 모더니티 풍경 11가지』, 도서출판 길, 2008, 94쪽.

『무주문학론』

라고 할 수 있는 이 모든 것들을 우리의 의식에 제공해준다"[24]는 말과 동의어이다. 아버지는 물질적 돈을 가진 것으로 만족하는 게 아니라, 일순간에 '모든 가능성들에 대한 그토록 전폭적인 자기몰입'에 빠져든다. 하루 일과를 술로 탕진하던 그는 돈이 가져다 준 가능성에 편승하여 '부끄럽지 않은 아버지'가 될 것을 다짐하고 딸 앞에서 행동에 옮기는 것이다. 그것은 '일에 귀하고 천한 것이 어디 있겠느냐'는 말에 내재되어 있으며, 그가 시작하려는 일은 '심미적 즐거움'을 누릴 수 있는 기회를 제공해준다.

그러나 일은 기원전부터 아리스토텔레스조차 가능하면 하인들을 시키라고 권했고, 호머는 사람을 싫어한 신이 고생시키는 것이라고 할 정도로 사람들이 꺼려하였다. 히브리서에서 일은 노예와 동일한 단어였고, 슬픔을 나타내는 라틴어 'poena'는 일을 뜻하는 그리스어에서 파생되었다. 지금은 국민의 의무이자 권리라고 헌법에 규정되어 정규직 대접을 받고 있는 'labor'가 14세기에 처음 등장하자 사람들이 '짐을 메고 미끄러지거나 비틀거리는 것'을 가리켰을 정도로, 일은 정상적인 사람들에게 어울리는 용어가 아니었다. 솔직히 말하면, 제 정신을 가진 사람치고 일하고 싶은 사람은 없다. 사람들이 일하고 싶다고 말하는 것은 "타고난 기질 때문이 아니라 훈련과 도덕적 조건화로 인해 일할 필요성을 느낀다"[25]는 사실을 무의식적으로 발설하는 것과 같다. 그가 필요로 하는 것은 일이 아니라, 일의 댓가로 만족하게 되는 '도덕적 조건화'일 뿐이다. 혜영의 아버지가 일하려는 것도 그와 같다.

혜영이는 작가가 교직에서 만난 여학생으로, 소년소설 「산철쭉」의 주

---

[24] Nigel Dodd, 이택면 옮김, 『돈의 사회학』, 일신사, 2002, 119쪽.
[25] Joanne B. Ciulla, 안재진 옮김, 『일의 발견』, 다우출판사, 2005, 26쪽.

인공이다.26) 작가가 혜영이라는 캐릭터에 애정을 갖고 있다는 사실은 금세 찾아볼 수 있다. 혜영이는 집을 나간 어머니조차 '바쁘게 움직이는 손, 그러면서도 차분하게 행동하는 모습, 상냥하게 웃음 띤 얼굴'로 미화한다. 마치 앞의 예작에서 상이용사 아버지를 영웅으로 불렀던 아이처럼, 혜영이는 주정꾼 남편과 어린 아이들, 특히 병자인 자신을 집에 두고 나갈 정도로 매몰찬 어머니조차 용서한다. 그녀의 아이답지 않은 포용력은 '몰래 숨겨둔 저금통장을 아버지 앞에 내어' 놓는 장면에서 극에 달한다. 서재균의 동화작품에서 쉽게 발견할 수 있는 어른스러운 아이야말로 주제의 전달자이다. 작가는 애어른을 내세워 어른답지 못한 기성세대를 질책하는 한편, 어린 세대가 어른을 걱정하는 시대의 음화를 그려내고 있다.

3. 고아, 선험적 결여의 존재

고아는 두 말할 것도 없이 부모없는 아이들을 가리킨다. 세상에 이처럼 명료한 정의도 없으리라. 한 생명이 세상에 태어나면서 당연히 저절로 갖게 되는 부모가 없다는 사실이야말로 고아를 타자화하기에 충분하다. 고아는 태어나는 순간부터 다른 아이들과 구분되어 사회의 구성원으로부터 정당한 대접을 받지 못한다. 하지만 곰곰 생각해 보면, 고아란 말은 성립하기가 불가하다. 고아를 낳은 생물학적 부모는 엄연히 존재한다. 단지 고아가 부모-자식간의 관계를 거부당했거나 상실했을 뿐이다. 또 부모-자식의 관계는 혈연에 기초하여 자연스럽게 얻어지는 것이 다수이나, 모든 이들이 그런 것은 아니다. 어떤 아이들은 불가피하게

---

26) 서재균, 「글을 쓴다는 두려움」, 『게으른 자화상』, 44-47쪽.

부모와의 관계를 생후에 획득하게 되는데, 그것도 부인할 수 없는 부모-자식간이다. 또 고아가 성장하여 하나의 가정을 이루게 되면, 그는 부모가 되어 당시까지 자신을 구속하던 고아의 낙인을 끊게 된다. 그도 어엿한 부모-자식의 관계를 갖게 되는 것이다. 이와 같이 고아란 용어는 애초부터 성립이 불가능하므로, 존재의 결여된 상태를 증빙하는 물적 징표로 용례를 제한할 필요가 있다.

사람은 자궁 밖으로 나오는 순간부터 존재론적 결핍을 깨닫는다. 그는 긴 어둠의 터널을 벗어나자마자 큰소리로 울어서 자신이 결핍된 존재라는 사실을 내외에 천명한다. 그가 울면 어머니는 젖을 물려 먹을거리를 해결해주고, 아버지는 안아주어 안식을 제공해준다. 주어진 쾌락이 효용가치를 다하게 되면 아이는 다시 울어서 결핍된 요소의 보충을 요구한다. 그의 간단없는 울음이야말로 한 존재의 결핍이 실존적 요구로 전이되는 소리인 셈이다. 아이는 그 찰나에 부모가 자신의 욕구를 충족시켜줄 수 없는 존재인 줄 알아차린다. 그는 날 때부터 고아인 것이다. 이 사실을 알고 있는 아이는 부모로부터의 도움을 받지 못할까 두려워하고, 부모는 자식이라는 혈연을 앞세워 아이가 장차 떠날 줄 알면서도 관계를 이어간다. 이처럼 부모-자식의 관계는 불안하다. 그 불안이 무수한 관계를 만들어낸다. 하지만 세상의 모든 관계란 태생적으로 불안하다. 즉, 사람은 선험적으로 고아이다.

서재균의 동화에서 고아는 여러 층위에서 만들어진다. 고아는 대개 무능한 가장으로 인해 어머니가 가출하는 양태를 보인다. 예를 들어 민희(「민희와 가야금」), 미경(「경아의 말 배우기」), '항상 외롭고 쓸쓸하게 보이는' 희철(「시골풍경 그리기」) 등이 어린 고아라면, 추석에 귀성하러 나섰던 '아들 내외와 손자놈들이 그만 끔찍한 교통사고를 당'하여 졸지

「모성 부재의 가족 로망스-서재균론」

에 외톨이가 된 할머니(「할머니의 추석」)와 이산가족으로 등장하는 할아버지(「할아버지의 하늘」), 균재를 칭찬하는 홍 장로(「송이의 고향 이야기」) 등은 다 큰 어른이면서도 고아이다. 이처럼 서재균의 동화에서는 어른아이 구분할 것 없이 고아가 빈번하게 출현한다. 고아가 아니라면 결손가정의 아이이거나 아버지 등이 주요인물인데, 그들의 처지를 살펴보면 고아나 진배없을 정도로 처량한 처지의 어른들이다. 그들도 주위에 혈연으로 맺어진 인물이 마땅치 않다는 점에서 넓게 고아의 범주에 넣어도 무방하다.

①일찍 아버지를 여의고 어머니와 함께 어렵게 살고 있던 미경이가 뜻밖에, 너무 뜻밖에 아주 어려운 일을 겪게 되었습니다. 나쁜 사람들이 만들어 놓은 식품을 잘못 먹고 고생을 하다, 그것도 돈이 없어 병원에도 한 번 제대로 가지 못하고 끝내 세상을 떠난 어머니 앞에서 몸부림치던 미경의 모습을 보고 경아는 돈 없고 불쌍한 사람들을 위해 꼭 의사가 되어야겠다는 생각을 하게 된 것입니다.27)
②실이네 언니를 강물에 빼앗기고 아직 슬픔이 가시기도 전에 실이가 또 몹쓸 병에 걸렸으니 어머니의 마음은 어떠했을까요.28)
③"저 아이도 마찬가지지요. 내 하나밖에 없는 딸인데도 어렸을 때부터 앞을 보지 못하는 데다 제 어미마저 일찍 여의었으니……"29)

위 ①, ②, ③을 보노라면 서재균이 고아를 생산하는 방식을 구체적으로 확인할 수 있다. 그의 작품에서 질병 모티프는 잦게 출현한다. 그는 폐렴이나 폐병처럼 폐질환을 앓고 있는 인물을 자주 출연시킨다. 이 질환들은 낭만적 성향의 작가들이 자주 채택했던 것으로, 한국의 근대

---

27) 서재균, 「경아의 말 배우기」, 『할아버지 옛날이야기』, 60쪽.
28) 서재균, 「나루터와 종달새」, 『할아버지 옛날이야기』, 127쪽.
29) 서재균, 「준이의 여름방학」, 『할아버지 옛날이야기』, 147쪽.

『무주문학론』

문학에서도 거례하지 않아도 무방할 만치 삼렬하다. 질병은 속도를 지연 혹은 재촉하거나, 인물의 성격에 변화를 일으키거나, 주제의 성취수준을 담보하기도 하는 등의 수법으로 작품의 서사에 적극적으로 개입한다. 그처럼 "이야기 전개의 소재로 질병을 이용하는 작가들은 자신이 살고 있는 시대의 영향을 크게 받지만, 질병을 선택하는 데는 자신이 작품으로 표현하고자 하는 내용도 중요하다"[30]는 점에서, 유사한 질병을 서사의 배후에 장치한 작가의 의도가 궁금하다. 그것을 알아보기 위해서는 작가가 질병 외에도 고아, 가난, 시골 등의 가혹한 환경을 조성하여 작품 속의 등장인물에게 고생하도록 사주하는 점에 주목할 필요가 있다. 그러한 생존조건들은 불과 한 세대 전만 해도 시골의 아이들을 포위하고 압박하던 조건들이다. 그 당시의 아이들은 과중할 정도의 실존 상황에 내몰린 나머지 자율적인 선택의 폭이 좁았다. 그 틈을 타고 어른들의 입김이 침입하여 아이들이 운신할 수 있는 여지가 줄어들고 만다. 서재균은 그처럼 자신의 경험을 되살리며 고아의 조건들을 탐색하고 있다.

그처럼 사람은 공간의 동물이다. 그는 동물이기에 공간으로부터 벗어날 수 없고, 삶의 시종을 공간에서 전개한다. 공간은 사회적으로 생산된다. 또 사람은 사회적 동물이기에 공간을 생산한다. 그의 생은 역사적, 사회적, 문화적 공간과 상관을 맺은 결과물이다. 그러므로 그의 삶을 온전히 이해하려면 공간과의 투쟁 경력을 살피지 않으면 안 된다. 그의 삶이란, 공간을 변형시키려고 몸부림친 흔적과 다르지 않다. 그의 일생은 공간으로 구성된 셈이다. 이처럼 공간은 사람의 물질적 삶은 물론이거니와, 정신적 삶까지 저촉하며 간섭하기를 삼가지 않는다. 예나 지금

---

30) Henry E. Sigerist, 이희원 역, 『질병은 문명을 만든다』, 몸과마음, 2005, 280쪽.

이나 공간은 그 안에서 구체적 삶을 영위하는 기층민들의 문화를 배양해준다. 그들은 공간에 터하여 이승에서의 생애를 장만하고, 내세의 복락을 담지받고자 한다. 사람들은 한시도 공간으로부터 벗어날 수 없는 동물적 속성을 지금까지 버리지 못하고 있다.

사람이 특정한 공간에 의미를 부여하면 그곳은 장소가 된다. 그가 생전에 체험하는 모든 장소 중에서 고향은 장소감이 최후까지 보존되는 곳이다. 사람이라면 누구나 죽는 순간까지 고향에서 체득한 장소감을 잊지 않는다. 그들이 늙을수록 고향으로 돌아갈 날을 기약하는 것만 보아도, 고향의 장소감이 한 사람의 전기적 생에서 차지하는 비중을 추량할 수 있다. 그러나 근대화가 진행될수록 장소는 타의에 의해서 소멸해 간다. 곧, 한국처럼 도시화가 급속하게 이루어지는 곳에서 고향이 함의한 의미역은 예전 같지 않다. 산업화에 밀려 옛 모습을 삭제당한 고향을 둔 사람들은 각종 매체의 앞을 다투는 보도에 의해서 고향의 무장소성을 체감하게 된다. 매체가 조작한 고향의 이미지는 사람들에게 데면데면한 감정과 무감동을 선사한다. 사람들마다 내밀하게 간직하고 있던 고향의 독특한 장소감은 고유한 미감을 잃어버린 채, 매체가 제시하는 표준적 고향에 농락당하고 있다. 사람들은 시대의 변화에 편승하여 매체가 선물한 가공적 이미지를 수용하는 대신에, 더 이상 고향의 정체성을 확인하지 않는 것이다.

한국인들의 다수가 고향을 잃어버린 비극적인 사건이 전쟁이었다. 유사 이래 그처럼 많은 사람들이 죽거나 다치거나 행방을 알 수 없게 된 적이 없다. 세상에서 가장 허무한 이념전이었던 남과 북 간에 벌어진 전쟁은 지금도 종전되지 못한 채 휴전 상태를 유지하고 있다. 무려 3년에 걸쳐 어느 편도 승리를 거두지 못하고 둘 다 패자가 된 그 전쟁의

『무주문학론』

폐해는 지금도 여전히 반도의 구석구석에 남아 있다. 그 중에서 일천만 명에 달하는 이산가족의 고통은 여전히 해소될 기미조차 보이지 않는다. 그들은 "지난 추석에 성묘를 못 했다며 항상 죄 지은 사람처럼 부끄럽게 생각했던 아버지"(「송이의 고향 이야기」)처럼, 해마다 명절이 되면 불효자인 줄 내외에 고백하느라 줄을 잇는다. 지금도 이산가족의 슬픈 사연이 잦아들지 않는 현실을 반영하여 서재균은 전쟁 모티프를 활용하여 고아를 생산한다.

> 할아버지의 고향은 함경남도 원산이라고 했습니다. 파도가 철썩이는 바닷가 작은 마을이라고 했습니다.
> 봄이면 진달래꽃으로 산과 들이 온통 분홍색의 물결이 넘실대는 작은 마을이라고 했습니다.
> 고향 이야기를 들려줄 때 할아버지는 가을 철새처럼 북쪽으로 북쪽으로 훨훨 날아가는 기분이었습니다.
> 할아버지는 온 산이 진달래꽃으로 곱게 물드는 그 고향을 항상 잊지 못하고 있습니다. 그래서 할아버지는 왕소나무가 서있는 버들골 고갯마루를 고향처럼 생각하는지도 모릅니다.[31]

할아버지는 타의에 의해서 고아가 되었다. 그는 '봄이면 진달래꽃으로 산과 들이 온통 분홍색의 물결이 넘실대는 작은 마을'과 '왕소나무가 서있는 버들골 고갯마루'를 동일한 장소로 인식한다. 동일화는 정체성의 다른 이름이거니와, 그것은 유사한 지리적 조건으로부터 비롯된 것이다. 할아버지의 고향에 대한 기억을 되살려주는 진달래꽃과 고갯마루는 전통적인 마을의 풍경이었다. 풍경은 관찰자의 시선에 포착된 의식의 반영물이다. 작가는 할아버지를 통해서 고향의 편재성과 함께 원산이라는

---

[31] 서재균, 「할아버지의 하늘」, 『할아버지 옛날이야기』, 아동문예사, 2001, 21쪽.

특수성을 동시에 서술하고 있다. 그의 의도는 전란 통에 남하한 할아버지를 내세워서 귀성길이 가로막힌 이산가족의 아픔을 각별하게 강조하고 싶은 데서 찾아진다. 그것은 '철새처럼 북쪽으로 북쪽으로 훨훨 날아가는 기분'을 맛보고 싶은 할아버지의 본능적 귀소욕조차 실현될 수 없는 분단국가의 비참한 현실이 돋보이게 거든다.

"할아버지, 할머니가 보고 싶지요?"
"이 녀석!"
할아버지의 눈가에 작은 이슬이 맺히는 것을 보고서야 아, 괜히 할아버지에게 엉뚱한 말을 했구나 싶어 다음 말은 묻지 않았습니다.
"글쎄다, 헬미가 살아있을지."
석이는 할아버지의 마음을 잘 알고 있었습니다. 사실은 할머니가 보고 싶은데도 할머니 이야기는 한 번도 하지 않았습니다. 항상 증조할아버지, 할머니 이야기뿐이었습니다.
할아버지에게 가을은 무척 외로운 계절이라고 했습니다.[32]

사람들은 계절이 바뀌는 시기마다 특별한 감정을 갖는다. 한국인들은 사계절이 분명하게 나뉘는 자연환경 속에서 살아 왔으므로, 계절이 변할 때마다 다음 계절을 준비하지 않으면 안 되었다. 그와 같이 계절의 순환이 자신들의 삶에 영향을 끼치는 줄 알게 되자, 사람들은 계절의 변화를 인생에 비유하기에 이르렀다. 사철이 일년 농사의 순서와 긴밀히 연관된 것에 주목한 사람들은 한 생명이 태어나서 죽을 때까지의 과정을 계절에 견주었다. 인용문을 그 예로 들 수 있다. 할아버지가 '가을은 무척 외로운 계절'이라고 말할 때, 그의 발화시간은 '항상 증조할아버지, 증조할머니 이야기뿐'이다. 그는 과거회상시제를 통해서 자신에

---

32) 서재균, 「할아버지의 하늘」, 『할아버지 옛날이야기』, 23쪽.

『무주문학론』

게 닥친 계절의 위엄을 웅변한다. 그것은 '무척'과 '항상'이라는 부사어에 압도당한 노인의 한계상황을 대변하기에 충분하다. 더욱이 출향한 후에 고향을 둘러볼 기회조차 갖지 못한 경우라면, 세월의 흐름과 상황의 변화가 무심할 뿐이다.

이처럼 이산가족에게 고향은 각별한 의미를 갖는다. 그들에게 고향은 "이산의 소용돌이 속에서 편안한 땅을 바라는 동경과 망향의 표상으로 발전"[33)]을 거듭한다. 더욱이 남북한이 첨예하게 대치하고 있는 판에, 할아버지처럼 고향을 찾아갈 가망이 사라져가는 노인들은 유년 시절에 보았던 고향의 잔상을 잊지 않으려고 기억의 되새김질을 계속하게 된다. 그 여파로 고향은 노인들에게 피안과 동일시되어 '편안한 땅을 바라는 동경과 망향의 표상'으로 굳어진다. 그들에게는 고향 외에 어느 곳도 '편안한 땅'이 아니다. 왜냐하면 고향이라야 '동경과 망향'의 시절을 종료하고 '외로운' 계절의 의미를 종식시켜서 소싯적의 '편안한' 시간으로 돌아갈 수 있기 때문이다. 즉, 고향은 할아버지가 고집하고 있는 추상적 과거시제를 실제적 과거 시간으로의 변환을 가능케 해주는 유일한 장소라고 할 수 있다.

그러나 고아의 바람과 달리, 남북이 반목하고 있는 정치적 환경은 고향으로 돌아가고 싶은 불효자에게 기회조차 허여하지 않는다. 그의 간절한 바람은 '지금-여기'에서 바람에 산화되고 만다. 이것은 고아의 삶을 구속하고 있는 시간과 공간의 압박 강도를 추측할 수 있도록 도와준다. 그는 연약한 사람인지라 공간의 이동이 부자유하다. 그 반면에 그는 물리적 시간의 종료를 절감하며 시간에 지배당한 자신의 무기력

---

33) 김태준, 「고향, 근대의 심상공간」, 동국대학교 문화학술원 한국문학연구소 편, 『'고향'의 창조와 발견』, 동국대학교출판부, 2007, 14쪽.

을 한탄한다. 이처럼 이산가족은 고아가 겪게 되는 시간과 공간의 한계를 온몸에 각인하고 살아가는 사람들이다. 전쟁으로 인해 고아가 된 할아버지와 달리, 「할머니의 추석」과 「명주골의 겨울」같이 교통사고로 고아가 된 경우도 있다. 그 중에는 비행기사고가 나서 한 점 혈육을 잃어버린 「롯지 아주머니 슬픔」 같은 작품이 있어 고아의 생산방식이 다양한 줄 증거한다. 참척을 당한 아주머니가 미치광이가 되어 마을을 배회하는 행동을 보노라면, 롯지 아줌마 역시 이산 할아버지처럼 어른고아이다. 작품의 말미는 할머니집을 가다가 아버지를 잃어버리고 남의 집에서 크는 민희가 롯지 아줌마를 어머니인 양 받아들이고, 아줌마도 민희를 딸처럼 생각하며 막을 내린다. 고아가 고아를 알아보고 서로를 포용하는 셈이다. 그처럼 서재균은 고아를 내세워 가족의 중요성을 강조하고 있다. 고아는 "동일성의 근거를 상실한 존재이지만, 그 상실의 기반 위에서 새로운 동일성의 서사를 써 나가려 한다"34)는 지적은 서재균의 서사가 가족 로망스에 속하는 줄 알려준다.

Ⅲ. 결론

이상에서 알아본 바와 같이, 서재균의 동화작품에는 고아 서사가 번다히 출현한다. 한국의 근대문학의 출발 단계에서 밀접한 관련을 맺게 된 고아 서사는 가족의 위기가 만연된 현대의 상황을 노정하기에 알맞다. 서재균의 동화에서는 부모가 모두 없는 고아가 아니라고 해도, 부모

---

34) 허병식, 「고아와 혼혈, 근대의 잔여들」, 박선주 외 편, 『고아, 족보 없는 자』, 책과함께, 2014, 42쪽.

『무주문학론』

의 존재감은 찾아보기 힘들 만큼 희미하다. 아버지는 무능하고, 어머니는 경제 능력이 부족한 아버지와 자식을 남겨두고 집을 나가서 돌아오지 않는다. 주인공 아이들은 부모로부터 보호받지 못한 채 여러 가지 질병에 노출되어 있다. 이처럼 서재균의 동화에 등장하는 아이들은 사회적 안정망으로부터 제외되고, 부모로부터도 방기된 고아들이 대부분을 차지한다.

고아가 서재균의 동화적 관심사로 떠오르게 된 직접적인 계기는 군대에서 맺게 된 한 소녀와의 인연에 근거한다. 그의 군 생활이 전후에 이행되었기에, 고아는 자연스럽게 전쟁고아로 전이되면서 소재의 확장을 재촉하게 되었다. 그의 방식은 고스란히 한국 사회에서 고아가 산출되는 현상을 닮았다. 작품의 서사는 고아들이 주동한다. 고아는 대개 어른스러운 아이로 출연한다. 주제의 전달에 용이한 애어른은 어른노릇을 제대로 수행하지 못하는 기성세대에 대한 작가의 준엄한 책임추궁을 수행하는 역할을 맡고 있다. 어린 세대가 어른 세대의 안위를 염려하는 동화 속 장면들은 그야말로 가치가 전도된 시대의 음울한 암각화이다. 결국 서재균은 모성을 삭제한 가족로망스를 통해서 아버지, 곧 어른들이 제 자리를 찾아가기를 기대하고 있다. 이 점에서 그의 동화작품들은 가족 해체 현상을 미연에 방지하려는 작가적 소신의 발현과 다르지 않다.(『문예연구』, 2015. 가을호)

「모성 부재의 가족 로망스-서재균론」

'죄를 짓지 않는 좋은 글' 쓰기
—김종필 동화집 『아빠와 삼겹살을』평

1

김종필은 1964년 무주에서 태어나 전주교육대학을 졸업하였다. 그는 『문예사조』와 『전북일보』를 통해 동화단에 나왔다. 그 후로 그는 심심찮게 동화를 발표하더니, 동화집 『아빠와 삼겹살을』(태동출판사)을 펴냈다. 작품집에는 「경운기」를 포함하여 9편의 동화가 묶였다. 각 동화는 서로 연결된 게 아니고 각각 독립한 내용이다. 아래에 따다 놓은 「사람은 무엇을 사랑하느냐에 따라 그 사람의 가치가 달라집니다」를 읽노라면, 김종필의 동화관을 분명하게 파악할 수 있다.

글쓴이는 고민을 많이 했습니다. 어떻게 하면 사랑하는 어린이들에게 죄를 짓지 않는 좋은 글을 선물할 수 있을까 하고 말입니다. 그래서 우리 사회에서 아름다운 삶을 살고 있는 분들을 많이 만났습니다. 어떤 때는 그분들과 한편이 되어 바르게 살지 못하는 사람들을 원망하기도 했습니다.

인용문은 김종필의 동화가 지향하는 지점을 뚜렷이 드러내고 있다.

『무주문학론』

그의 고민은 '어떻게 하면 사랑하는 어린이들에게 죄를 짓지 않는 좋은 글을 선물할 수 있을까'이다. 이 문장에서 눈여겨 볼 곳은 둘이다. 하나는 '죄를 짓지 않고'이고, 다른 하나는 '좋은 글'이다. '좋은 글'이란 굉장히 주관적이어서 사람에 따라 준거가 다르다. 어떤 이는 심미성에 가점을 줄 것이고, 다른 이는 형식성에 초점을 맞출 것이며, 또 다른 이는 교훈성에 강조점을 찍을 것이다. 그밖에도 '좋은 글'의 기준은 얼마든지 달라질 수 있다. 교훈성은 주제와 연관되고, 형식성은 동화의 문법과 상관되며, 심미성은 작품의 예술적 심급과 닿는다. 이처럼 복잡한 것을 김종필은 '좋은 글'이라는 말로 묶어버린다.

 이어서 '죄를 짓지 않고'이다. 모름지기 동화작가라면 '죄를 짓지 않고' 글을 써야 한다. 김종필의 화법을 유추하자면, 동화를 쓰는 윤리적 다짐을 표낸 것으로 보인다. 위처럼 그는 진지한 자세로 동화쓰기에 임한다. 그의 동화에 등장하는 인물들은 '아름다운 삶을 살고 있는 분'과 '바르게 살지 못하는 사람'으로 이분된다. 이분법적 대립을 통해서 그는 주제의식을 선명하게 초점화한다. 이런 접근 자세는 신예 작가의 의지로 볼만하다. 그가 나중에 중견작가 축에 들어갈 즈음에는 이 표방이 내포하는 문제점을 절로 터득할 것이다. 이에 우선 그가 낸 첫 동화집이라는 점을 감안하여 작가의 발언에 부합하는 정도를 추량하는 선에서 그치자.

2

 논의를 효율화하기 위하여 작품의 줄거리를 요약하여 제시한다. 동화집의 첫머리에 수록된 「경운기」는 순영이 엄마가 조합에서 빌린 돈을

「'죄를 짓지 않는 좋은 글'쓰기-김종필 동화집평」

갚을 요량으로 식모생활을 하고자 상경한다. 그녀는 서울에서 산지 한 달 만에 쌀 다섯 가마를 벌었다고 자랑하더니, 휴가를 얻어 순영이한테 돌아오다가 고속도로에서 참변을 당하고 만다. 순영이네는 보상금으로 경운기를 마련한다. 그러나 아버지가 보리밭에 불을 지르고 경찰서를 들락거린다. 그 뒤로 아버지는 술로 날을 지내면서 엄마 생각이 나는지 경운기를 보고 운다. 순영이네는 묵정밭과 헛간에 내팽겨 친 녹슨 경운기를 뒤로 하고 마을을 떠난다. 그녀의 친구 점이는 순영에게 이별 선물로 녹두장군 전기를 사 주기로 한다.

「물싸움」은 마른 날이 계속되던 중에 논에 물을 대는 문제를 두고 집안 할머니와 상수 아버지가 싸우는 이야기이다. 물꼬싸움은 옛날부터 살인을 불러온다고, 이 동네에서도 비가 오지 않아서 기어코 싸움이 붙고 말았다. 상수네 부모는 농협빚과 학비 등을 걱정하다가 이웃 할머니와 물 때문에 언쟁을 벌인 것이다. 상수 아버지는 화가 나서 할머니에게 촌수고 나발이고 원칙대로 하자며 대들며 험한 말까지 하고 만다. 그러다가 밤중이 되자 상수를 데리고 가서 물꼬를 트고 낮의 일을 반성한다. 아들이 보는 앞에서 동네 어른에게 대든 추태를 탕감받고자 물을 양보한 것이다.

「동냥자루」는 최귀동 노인의 얘기를 담은 동화이다. 순규는 학원 앞 사거리에서 군고구마 장사를 하는 노부부의 사연을 듣는다. 애초 싸리고개에 살던 노부부가 서울로 올라와서 고구마를 굽기까지의 전후사정이다. 아들이 영농후계자로 선정된 뒤로 정부 보조금을 받아 소를 기르던 노부부에게 소 파동이 일어나면서 빚더미에 안게 되었다. 소와 전답을 팔고도 못 갚은 빚을 갚기 위해서 먼저 상경한 아들은 남대문시장에서 옷감 배달을 하며 돈을 모은다. 아들이 고생하는 모습을 보고 도

『무주문학론』

와주겠다고 부부도 상경한다. 그러나 새벽 배달을 다녀오다가 자동차 사고로 아들은 죽고, 할아버지는 다리를 다치고 만다. 그 후 호구책으로 군고구마를 팔아 가던 부부는 노점상 단속에 걸려서 그마저 쫓겨난다. 급기야 할아버지는 동냥자루를 들고 집집을 방문하여 구걸하고, 할머니는 홧병으로 자리에 눕게 되었다.

「물 따르는 아이」는 IMF로 나라가 온통 소란했던 시절의 얘기를 동화화하였다. 하나네 부모는 농사를 짓고 산다. 어느 날 하나는 텔레비전을 보다가 IMF로 실직한 직장인이 인력시장에 일자리를 구하러 나가고, 엄마는 가출한 사연을 접한다. 부녀는 새벽에 서는 인력시장에 오느라고 아침밥을 못 먹고 오는 이들에게 라면을 대접하는 일을 자원하고, 하나는 라면에 물을 따라주는 역할을 맡게 된다. 넉 달이 될 무렵, 사람들이 증가하면서 모자랄 줄 알았던 라면이 늘어난다. 일자리를 구한 이들이 밥값으로 라면을 사다가 실어준 것이다.

「서름이의 노래」는 뇌성마비로 태어난 서름이가 엄마를 찾아가는 내용이다. 아빠는 웅어를 잡아다가 내다파는 어부로, 서름이에게 '병신'이라는 호칭을 스스럼없이 내뱉는다. 또 아버지는 엄마에게 폭력을 서슴지 않을 정도로 난폭한 채 주정뱅이로 살아간다. 서름이가 죽어버리기를 바라는 아빠와 달리, 엄마는 남편의 폭력이나 험담을 받으면서도 자식에 대한 사랑이 지극하다. 그녀의 사랑 정도는 엄마가 가정폭력의 희생양이 되고, 자신으로 말미암아 가정불화가 일어나는 줄 안 서름이가 죽어버리겠다고 말하자 아래와 같이 두둔하는 대목에서 단박에 짐작할 수 있다.

"그게 무신 소리여? 이 불쌍한 놈아. 내 목심이 붙어 있는 한, 넌 내 자식이여. 넘들만큼 가진 것 없어 배불리 먹이지 못하고 병원 치료 한 번

「죄를 짓지 않는 좋은 글'쓰기-김종필 동화집평」

변변히 못 해줘도 니 옆엔 이 에미가 있어. 다시 그딴 소리 하면 내가 먼저 죽어 뿔란다. 죽어도 같이 죽고 살아도 같이 살아야 혀. 살다가 살다가 정 심들면 우리 둘이 금강물에 풍덩 빠져 죽어 뿔자."

위와 같이 서름이를 옹호해주던 엄마는 아빠에게 폭행을 당한 다음 날 서름이를 두고 집을 나가버린다. 서름이에게 이중으로 난관이 닥친 것이다. 이름부터 서러움을 상징하는 서름이는 결핵에 걸린 몸으로 가출한 엄마를 부르짖으며 날마다 아빠의 주정을 받아가며 하루하루를 연명한다. 그러던 어느 날, 서름이에게 우체부가 한 통의 편지를 전해준다. 엄마가 보낸 것이다. 엄마는 편찮은 몸으로 이웃 강경에서 살고 있었다. 엄마는 죽기 전에 아들이 보고 싶어 편지를 썼다. 서름이는 편지에 적힌 주소를 받아 들고 집을 나선다. 서름이는 엄마가 사는 강경에 배가 가까이 다가선 지도 모른 채 잠이 들고 말았다.

이 작품에서도 아버지는 술꾼이자 무능한 인물로 그려진다. 또 경찰도 서름이가 팔던 껌을 빼앗아버린다. 아버지는 능력이 부족하면서도 술 먹기를 일삼을 뿐더러 금전적 빚까지 지고 있다. 이처럼 김종필은 주제를 구체화할 양으로 주변 인물을 악인화하는 경향이 농후하다. 그의 이런 작법은 '아름다운 삶을 살고 있는 분'을 드러낼 목적으로 '바르게 살지 못하는 사람'을 낮추는 습관에서 우러난 것처럼 보인다. 동화가 나이 어린 후속세대를 잠재적 독자로 상정하여 창작될 숙명을 갖고 태어난 장르라면, 이런 태도는 지양할 것이지 지향할 것은 아니다. 비록 사람 사는 세상에 모순이 드세게 판을 치더라도, 아이들은 어울려 살아가도록 도와주는 것이 어른의 자세이다. 그것은 아이들로 하여금 세상이나 사람을 이항대립적으로 갈라치지 않도록 예방한다. 김종필이 주제의식을 표나게 강조하고자 인물의 성격화 방식을 고민했을지라도, 차후

『무주문학론』

를 위해서 필히 수정되어야 할 것이다.

「쓰레기로 만든 구급차」는 환경미화원으로 일하는 아버지를 둔 상준이가 개관천선하는 내용을 담고 있다. 「아빠와 삼겹살을」은 공업고등학교를 나와 자동차 기술자로 성실히 살아가는 민이 아버지가 실직하면서 사달이 난다. 급식비를 내지 못한 민이가 가출하고, 아버지는 그를 찾아 집으로 돌아가면서 삼겹살을 먹자고 제안한다. 부자간의 화해로 동화의 결말이 훈훈해졌다.

「엉겅퀴 사장님의 눈물」은 어려서 돼지똥풀꽃이 쌀알처럼 흐드러지게 피는 시골에서 고생하며 자랐다가 건설회사 사장으로 출세한 조민주 사장은 앉은 자리에서 풀도 안 날 사람이라는 비아냥을 받으며 엉겅퀴 사장으로 불린다. 그가 공사한 꿈초롱아파트의 준공을 앞두고 육성회비를 대납해준 은인을 초대하려고 수소문하지만, 그들은 이미 작고한 뒤였다. 그의 "우리가 욕심을 조금씩만 줄이고 함께 나눈다면 살 만한 세상입니다"고 말하는 바가 김종필이 앞서 말했던 '아름다운 삶을 살고 있는 분'일 터이다.

「햇살연어의 결혼식」은 연어의 회귀의식을 일차 소재로 삼은 뒤, 연어를 부화하는 장면을 이차 소재로 택하여 환경오염의 위험을 알리려고 교직한 작품이다. 이른바 환경동화를 통해서 김종필은 '아름다운 삶'의 일단을 보여주고 싶었던 듯하다. 또한 그의 창작 의도는 기후위기를 자초할 정도로 심각해진 환경오염의 위기 국면을 동화적으로 감당하고 있다는 점에서 시의적이다. 그것은 미래세대에 대한 교사-동화작가로서의 윤리적 책임감의 발로이기도 하다.

「'죄를 짓지 않는 좋은 글'쓰기-김종필 동화집평」

3

앞에서 살핀 바와 같이, 김종필은 '어떻게 하면 사랑하는 어린이들에게 죄를 짓지 않는 좋은 글을 선물할 수 있을까'를 고민한 성과물로 9편의 동화를 제출하였다. 각 편의 내용은 위에서 간추렸다. 그에게 '좋은 글'을 쓰기 위해서 갖추어야 할 덕목은 '죄를 짓지 않는' 것이다. 그는 죄를 짓지 않으려고 두 부류의 사람들을 등장인물로 초대하고 있다. 그 사람들은 '아름다운 삶을 살고 있는 분'과 '바르게 살지 못하는 사람'으로 구분된다. 두 인물군의 대조적 묘사를 통해서 김종필은 '좋은 글'과 '죄를 짓지 않는' 삶의 모습을 제시한다. 이와 같은 자세는 그가 작가로서의 윤리의식에 투철한 증표이다. 그가 매 작품에서 농촌을 직간접적 배경으로 끌어들인 동기는 그곳 출신들이 산업화시대에 뒤로 밀려난 사실과 결부되고, 그들이야말로 '아름다운 삶을 살고 있는 분'이라고 믿는 개인적 판단에서 비롯된 것으로 보인다. 사실 이런 자세는 바람직스럽지 않다. 작가가 말하는 '아름다운 삶을 살고 있는 분'이 도시라고 없을 턱이 없고, 시골사람이라고 다 '아름다운 삶을 살고 있는 분'은 아니다. 더욱이 도농으로 삶의 종류를 가르다 보면, 아이들도 도농으로 갈라질 위험이 있다.

다만, 김종필의 이후 작업이 기대되는 까닭은 사회의 모순을 정면으로 취급하고 있기 때문이다. 사회 현실에 대한 냉철한 인식이 선행되지 않는 동화는 이른바 동심천사주의에 함몰되어 공허한 관념을 양산할 위험성이 크다. 그가 무주라는 오지 산골 출신이라는 전기적 사실이 현실 상황에 대한 엄정한 인식안을 형성하도록 도와주었을 터이나, 그것보다는 현단계의 동화가 지닌 문제점을 제대로 파악하고 나아갈 바를 적확히 인지하고 있다고 보고 싶다. 그렇다고 그것이 '아름다운 삶을 살

『무주문학론』

고 있는 분'과 '바르게 살지 못하는 사람'으로 양분하라는 것은 아니다. 아이들이 사는 세상은 동시에 어른들이 사는 세상이기도 하다. 아이들은 분명히 미래에 어른이 되지만, 지금의 어른들과 사는 세상을 공유하며 살아가고 있다. 어린이들도 사회는 항시 복잡다단하고, 여러 형의 인물들이 모여서 지금보다 나은 사회를 이루기 위해 노력하고 있는 줄 알아야 하는 것이다. 그런 전차로 동화는 다양한 인물군이 갈등하는 양상을 묘사하여 당대 사회가 요구하는 '아름다운 삶'의 유형을 다각적으로 형상화할 필요가 있다. 즉, 사회 현실을 반영한 인물의 성격화 과정이야말로 동화의 교육성이라 할만하다. 작가가 공들여 빚은 인물을 통하여 '아름다운 삶'을 자연스럽게 학습한 아이들이 성장하여 '아름다운 삶'을 살아가기를 바랄수록 성격화 작업의 의미는 각별해진다.

「'죄를 짓지 않는 좋은 글'쓰기-김종필 동화집평」

무주문학론

인 쇄 2023년 12월 7일
발 행 2023년 12월 8일

지은이 최명표
발행인 서정환
발행처 신아출판사
주 소 전주시 완산구 공북1길 16(태평동)
전 화 (063) 275-4000
팩 스 (063) 274-3131
이메일 sina321@hanmail.net
출판등록 제465-1984-000004호
인쇄・제본 신아문예사

저작권자 ⓒ 2023, 최명표
이 책의 저작권은 저자에게 있습니다. 서면에 의한 저자의 허락없이 내용의 일부를 인용하거나 발췌하는 것을 금합니다.
COPYRIGHT ⓒ 2023, by Choi Myeongpyo
All rights reserved including the rights of reproduction in whole or in part in any form.
저자와 협의, 인지는 생략합니다.
잘못된 책은 바꿔 드립니다.

ISBN 979-11-93654-05-7 03800
값 20,000원

이 책은 (재)전라북도문화관광재단 2023년 지역문화예술육성지원사업에 선정되어 보조금을 지원받은 사업입니다.
Printed in Korea